W0374210

SECHS JAHRE BEI DEN TEXAS RANGERN

1875 – 1881

Tatsachenbericht eines Gesetzeshüters aus dem texanischen Grenzland zur Zeit des Wilden Westens

---

von

James Buchanan Gillett

Ex-Sergeant Company „A“, Frontier Battalion

verfasst 1925

Gewidmet meinen alten Rangerkameraden
wo immer sie jetzt sein mögen

Titelbild, nach und zu Ehren Frederic Remingtons:
Selbstportrait auf Pferd

Übertragen aus dem Englischen ins Deutsche von Bernhard Rubenbauer, Übersetzung zuerst veröffentlicht 2016 bei amazon

Inhaber aller Rechte an dieser Übersetzung insbesondere der Rechte nach dem Gesetz über

Urheberrecht und verwandte Schutzrechte (Urheberrechtsgesetz – UrhG):

Bernhard Rubenbauer Zum Hohen Ranken 7

D 92260 Ammerthal

Alle Abbildungen sind gemeinfrei.

*

James B. Gilletts *„Sechs Jahre bei den Texas Rangern“* ist ein Band der für deutsche Leser zusammengestellten Trilogie *„Indianer, Outlaws, Texas Ranger“*, die den Wilden Westen von drei gegensätzlichen Standpunkten aus beschreibt. Auch die beiden anderen Bände *„Neun Jahre unter den Indianern“* von Herman Lehmann und *„Das Leben des John Wesley Hardin“*, verfasst vom berüchtigtsten Outlaw, den Texas je hervorgebracht hat, sind spannend, aber keine Romane, sondern ebenfalls autobiographische Berichte von Männern, die den Wilden Westen in Texas miterlebt und mitgeprägt haben. Sie sind heute wertvolle Quellen der U.S. Amerikanischen Geschichte.

Inhalt

James B. Gillett (* 4. November 1856, † 11. Juni 1936):

„Das freie, ungebundene Leben der Ranger im texanischen Grenzland entfachte in mir die Sehnsucht, einer von ihnen zu werden und an ihrem abenteuerlichen Leben teilzuhaben. Im Frühling 1875 wurde Captain Roberts autorisiert, seine Rangerkompanie auf fünfzig Mann zu vergrößern. Beinahe sofort gab er in Menardville und Umgebung bekannt, dass er zum ersten Juni zwanzig gute Männer verpflichten würde, um seine Einheit auf volle Stärke zu bringen. Hier war meine Gelegenheit und ich beschloss, ich würde einer dieser zwanzig Rekruten sein."

Nach dem Amerikanischen Bürgerkrieg (1861 - 1865) beginnen die dreißig Jahre des Wilden Westens. Das von ‚anständigen' weißen Amerikanern noch dünn besiedelte texanische Grenzland ist der Tummelplatz von Outlaws aller Professionen und Colt, Schrotflinte oder die neue Winchester sind ihr gerne gebrauchtes Handwerkszeug. Raufbolde, Viehdiebe, Postkutschen- und Eisenbahnräuber oder einfach nur Mörder, mit oder ohne Sheriffstern, das sind die Gegner, mit denen es der Texas Ranger *„Jim"* Gillett zu tun bekommt. Fehden, Privatkriege und Lynchjustiz gestalten sein Leben am Rio Grande freier und abenteuerlicher, als ihm das manchmal lieb ist.

Und die Indianer, die Apachen... Ganz natürlich kommt es beiden Seiten – weiß oder rot – nur darauf an, wer zuerst schießt und trifft.

*

Einführung

Die Geschichte der Texas Ranger wurde noch nie in ihrer Gesamtheit erzählt, noch könnte sie je erzählt werden, ohne sich dabei die Geschichte des Staates Texas ins Gedächtnis zu rufen.

Das knapp gehaltene Buch von Sergeant James B. Gillett, das hier dem Leser vorgelegt wird, versucht nicht die Historie der Ranger-Organisation wiederzugeben. Wenn es die Dienstjahre Sergeant Gilletts mit den schrecklichen und schönen Seiten des Rangerdaseins schildert, soll dies lediglich ein Querschnitt durch diese Historie sein.

Dem Begriff *Ranger* haftet der Geruch des alten amerikanischen Grenzers an und in Verbindung mit der Texas State Police, weckt er geschichtliche Assoziationen zu Hauf. Wahrscheinlich war die berühmteste Rangertruppe der amerikanischen Annalen die Organisation irregulärer Partisanen, angeführt von Major Robert Rogers im *Franzosen- und Indianerkrieg* [1754 - 1763]. Roberts' Ranger und die Texas Ranger haben den Vorzug gemeinsam, sich aus waffengeübten Männern zu rekrutieren, die allzeit bereit waren, an jeder Unternehmung teilzunehmen, ganz gleich wie tollkühn diese auch gewesen sein mochte: Doch während die frühere Organisation zeitlich befristet sein sollte, geschaffen für den Dienst im Krieg gegen eine ausländische Macht, ist die jüngere von Dauer, existiert schon beinahe einhundert Jahre.

Die Geschichte der Texas Ranger entwickelte sich zusammen mit derjenigen der Republik Texas selbst. „Bevor die erste Kanone der Texanischen Revolution im Dezember 1835 bei Gonzales abgefeuert wurde, bevor die Texanische Unabhängigkeitserklärung angenommen war, bevor die Helden des Alamo ihr Leben für die Freiheit gaben und bevor Sam Houston bei San Jacinto die mexikanische Armee unter Santa Anna vernichtete [21. April 1836], wurde eine Rangertruppe in Texas aufgestellt.“ Dies sagte der Oberste Richter Fly vom *Texas Civil Court of Appeals* in einer vor kurzem ergangenen Entscheidung, welche den Fortbestand des Rangergesetzes bestätigte. Sogar bevor die Armee gegründet wurde, war die Rangertruppe schon etabliert, bestand aus drei Kompanien mit je sechsundfünfzig Mann. Obwohl ihre Stärke von Zeit zu Zeit variierte, existiert sie seit ihrem ersten Aufstellen bis zum heutigen Tag.

Die Grenze gegen die Indianer und die Mexikaner zu schützen, war die originäre Aufgabe der Ranger. Nach einem halben Jahrhundert war die indianische Bedrohung praktisch verschwunden und diejenige von Seiten der Mexikaner am anderen Ufer des Rio Grande hatte an Intensität spürbar verloren. Inzwischen hatten die Ranger zusätzlich die Pflicht übernommen, entlang der texanischen Grenzen die einheimischen Feinde von Ruhe, Ordnung und Frieden zu bekämpfen. Dabei begann die Truppe den Charakter einer berittenen Staatspolizei anzunehmen und ihre Aktivitäten erstreckten sich auf das Unterstützen und Verstärken der Anstrengungen von Sheriffs und anderer örtlicher Offizieller zur Aufrechterhaltung von Ruhe und Ordnung. Und von solcherlei Arbeit gab es viel zu erledigen, weil der Großteil des riesigen texanischen Gebietes vor vierzig oder fünfzig Jahren immer noch Grenzland war, in dem das Banditentum blühte und Gewaltverbrechen mit beängstigender Regelmäßigkeit begangen wurden.

In Erfüllung ihrer mühsamen und gefährlichen Pflichten, erlangten die Texas Ranger ein weitverbreitetes und hochverdientes Ansehen. Der Nutzen einer solchen Organisation wurde allmählich von anderen Staaten wahrgenommen und New York, Pennsylvania, Michigan und eine Anzahl andere richteten eine Staatspolizei auf Dauer ein. Schon haben einige dieser Organisationen damit begonnen, sich eigenen Ruhm zu erwerben. Verglichen mit den Texas Rangern, stecken alle anderen staatlichen Polizeiorganisationen jedoch noch in den Kinderschuhen und hinsichtlich der enormen Bandbreite der wechselnden Probleme, die sich ihnen stellen, kann noch keine von ihnen Erfahrungen vorweisen, vergleichbar mit denjenigen, die hinter den Rangern liegen.

Heute wie damals halten die Ranger aufmerksam Wacht über Frieden und Wohlfahrt des Staates Texas. Aufgrund finanzpolitischer Überlegungen wurde die Truppe in diesen Monaten verkleinert, bis von ihr nur wenig mehr blieb als das Gerippe der Organisation mit einer Gesamtstärke von derzeit fünf Kompanien zu weniger als dreißig Mann. Das ist nicht außergewöhnlich neu, denn Sergeant Gillett beschreibt in seinem Bericht ähnliche Krisen vor einem halben Jahrhundert. Bis zu einem gewissen Grad hat der benzinbetriebene Wagen den Mustang als Transportmittel der Truppe verdrängt. Trotz dieser Veränderungen haben die Ranger immer noch einen mächtigen Einfluss auf die Aufrechterhaltung von Ruhe und Ordnung; und immer noch, so wie in früheren Zeiten, bringt ihr Eintreffen den Gesetzestreuen das Gefühl von Erleichterung und Sicherheit und im selben Moment den Gesetzesbrechern tiefe Niedergeschlagenheit.

*

Einen Bericht wie Sergeant Gilletts *Sechs Jahre bei den Texas Rangern* herauszugeben, ist zugleich Vorrecht und Vergnügen. Ihm gehört eine große Story, einfach und schlicht erzählt. Das Zeitalter der unbegrenzten Möglichkeiten wird für Amerikaner nicht zu Ende sein, so lange Lebensläufe wie der seine möglich sind; und uns braucht um das Wohl der Republik nicht bange zu sein, so lange Männer seiner Prägung die Mehrheit ihrer Bürgerschaft stellen.

Es scheint angebracht, zum Abschluss, den Leser darüber zu informieren, wie der Bericht seine jetzige Fassung erhielt. Es liegt in der Natur der Dinge, dass Männer der Tat normalerweise keine Meister der Kunst literarischer Abhandlungen sein können. Ebenso wenig ist in der Regel der Akademiker fähig, ohne die Unterstützung eines kompetenten Herausgebers sein Manuskript in eine für die Veröffentlichung annehmbare Form zu bringen. Als Captain Gillett vor mehreren Jahren seine Geschichte für die Veröffentlichung vorbereitete, nahm er die Hilfe eines Herausgebers in Anspruch, der ihn dabei unterstützte, den Text in die literarische Schlussfassung zu bringen. Der gegenwärtige Herausgeber hat das Buch, wie es damals publiziert wurde, einer nochmaligen, sorgfältigen Revision unterzogen; gewisse Korrekturen wurden vorgenommen und Captain Gillett hat beträchtliche Zusatzinformationen geliefert; und das überarbeitete Werk wurde ihm zur Prüfung und Zustimmung vorgelegt.

Burton Historical Collection, Detroit

4. Mai 1925

Vorwort

Eine vollständige Geschichte der Texas Ranger als staatliche Organisation zu schreiben, würde viel Zeit erfordern und einen fähigen Historiker. Ich bin kein Historiker und kann keine erschöpfende Abhandlung in Angriff nehmen und es ist nur der dringenden Bitte meiner Kinder, Frontkameraden und alten Freunden zu verdanken, dass ich den Versuch unternommen habe, eine kurze Geschichte über die Ranger der Jahre zu schreiben, in denen ich mit ihnen diente. Dieses kleine Buch hat nur das bescheidene Ziel, das Leben der Texas Ranger in den Jahren 1875 – 1881 zu schildern. Ich kann zum heutigen, späten Datum nicht mehr alle Unternehmungen, die während meiner Dienstzeit durchgeführt wurden, im Detail rekonstruieren. Ich habe mich deshalb dazu entschlossen, hauptsächlich die zu beschreiben, bei denen ich Teilnehmer war. Selbstredend erinnere ich mich an die am besten.

Jemand hat gesagt, dass die Wahrheit niemals einen interessanten Lesestoff abgibt. Zu beurteilen, inwieweit dieses Dictum zutrifft, überlasse ich meinen Lesern, denn ich habe meine Story genau so erzählt, wie ich mich an sie erinnere, so gut ich nur konnte und ohne den allergeringsten Versuch, sie mit Phantasie auszuschmücken. Wenn ich wenigstens einen meiner alten Rangerkameraden für das Buch zu interessieren vermag oder auch nur einen kleinen Jungen, der über das Grenzland wie es wirklich war, lesen möchte, werde ich mich für all die Anstrengung und Mühe, die es kostete, diese Arbeit zu leisten, großzügig entlohnt fühlen.

Ich möchte mich herzlich bei Miss Mary Baylor bedanken, die mir die Bücher und Zeitungen ihres Vaters, des ehrenwerten Captain G. W. Baylor zur Verfügung gestellt hat. Und ich würde in der Tat undankbar sein, wenn ich versäumte, folgendes an dieser Stelle auszusprechen: Ich stehe tief in der Schuld meiner Frau. Ohne ihre Inspiration und verständnisvolle Ermutigung würde dieses Buch nie geschrieben worden sein.

Um die Ausbildung des typischen Texas Rangers zu zeigen, habe ich mir erlaubt, einen kurzen Abriss meines Lebens bis zum 1. Juni 1875, dem Tag, an dem ich ein Ranger wurde, einzufügen.

Ein Ranger wird gemacht

Die größte formende Kraft im menschlichen Leben ist das Erbgut und von meinem Vater ererbte ich meine Liebe zum offenen Grenzland und für das Leben dort, voll von Gefahr und Aufregung. Dieses Erbe wurde noch verstärkt durch Umfeld und Übung und führte mich schließlich dazu, das Leben als Texas Ranger zu wählen. Mein Vater, James S. Gillett, war selbst Grenzländer, obwohl er im ruhigeren, besiedelten Osten das Licht der Welt erblickt hatte. Als er sehr jung war, zogen seine Eltern von seinem Geburtsort in Kentucky nach Missouri. Hier, nach kurzer Zeit, starben sie und der junge Waisenknabe lebte bei einem Schwager. Immer noch Jugendlicher, begab sich mein Vater mit drei anderen abenteuerlustigen Missourianern auf Expedition nach Santa Fe, New Mexico. Als sie durch das Indianerterritorium kamen, den heutigen Staat Oklahoma, wurde der kleine Trupp von den Osage-Indianern gefangengenommen. Zum Glück für die Jugendlichen, krümmten ihnen ihre Entführer kein Haar, sondern ließen sie nach zwei Wochen Gefangenschaft im Lager der Rothäute wieder laufen.

Dieses ersten Rückschlages zum Trotz, hielt mein Vater durch und erreichte Santa Fe. Hier lebte er mehrere Jahre und beherrschte bald Spanisch. Nicht viel später packte ihn wieder das Auswandererfieber und er reiste ab nach Van Buren, Arkansas. Während seines Aufenthaltes dort, studierte er Jura und wurde als Anwalt zugelassen. Kurz danach zog er weiter nach Paris, Texas, wo er als Vertreter Lamars und angrenzender Countys zum Parlamentsabgeordneten gewählt wurde.

Als Texas der Union beitrat und deshalb der Mexikanische Krieg ausbrach, meldete sich mein Vater 1846 zur Armee und stieg bis zum Major auf. 1854 war er Generaladjutant von Texas. Von 1859 bis 1860, während Sam Houston Gouverneur war, befehligte mein Vater als Quartiermeister [höchster Befehlshaber] ein Rangerbataillon, was wie natürlich dazu führte, dass ich mich ebenfalls zu dieser berühmten Organisation hingezogen fühlte.

Zur Zeit des Bürgerkrieges [1861 - 1865] war mein Vater nicht mehr im wehrfähigen Alter - er wurde 1810 geboren - doch als der Süden wegen Soldatenmangels hart in Bedrängnis geriet, meldete er sich im Frühling 1864 und diente in Captain Caringtons Kompanie bis zum Ende des Krieges.

1850, wenige Jahre bevor er Generaladjutant wurde, heiratete mein Vater, damals Bürger des Washington Countys, Texas, Miss Bettie Harper. Der Vater meiner Mutter, Captain Harper, war

Pflanzer in den Südstaaten. Aus North Carolina zwischen 1846 und 1848 emigriert, hatte er sich im Washington County angesiedelt und eine *„Dixieplantage“* mit einhundert Sklaven aufgebaut. Meine Mutter war eine kultivierte und vornehme Frau. Zu ihrer Hochzeit brachte sie mehrere Negerdiener mit in ihr neues Heim nach Austin. Aus ihrer Verbindung mit meinem Vater wurden fünf Kinder geboren. Die ersten zwei, beides Jungs, starben als Säuglinge. Ich war das vierte Kind meiner Eltern und erblickte am 4. November 1856 in Austin, Texas, das Tageslicht. Eine ältere Schwester, Mary, und eine jüngere, Eva, überlebten bis ins Erwachsenenalter.

Austin, Texas, ca. 1880 Congress Avenue mit Streetcargleisen

Am Ende des Bürgerkrieges kehrte mein Vater zu seiner Familie heim, ziemlich gebrochen an Gesundheit und Geist. Seine Sklaven waren befreit worden und sein Grundbesitz, etwa zweihundert Acres [200 x 4047 m^2 = 809400 m^2, ca. 0,8 km^2] Zedernwald ungefähr fünf oder sechs Meilen außerhalb Austins und ein Stück Kiefernwald im Grimes County, Texas, waren nicht übermäßig ertragreich. Für einen Rechtsanwalt gab es nach dem Krieg in Austin nicht viel zu tun, doch scheute mein Vater keine harte Arbeit, um seine Familie zu versorgen. Obwohl ich es damals nicht wahrnahm, weiß ich heute, dass er schwer zu kämpfen hatte. Ich war erst achteinhalb Jahre alt, als er von der Armee der Konföderierten nach Hause kam, aber ich erinnere mich, dass es ihm regelmäßig Freude machte, uns lebhafte

Geschichten von seinen Indianerkämpfen und Grenzlandabenteuern zu erzählen. Was mir mein Erbgut an Vorbestimmung vermacht hatte, wurde durch diese Geschichten verstärkt und in mir reifte der leidenschaftliche Wunsch, ein Mann des Grenzlandes zu werden und ein Leben des Abenteuers zu leben.

In diesen frühen Tagen gab es keine kostenfreien Schulen in Austin, also schickte mein Vater drei von uns, Mary, Eva und mich, auf kostenpflichtige Schulen. Keiner von uns war sehr gut und ich verlor bei dem Versuch, Deutsch und Englisch zu mischen, knapp zwei Jahre auf einer deutschen Schule. Ich war nie eine Studiernatur - das große Draußen-vor-der-Tür rief immerzu nach mir und ich empfand die Beengtheit der Schule als außerordentlich drückend. Als die Schule im Frühsommer 1868 schloss, ging ich fischen und besuchte danach für keine Stunde mehr den Unterricht. Die Bücher tauschte ich gegen die weit offene Großartigkeit der Natur und begann ein Leben des Sports und der Freiheit, was mich auf den späteren Dienst bei den Rangern vorbereitete.

Arm wie er war, hielt sich mein Vater trotzdem immer ein Pony und ich lernte reiten, fast noch bevor ich gehen konnte. Aufgewachsen an den Ufern des Colorado River, lernte ich so früh schwimmen und fischen, dass ich mich nicht mehr daran erinnere, beides einmal nicht gekonnt zu haben. Ich fischte den Fluss entlang mit ein paar Handschnüren und fing gewöhnlich eine Menge Gaspergou oder Schwarzen Umberfisch. Das war ein feiner Fisch, der sich in den Straßen von Austin leicht verkaufte, so dass ich schon bald genug Geld gespart hatte, um mir ein kleines Skiff oder Fischerboot zu kaufen. Ich kaufte mir nun eine Trottleine mit einhundert Haken und fing an, wirklich ernsthaft zu fischen. Ungefähr fünf oder sechs Meilen Austin flussabwärts, stand am Colorado die Mathews Mühle. Genau unterhalb des Mühlendammes war immer gut fischen und hier richtete ich mir meine Fanggründe ein. Ich besaß eine große Verpackungskiste, in die inchgroße [2,54 cm] Löcher gebohrt waren. Diese Kiste, im Fluss versenkt und mit einem Strick an einer in den Grund gerammten Stange gesichert, gab einen kapitalen Käfig ab und dahinein warf ich meine Fische wie ich sie fing. Auf diese Weise hielt ich sie am Leben und frisch, bis ich genug hatte, sie in die Stadt zu schaffen. Viele freie Neger betrieben entlang der Ufer des Colorado Landwirtschaft und wenn ich so weit war, meinen Fang in die Stadt zu bringen, borgte mir von ihnen ein Pony für fünfundzwanzig Cents den Ritt. Viele Male verließ ich den Fluss bei Sternenlicht, erreichte die alte Markthalle in Austin bei Morgengrauen, breitete meinen Jutesack aus und legte meine Fische aus und war fertig für die frühen Marktbesucher. Ich fischte so lange, bis die Fische Ende 1868 zu beißen aufhörten.

*

Viele Soldaten der Konföderation, die vom Krieg heimkehrten, brachten alte Enfieldmusketen mit. Sie hatten noch Glattläufe und konnten mit einer großen Kugel und drei Bockschroten geladen werden. Diese alten Gewehre, geladen mit feinem Schrot, waren für den Schuss auf Vögel und Eichhörnchen gut zu gebrauchen, doch hatten sie einen ernsthaften Nachteil - sie schlugen aus wie ein Maultier. Wie die Jungs zu sagen pflegten: Man bekam „Fleisch an beiden Enden“. Einen Tag lang mit einer dieser Musketen geschossen, und Schulter und Arm waren schwarz und blau für eine ganze Woche.

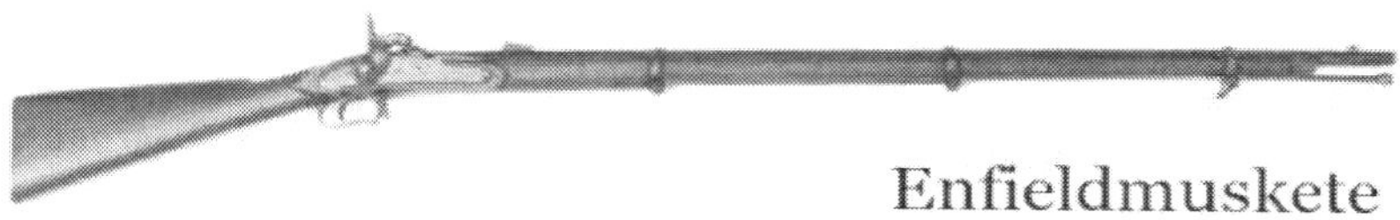

Enfieldmuskete

Als das Fischen keinen Erfolg mehr brachte, beschloss ich, Jäger zu werden und kaufte mir eins dieser alten Gewehre für 3.50 Dollar. Es war beinahe so lang wie eine Zaunstange und in meinem Alter konnte ich es nicht halten und freihändig schießen, also musste ich eine Auflage benutzen. Die Enfieldmuskete besitzt den längsten Lauf, den ich je an einem Gewehr gesehen habe und der Hahn war so lang wie eine Männerhand. Ich konnte den Hahn zwar mit meinen beiden Händen spannen, aber wenn ich nicht zu Schuss kam, war ich nicht stark genug, ihn zu entspannen ohne dass er mir auskam und so musste ich das Gewehr in gespanntem Zustand tragen. Um das Zündhütchen nicht zu verlieren, nahm ich es vom Piston und steckte es in die Hosentasche, bis sich die Gelegenheit für einen erneuten Schuss ergab. Ich erinnere mich, als ich einmal meine Muskete spannte, konnte ich kein Zündhütchen auf dem Piston sehen und weil ich dachte, es wäre heruntergefallen, zog ich den Abzug. Das Zündhütchen hatte sich oben im Hahn verklemmt und das Gewehr donnerte los wie eine Kanone. Danach achtete ich immer darauf, mich wegen des Zündhütchens zu vergewissern. Im Gebrauch dieser Waffe machte ich nicht viel Fortschritte, aber sie lehrte mich die Gefährlichkeit und den Umgang mit Feuerwaffen, ein Können, das ich in späteren Jahren sehr nützlich fand.

Im Frühling 1869 kehrte ich zu meinen Fischgründen zurück und zum Jahresende kaufte ich mir eine Doppelflinte für zwölf Dollar. Mit ihr erlegte ich Wachteln, Enten und anderes Kleinwild und verkaufte alles in den Straßen von Austin. Ende 1870 war ich vierzehn und konnte mit dem Gewehr für jemanden meines Alters ziemlich gut umgehen.

Früh in diesem Winter kamen Wildgänse zu Hunderten in den Süden. Am Colorado, zehn oder zwölf Meilen unterhalb Austin, ging ich auf sie zur Jagd. Die Vögel fraßen frühmorgens in den Maisfeldern und versammelten sich dann über Mittag auf den Sandbänken im Fluss. Diese Gänse waren alles andere als dumm. Beispielsweise waren sie schlau genug, nur die großen Inseln aufzusuchen, drei- oder vierhundert Yards [yard = 91,44 cm] weit von jeder Deckung für mich entfernt. Das war jenseits der Schussweite von jeder Sorte Schrotflinte. Ich schlich mich so nah an die Gänse heran, wie ich nur konnte und beobachtete sie stundenlang und versuchte, mir einen Plan auszudenken, wie ich in Schrotschussentfernung kommen könnte. Um die tausend Gänse sah ich gleichzeitig auf diesen Sandbänken. Seither habe ich oft mit Bedauern an diese Vögel gedacht und mir gewünscht, in eine von den Scharen mit einem modernen Gewehr zu schießen – ich hätte mit einem Schuss ein Dutzend dieser Gänse töten können.

*

Im Frühling 1871 unternahm ich meine erste Reise in das Grenzland von Texas. Mein Vater tauschte etwas von seinem Grimes-County-Kiefernwald gegen eine Viehherde im Brown County und nahm mich mit, als er ging, um die Herde abzuholen. Zum ersten Mal war ich fünfundzwanzig Meilen weg von Austin. Ich genoss die Reise, die Leute und das Land. Diese großen, anständigen Männer der Grenze befeuerten meine Knabenphantasie; jeder trug ein Revolverpaar und die meisten von ihnen eine Winchester. Ihre Erzählungen vom Grenzerdasein und ihre Indianergeschichten faszinierten mich. Dort, bei ihnen wollte ich bleiben und verlor alles Interesse daran, je wieder in einer Stadt zu leben. Im Laufe des selben Jahres trieb mein Vater mehrere Herden nach Austin und ich half ihm dabei. So fing ich an, ein Cowboy zu sein – mein erster Schritt hin zu einem Leben unter freiem Himmel, an das ich mein Herz gehängt hatte.

Im Sommer 1872 begann die Gesundheit meiner Mutter nachzulassen und mein Vater brachte sie nach Lampasas Springs. Das Heilwasser dort schien ihr so gut zu helfen, dass er entschied, wir sollten in Lampasas wohnen. Zu dieser Zeit war das Lampasas County vor allem das Land der verwilderten Rinder, aber im Winter wurde nicht viel getan, um die herrenlosen Viehherden zusammenzutreiben. Die Rinderbosse und die Cowboys verbrachten viel Zeit in der Stadt und vergnügten sich dort. Während dieser Monate wurde ich eng vertraut mit ihnen.

Lampasas, Texas 1882

Im Frühling 1873 reiste mein Vater wegen irgendeines Geschäftes zurück nach Austin. Die Grenze hatte nach mir gerufen, seit ich sie das erste Mal besucht hatte und ich nutzte seine Abwesenheit, ins Coleman County zu entwischen, damals im Grenzland von Texas.

Monroe Cooksey und Jack Clayton hatten im Coleman County eine Rinderherde gekauft und ich sah die Cowboymannschaft, wie sie von Lampasas dorthin aufbrach. Die meisten Männer waren mehr oder weniger mit mir bekannt, also nahm ich mir vor, der Mannschaft zu folgen und um Arbeit zu fragen. Jeder Schritt des Weges führte durch Indianergebiet und ich hatte Angst, die Reise allein zu unternehmen. Nach ein oder zwei Tagen begegnete ich einem Mann namens Bob McCollum. Er transportierte eine Ladung Mehl nach Camp Colorado und war bereit, mich mitfahren zu lassen. Ich sagte meiner Mutter und meinen Schwestern *Auf Wiedersehen* und sah sie nicht wieder bis im nächsten Dezember.

Wir erreichten das gute alte Camp Colorado ohne Panne in etwa fünf Tagen. Claytons und Cookseys Mannschaft lud dort Ausrüstung für die Frühjahrsarbeit auf. Ich stand herum und beobachtete die Cowboys, wie sie ihren Tätigkeiten nachgingen, fand aber nicht den Mut, sie nach Arbeit zu fragen. Schließlich brach die Mannschaft hinunter zum Jim Ned Creek auf, um für das Mittagessen zu kampieren. Ich begleitete die Männer und zuletzt brachte ich genug Mumm zusammen, um Monroe Cooksey nach einem Job zu fragen. Es sah mich eine Minute lang an und wollte dann wissen:

„Was für eine Sorte Arbeit kann ein Junge von deiner Größe machen?“

Ich erklärte ihm, dass ich alles machen würde, was ein Junge meines Alters tun konnte. Er erwiderte nichts und wir gingen weiter und kampierten zum Mittagessen. Nach dem Essen machten sich die Männer fertig, um hinüber zum Hoard’s Creek zu ziehen und dort das Nachtlager aufzuschlagen. Die Jungs bauten einen Pferch aus Stricken und fingen ihre Pferde ein. Ich stand da wie ein Waisenknabe und sah ihnen zu. Jetzt warf Mr. Cooksey sein Lasso über einen stämmigen Rotbraunen. Das Tier zeigte das Weiß in seinen Augen, machte ein rasselndes Geräusch mit den Nüstern und kämpfte so gewaltig, dass es drei Männer am Lasso brauchte, um es zu halten. Dann wandte sich Mr. Cooksey an mich und sagte:

„Hier Junge, wenn du den reiten kannst – hast du einen Job gesichert.”

Ich drehte mich um, nahm meinen Sattel, Zaumzeug und Decke und ging zu dem Tier. Ein älterer Mann der Crew zog mich zur Seite:

„Junger Mann“, sagte er, „das ist ein altes, verdorbenes Pferd und, außer du bist ein mächtig guter Reiter, setzt du dich besser nicht drauf.“

Ich schob ihn aus dem Weg.

„Pshaw, ich suche dringend Arbeit und wenn ich auch kein Broncobrecher bin, werde ich doch versuchen, ihn zu reiten und wenn er mich umbringt.“

Inzwischen hatte einer der Jungs das Pferd an beiden Ohren gepackt und hielt es fest. Sie warfen ihm den Sattel auf den Rücken, zogen den Gurt fest und schließlich, nach heftigem Widerstand, legten sie ihm das Zaumzeug an und hoben mich in den Sattel. Nachdem ich mich so gut ich konnte fixiert hatte, gaben sie das Tier frei. Es machte zwei oder drei drehende Bocksprünge nach vorne und stürzte, alle Viere unter sich eingeknickt.

Mr. Cooksey schien die Gefahr, in der ich mich befand, zu erkennen und rief mir zu abzuspringen. Bevor ich mich loslösen konnte, hatte sich das Pferd auf die Beine gerappelt und jagte im Galopp davon. Ich wendete es Richtung Remuda (Herde zusätzlicher Reitpferde) und ritt es bis Einbruch der Dunkelheit ohne weitere Probleme. Ich hatte meinen Job gewonnen, aber das war ein schmutziger Streich, den die vielen Männer einem einzigen Jungen gespielt hatten, noch dazu einem kleinen Jungen wie diesem. Allerdings, zu ihrer Entlastung möchte ich sagen, dass sie mich nie wieder auf ein bösartiges Pferd setzten, sondern mir das beste der gutmütigen Ponys zum Reiten gaben.

Unsere erste Arbeit war, eine Rinderherde zusammenzutreiben und den Horrelljungs abzuliefern, die damals am Home Creek lagerten. Wir arbeiteten uns den Colorado River hinunter und als wir in der Nähe der Flat Top Ranch waren, verließen mich die Männer, die für die Ausrüstung verantwortlich waren. Ich sollte die Remuda auf der Straße hinter dem Zeugwagen hertreiben, während sie versuchen wollten, „sich einen Rinderbraten" zu besorgen. Ich hatte nur eine Meile oder zwei hinter mich gebracht, als ich bemerkte, wie sich mir ein Mann von rückwärts näherte. Wie er heran war, glaubte ich, dass er das perfekteste Musterexemplar eines Grenzmannes war, das ich je gesehen hatte. Er war wahrscheinlich sechs Fuß [Fuß = 30,48 cm] groß, hatte dunkles Haar und einen Bart. Er war schwer bewaffnet, trug zwei Sechsschüsser und eine Winchester lag vor ihm und er saß auf einem edlen Ross in einem wundervollen kalifornischen Sattel. Er ritt zu mir her und fragte, wessen Ausrüstung ich da beförderte. Ich erklärte ihm: Cooksey und Claytons. Dann wollte er meinen Namen wissen. Als ich ihm den nannte, sagte er:

„Oh ja; ich traf vor ein paar Tagen deinen Vater in Lampasas und er bat mich, dir auszurichten, dass du nach Hause kommen und zur Schule gehen sollst."

Ich gab keine Antwort, hielt jedoch meine Pferde in Bewegung. Der Fremde sagte mir, dass sein Name Sam Gholston sei. Er erklärte, dass es für jemanden, der so jung war wie ich, gefährlich wäre, sich allein und unbewaffnet im bösen Indianerland aufzuhalten, dass die Mannschaft mich nicht hätte allein lassen sollen und riet mir, zurück zu meinen Eltern zu gehen. Ich redete nicht mit ihm, also sagte er mir schließlich *Auf Wiedersehen* und galoppierte davon. Sein Rat war gut, aber ich hatte nicht die mindeste Lust, nach Hause zu gehen – mich hatte das Leben im Grenzland gepackt.

Cooksey und Clayton blieben geschäftlich nicht lange. Nachdem sie ihren Vertrag mit den Horrelljungs erfüllt hatten, zahlten sie Joe Franks aus. Ich nehme an, ich wurde mit der Mannschaft entlohnt, zumindest arbeitete ich danach für Mr. Franks. Ein freundlicheres Herz als das von Mr. Franks, schlug nie in eines Menschen Brust. Er war von großer Statur und großer Seele.

Er schien sich für seinen jungen Kuhtreiber zu interessieren und fragte mich, wo ich aufgewachsen war und wie es dazu gekommen war, dass ich mich hier weit draußen im Grenzland aufhielt. Für den Fall, dass sich das Wetter abkühlte, gab er mir einen von seinen Mänteln. Der gab einen ziemlich guten Überzieher für mich ab und reichte mir bis hinab zu den Knien. Die Ärmel waren so lang, dass ich sie einfalten und in den entstandenen Aufschlägen meine Zügel halten konnte - und in einem einzigen Kleidungsstück hatte ich beides, Mantel und Handschuhe.

Während des Sommers 1873 lieferten John Hitsons, Sam Gholston und Joe Franks Vieh an den guten alten John Chisolm, dessen Mannschaft am Südufer des Concho River kampierte, ungefähr da wo heute die Stadt Paint Rock steht. Die anderen Mannschaften verteilten sich etwa eine halbe Meile weiter flussabwärts. Dort waren wahrscheinlich fünfundsiebzig oder einhundert Mann in den vier Lagern und mindestens fünfhundert Pferde. Eines Abends, eben nach Einbruch der Dunkelheit, galoppierten die Indianer zwischen Gholstons Mannschaft, brachten rund sechzig Pferde in ihren Besitz und machten sich mit ihnen davon. Die Rothäute und die Cowboys lieferten sich einige Minuten lang eine regelrechte offene Feldschlacht, zweihundert Schüsse fielen. Dieser Kampf war von unserem Camp aus gut zu beobachten und ich sah den Mündungsblitz von jeder Waffe und hörte die Indianer und die Cowboys schreien. Einer von Mr. Gholstons Männern bekam eine Fleischwunde ins Bein und mehrere Pferde wurden getötet.

Zwei Nächte darauf griffen die Indianer Franks Lager an und versuchten unsere Pferde zu nehmen. Bob Whitehead und Pete Peck hatten zu dieser Zeit Wache und ich schlief in der Nähe auf einer Pritsche. Sowie die Indianer anfingen zu schießen und zu brüllen, saß ich senkrecht in meinem Bett. Als ich da saß, überrannte mich fast ein Indianer auf seinem Pony, feuerte im Galopp seinen Revolver auf Whitehead und Peck ab, die ihn hart verfolgten. Ich war inzwischen hellwach und rannte zu einem Dickicht, barfuß und in Unterwäsche. Mr. Franks und die Jungs trieben unsere Pferde zurück zum Lager und hielten sie für den Rest der Nacht in einem Pferch. In diesem Spiel bekam ich das Grenzerleben früh zu schmecken.

Jahrelang hatten sich die verwilderten Rinder südwärts in die Countys Menard und Kimble ausgebreitet und Joe Franks war einer der ersten Rinderleute aus dem Coleman County, der nach Süden in das Land des San Saba und Llano ging. Er arbeitete die Gegend am Großen und Kleinen Saline Creek durch und die um den San Saba und Llano River und fand dort unten viel von „seinem“ herrenlosen Vieh. Gegen Ende November war mit der

Arbeit des Jahres Schluss und nachdem er dreihundert fette Kühe eingesammelt hatte, die er nach Calvert, Texas, treiben wollte, ließ er John Banister mit den Pferden unten am Big Saline zurück, um sie dort zu überwintern.

Mit diesen Kühen kam ich durch Lampasas und sah meine Mutter und die Schwestern zum ersten Mal nach neun Monaten wieder. Als wir das Bell County erreichten, trafen wir uns mit einem Viehhändler und der kaufte die Kühe für zehn Dollar das Stück. Er stieg von seinem Pferd, nahm ein Satteltaschenpaar ab und zählte daraus 3.000 Dollar in Zwanzig-Dollar-Goldstücken ab und stellte einige von den Jungs ein, die ihm helfen sollten, das Vieh nach Calvert hineinzutreiben. Mr. Franks kehrte mit dem größten Teil der Mannschaft nach Lampasas zurück. Als wir miteinander abrechneten, schuldete mir Mr. Franks 200 Dollar und er händigte mir zehn Zwanzig-Dollar-Goldstücke aus. Das war das meiste Geld, das ich je verdient und beinahe die größte Summe, die ich je im Leben gesehen hatte.

Ich verbrachte Dezember und Januar zu Hause und früh im Februar 1874 brach ich mit Mr. Franks wieder ins Menard County auf, da er ängstlich darauf bedacht war, im Frühling die Arbeit so früh wie möglich zu beginnen. Als wir Parsons Ranch am Big Saline erreichten, erfuhren wir, dass ihm die Indianer alle Pferde gestohlen hatten, fünfundsiebzig oder achtzig Stück und er hatte nur noch acht oder zehn alte Ponys. Mr. Franks schickte Will Banister und mich zurück ins Coleman County, um zehn oder zwölf Pferde zu holen, die er im vorigen Jahr dort gelassen hatte, während er selbst in die Countys Lampasas und Williamson zurückkehrte, um Pferde zu kaufen. Diese Reise vom Menard ins Coleman County, eine Strecke von vielleicht einhundertfünfzig Meilen, war ein ziemlich waghalsiger Trip für zwei Jungs alleine. Allerdings waren wir beide mir neuen Winchestern bewaffnet und wären in der Lage gewesen, einen harten Kampf zu liefern, falls wir das mussten. Unsere Ponys waren armselig und schwach, so dass es uns unmöglich gewesen wäre zu entkommen, hätten wir eine Indianerbande getroffen - eine Sache, der wir sehr nahe kamen.

Es gab damals keine Straße von Menard nach Coleman, also hielten wir uns einfach nordwärts. Ich war vor einem Jahr in fast der ganzen Gegend auf Rinderjagd gewesen und wusste anhand der Landmarken sehr gut, wohin wir zu gehen hatten. Wir kamen eines Abends an die Quelle des Big Brady Creek, während ein kalter Nord blies. Um aus dem Wind herauszukommen, kampieren für die Nacht in einem ausgetrockneten Bachbett. Am nächsten Morgen sattelten wir und waren vom Lagerplatz noch nicht weiter als hundertfünfzig Yards entfernt, als wir eine Stelle entdeckten, wo sechzehn oder siebzehn Indianer gerade entlanggekommen waren – zumindest war das die Anzahl der Ponyspuren. Diese Rothäute hatten ein Stinktier aufgescheucht und mit einem Holzknüppel getötet. Als wir den Kadaver fanden hatte er kaum aufgehört zu bluten. Die Moccasinabdrücke sahen danach aus, als ob für ein paar Augenblicke die Wilden alle von ihren Ponys gestiegen wären. Banister und ich brachten die Reise sicher hinter uns und kehrten früh im März ins Menard County zurück. Mr. Franks kam bald mit einer neuen Pferdeherde und machte sich an die Arbeit, Vieh einzufangen und auszuliefern.

Um den ersten Juni herum, stieß Bee Clayton von Lampasas zur Mannschaft und berichtete mir, dass mein Vater schon länger als einen Monat tot war. Mr. Franks rechnete mit mir ab und ich brach am nächsten Tag nach Hause auf. In Lampasas angekommen, fing ich bei Barrett und Nichols an. Sie waren die größten Viehbesitzer weit und breit und unterhielten drei große Mannschaften, eine im Llano County, eine im San Saba County und noch eine in Lampasas. In der letztgenannten Mannschaft arbeitete ich, damit ich in der Nähe meiner Mutter und Schwestern sein konnte.

Ich war nun mit den meisten Aspekten des Lebens an der Grenze vertraut. Ich hatte Vieh getrieben und Indianerüberfälle gesehen, allerdings war ich dem „bösen Mann“ aus Texas noch nicht begegnet – dem Mörder und dem Banditen. Meine Ausbildung wurde nicht lange vernachlässigt, denn es war während ich für Barrett und Nicholls arbeitete, da ich mit der Oberklasse dieser Leute Bekanntschaft machte. Eines Tages saßen fünf oder sechs unserer Jungs im Kreis und aßen gegrillte Kälberrippe. Einer der Männer, Jack Perkins, geriet plötzlich in einen heftigen Streit mit Levi Dunbar und, ohne Warnung, zog er seinen Sechsschüsser und schoss ihn tot. Weil ich auf die Füße gesprungen war, verbrannten mir die Pulvergase von Perkins' Schuss meine rechte Schulter.

Ich blieb bei Barrett und Nicholls bis sie ihre Arbeit um den 1. Dezember 1874 beendet hatten. In diesen Tagen wurde in den Wintermonaten nicht viel mit Rindern gearbeitet, so verbrachte ich den Winter zu Hause. Zum Frühling hin wurde ich rastlos wie ein Bär und sehnte mich danach, wieder ins Grenzland zu gehen. Schließlich hielt ich das Nichtstun nicht länger aus und erklärte meiner Mutter, dass ich wieder ins Menard County gehen würde, um für Mr. Franks zu arbeiten. Ich traf in Menardville früh im März 1875 ein. Dort erfuhr ich, dass Joe Franks gerade am South Llano im Kimble County arbeitete. Ungefähr sechzig Meilen von Menard, hatte Wess Ellis eben die Rufe Winn Rinderherde gekauft und war daran, zum Kühe-Einfangen aufzubrechen. Er wollte, dass ich für ihn arbeitete und erklärte, er könne mir so viel bezahlen wie Joe Franks oder irgendwer anders, also trat ich bei ihm ein für 30 Dollar den Monat, den Spitzenlohn eines Cowboys von damals.

Als ich während des Jahres einmal zu Hause war, hielt sich eine Kompanie Texas Ranger unter dem Kommando von Captain Dan W. Roberts am Little Saline auf. Diese Kompanie erhielt ihre Post in Menardville und ich lernte diese berühmte Organisation kennen. Ihr freies, ungebundenes Leben entlang der Grenze entfachte in mir die Sehnsucht, einer von ihnen zu werden und an ihrem abenteuerlichen Leben teilzuhaben. Im Frühling 1875 autorisierte der Gouverneur von Texas Captain Roberts, sein Kommando auf fünfzig Männer zu vergrößern. Beinahe sofort gab Captain Roberts in Menardville und Umgebung bekannt, dass er zum ersten Juni zwanzig gute Männer verpflichten würde, um sein Kommando auf volle Stärke zu bringen. Hier war meine Gelegenheit und ich beschloss, ich würde einer dieser zwanzig Rekruten sein.

-o-

Die Texas Ranger

Die Texas Ranger gibt es als Organisation seit dem Frühjahr 1836. Nachdem der Alamo im Ansturm der mexikanischen Truppen gefallen war und dort das entsetzliche Massaker stattgefunden hatte, stellte General Houston aus Siedlern des Territoriums eine Truppe von sechzehnhundert berittenen Schützen auf. Diese Einheit, gebildet um die texanischen Grenzen zu schützen, war die ursprüngliche Texas-Ranger-Einheit und es ist nicht uninteressant anzumerken, dass diese Organisation von ihrem Gründungstag an bis zum heutigen Augenblick nie von jener Aufgabe abließ – dem Schutz der texanischen Grenzen, entweder vor den Indianern, den Banditen oder vor plündernden Mexikanern von jenseits des Rio Grande.

Als die Republik Texas im Dezember 1837 gegründet wurde, hatte der neue Staat eine riesige Grenze zu schützen. Im Süden waren die feindseligen Mexikaner, während im Westen und Nordwesten die Indianer und die Banditen umherstreiften. Um den Schutz gegen diese Feinde sicherzustellen und den Kern eines nationalen, stehenden Heeres zu bilden, wurde die Rangertruppe nicht aufgelöst. Während der sieben Jahre, die Texas unabhängig war, bevor es in die USA aufgenommen wurde, schlugen die Ranger Horden von Mexikanern zurück, bekämpften sie mörderische Apachen, Comanchen und Kiowas und ließen zahlreichen Gesetzlosen und Raufbolden, die aus den weniger attraktiven Teilen der Vereinigten Staaten kommend, sich in der neuen Republik zusammenrotteten, freigiebig Gerechtigkeit angedeihen.

So unverzichtbar war der Dienst der Ranger für die Sicherheit von Leben und Eigentum der Siedler entlang der Staatsgrenze, dass man zwölfhundert Ranger als berittene Polizei zum Patrouillieren der Grenze nach Mexiko und als Schutztruppe gegen die Wilden des Südwestens behielt. Als der Amerikanische Bürgerkrieg zwischen dem Norden und dem Süden ausbrach, wurde Texas auf Seiten der Konföderation in den Konflikt gezogen. General Con Terry, ein alter Ranger, stellte die berühmte Einheit, bekannt als Terrys Texas Ranger auf. Dieses Kommando setzte sich fast ausschließlich aus ex-Rangern und Grenzmännern zusammen. Von Bull Run [erste Schlacht des Bürgerkrieges] bis Appomattox [Ort der Kapitulation des Südens] leistete diese Truppe furchtlos Dienst und verlor fünfundsiebzig Prozent der zu Anfang angemusterten Männer. General Sherman [General der Nordstaaten] schreibt in seinen Memoiren bewundernd über die Tapferkeit der Ranger in der Schlacht von Shiloh.

Die Rückkehr zum Frieden und die Tage der Wiederherstellung der staatlichen Einheit der USA, machten den unverzichtbaren Dienst, den nur die Ranger leisten konnten, nicht überflüssig. Indianeraufstände, Banditentum und Viehdiebstahl blühten auf, weil der Verbrecher vertrauensvoll darauf baute, dass die Nachkriegswirren ihn vor Strafe für seine Missetaten bewahrten. Er wurde enttäuscht, weil ihn die Ranger nachdrücklich darüber belehrten, dass es ihre Pflicht war, Leben und Eigentum zu beschützen und sie setzten dies gesetzestreu in die Tat um. Von 1868 bis 1873 wurden die Rangerkompanien allmählich von eintausend auf etwa dreihundert Mann reduziert.

Die Unionsregierung machte sich nach dem Krieg eine unglückliche Indianerpolitik zu Eigen. Die Stämme wurden in Reservationen verbracht und mit Rationen versorgt wie Schützlinge des Staates. Skrupellose Händler verkauften aus Gewinnsucht Schusswaffen illegal an die Indianer und wann immer eine Rothaut einen Grenzer massakrierte, konnte er sicher sein, gute Revolver und Gewehre zu erbeuten, so dass die Indianer bald mit neuwertigen Waffen gut ausgestattet und wirkliche Experten in deren Gebrauch waren. Da kein Versuch unternommen wurde, sie innerhalb der Reservationsgrenzen zu halten, schlichen sich die Rothäute unter ihren eingeborenen Häuptlingen ständig davon und begingen Überfälle im westlichen Texas. Sie stahlen tausende von Pferden und Rindern und zögerten nicht, die wehrlosen Menschen entlang der Grenze zu ermorden und zu skalpieren. Zahllose Frauen und Kinder wurden als Gefangene weggeführt, von denen danach nur ein geringer Teil freigekauft wurde. Wiederholte klagen in Washington schafften keine Abhilfe. Tatsächlich erklärten einige Regierungsbeamte seelenruhig, dass die Indianer niemandem Schaden zufügten – es wären weiße Männer, verkleidet als Rothäute, die den Ärger verursachten!

1874 war die Lage an der Grenze so akut geworden, dass die Erfordernis einer organisierten, berittenen Polizei zum Schutz der Siedler gegen die fortgesetzten Indianerüberfälle offensichtlich wurde. Wie in der Vergangenheit, richtete der Staat sein Augenmerk wieder auf seine Ranger. Früh im Jahre 1874, während der Regierung von Richard Coke, dem ersten Demokratischen Gouverneur seit der Sezession, bewilligte das Parlament 300.000 Dollar für die Verteidigung des Grenzlandes und gab damit der Formierung der Texas Ranger nun die offizielle Grundlage. Der Gouverneur erließ sofort einen Aufruf, dass sich vierhundertfünfzig Freiwillige melden sollten. Diese wurden in sechs Kompanien zu fünfundsiebzig Mann eingeteilt. Jede dieser Einheiten wurde von einem Captain und einem First- und einem Second Lieutenant geführt. Die Kompanien wurden mit A, B, C, D, E und F bezeichnet und erhielten den offiziellen Namen *Grenzbataillon der Texas Ranger*. John B. Jones aus Corsicana, Texas, wurde zum Major der Einheit ernannt. Zu dieser Zeit erhielten Captains einen Sold von 100 Dollar monatlich, Lieutenants 75 Dollar, Sergeants 50 Dollar und Corporals und Privates 40 Dollar. Später, als das Parlament die Mittel für die Ranger kontinuierlich beschnitt, wurde die Bezahlung der Privates auf 30 Dollar den Monat reduziert, ein erbärmlicher Hungerlohn für den lebensgefährlichen Dienst, der ihnen abverlangt wurde.

Früh im Jahre 1874 rückte die Truppe aus und jeder Kompanie wurde ein bestimmtes Gebiet entlang der Grenze zugewiesen. Kompanie A, die nördlichste Kompanie, ging am Hauptarm des Brazos River ins Camp; Kompanie F, die südlichste, wurde am Nueces River stationiert. Die vier verbleibenden Kompanien wurden entlang einer Linie zwischen diesen beiden Kommandos im Abstand von fünfundzwanzig Meilen postiert, so dass das Bataillon mit den vierhundertfünfzig Mann eine Front zwischen fünf- und sechshundert Meilen abdecken konnte.

Major Jones war ein sehr fähiger Kommandeur und er gewann rasch das Vertrauen seiner Männer und der Menschen entlang der Grenze, die zu beschützen er geschickt worden war. Die Grenzer arbeiteten mit ihm auf jede nur mögliche Weise zusammen, schickten Melder in die unterschiedlichen Rangercamps, wann immer eine Indianerspur entdeckt oder eine Pferdeherde gestohlen wurde. Während der ersten sechs Monate im Dienst, hatte fast jede Kompanie ein Gefecht mit den Indianern und einige von ihnen zwei oder drei. Das Bataillon säuberte das Grenzland schließlich von den Indianern und wendete danach seine Aufmerksamkeit den anderen Pestilenzien des Staates zu – Dieben, Banditen und Flüchtigen vor der Justiz. Bei dieser Arbeit leistete niemand bessere Dienste als die Ranger und sie wurden in unglaublich kurzer Zeit zur vielleicht berühmtesten und effizientesten Einheit berittener Polizei in der Welt.

In den achtzehn Jahren von 1865 bis 1883 verfolgten die Texas Ranger 128 Indianergruppen auf Raubzug und bekämpften die Rothäute in 48 offenen Feldschlachten. Während des selben Zeitabschnittes holten sie 6.000 gestohlene Pferde und Rinder zurück und retteten drei Bürger, die von den Indianern entführt worden waren. In dieser Periode wurden zwölf Ranger getötet.

Trotz dieser Auflistung geleisteten Dienstes, konnte das Parlament in Austin nicht immer dazu gebracht werden den, Vorteil – nein, die Notwendigkeit – einer Rangertruppe einzusehen und es flickschusterte unablässig an den Haushaltsmitteln zur Unterstützung des Bataillons herum. Waren die Haushaltsmittel niedrig, wurde die Einheit verkleinert, um in dem Kostenrahmen, der von den knauserigen Solonen bewilligt worden war, zu bleiben; wann immer der Gesetzgeber sich dazu überwinden konnte, das jährliche Budget der Ranger zu erhöhen, wurde auf volle Stärke rekrutiert.

1885 hatten sich die Bedingungen geändert. Texas wurde nicht länger durch die Indianer gefährdet, weil die Ranger viel getan hatten, die roten Teufel in gute Indianer zu verwandeln – was heißt, in tote Indianer [nach General Phil Sheridan: „Die einzigen guten Indianer, die ich gesehen habe, waren tot.“]. Obgleich die Indianer vom Staatsgebiet verschwunden waren, kamen die Aktivitäten der Ranger nicht zum Erliegen. Der weiße „böse Mann“ der die ersten Indianerprobleme verursacht hatte, fing nun an, seine eigene Rasse auszurauben und zu ermorden und mit jeder Form der Gesetzlosigkeit zu verwöhnen. Aus den Jägern der mörderischen Rothäute wurden die Ranger nun die Verfolger der Totschläger und derer, die ihre Nachbarn um ihr Eigentum beraubten. Die örtlichen Vertreter des Gesetzes konnten oder wollten diese Aufgabe nicht selbst wahrnehmen; daher wurden die Ranger zu Ordnungshütern gemacht, mit dem Recht, überall im Staat ohne Haftbefehl Festnahmen durchzuführen. Sie wurden damals zu berittenen Polizisten, um Gefährdungen der Ordnung zu unterdrücken, Verbrechen zu verhüten und Kriminelle der Gerechtigkeit zu überantworten und die von Amts wegen eingesetzten Autoritäten auf jede mögliche Weise zu unterstützen. Diese neue Arbeit war weniger romantisch als die alten Indianerkriege, aber sie war kein Bisschen weniger gefährlich und ebenso nötig für den Aufbau des sich schnell entwickelnden Staates. Wie bei jeder anderen Aufgabe, die dem Ranger übertragen wurde, tat er seine Pflicht furchtlos und gut. In den Jahren 1889 – 1890 nahmen die Ranger 579 Personen fest, darunter 76 Mörder.

Mit dem Bau der Eisenbahn, begannen die Ranger, sie zu benutzen, da sie höheres Tempo und die Kontrolle größerer Gebiete erlaubte, als dies im Sattel möglich war. Noch dazu konnten Kommandos von einem Teil des Staates in einen anderen verlegt werden, sowie die Lage es erforderte. Diese erhöhte Mobilität führte zu größerem Nutzen und einer zunehmenden Zahl von Verhaftungen durch die Rangerkräfte.

Der Ausbruch des Krieges mit Spanien [1898] fand die Ranger bereit und begierig, ihren Dienst bei der Verteidigung der Union zu leisten. Viele meldeten sich zu Roosevelts berühmten Rough Riders.

„Ich hörte aus dem Munde vertrauenswürdiger Ranger“, erklärte General Miles, als er über den Dienst der Ranger in Kuba sprach, „Geschichten über Tapferkeit die unvergleichlich sind. Es ist in der Tat zu schade, dass die Welt so wenig über diese bewundernswerten Männer weiß. Es gab unter den Texas Rangern eine Menge Männer, die genau so mutig waren wie Davy Crockett, Travis oder Bowie im Alamo.“

*

So schlaglichtartig diese Historie auch war, beleuchtet sie doch die ununterbrochene Folge der Pflichterfüllung zum Schutz des Lebens, der Freiheit und des Eigentums der texanischen Bürger während der fünf Jahrzehnte währenden Existenz des Rangerbataillons. Und der Ranger war damit zufrieden, seine Pflicht zu tun, ungepriesen und beinahe unbesungen. Pflichterfüllung, egal wohin sie führte, in welche verzweifelte Situation sie den Ranger brachte oder wie gefährlich auch immer die Aufgabe war, hieß stets der Wahlspruch der Organisation. An Mut, Vaterlandsliebe, sofortigem Gehorsam und Effizienz wurden die Taten der Texas Ranger von keiner Polizeitruppe, die jemals aufgestellt wurde, übertroffen.

Obgleich in militärischen Einheiten zusammengefasst und befehligt wie ein Soldat, ist der Ranger kein Mann des Militärs, weil Militärgesetzen und gefällten Präzedenzurteilen kaum Aufmerksamkeit geschenkt wird. Der Staat stellt die Verpflegung für die Männer, die Fourage für ihre Pferde, Munition und medizinische Versorgung. Der Ranger muss sich sein Pferd selbst besorgen, seine Ausrüstung und seine Waffen. Es gab, damals, keine Einheitlichkeit in der Art, sich zu kleiden, weil jedem Ranger freigestellt war, sich anzuziehen, wie es ihm passte und was die Kleidung anbelangte, lehrte ihn die Erfahrung, was am tauglichsten für Zweckmäßigkeit und Tragekomfort war. Ein Ranger, so wie jeder andere Grenzer oder Cowboy, trug gewöhnlich schwere, wollene Kleidung irgendeiner Farbe, die seiner Vorliebe entsprach. Einige waren für Cord, während andere Wildleder bevorzugten. Ein Filzhut irgendeiner Form und Farbe vervollständigte seine Erscheinung. Beim Reiten trug ein Ranger immer Sporen und Stiefel mit sehr hohen Absätzen, um zu verhindern, dass sein Fuß durch den Steigbügel rutschte, weil beide, der Ranger und der Cowboy ritten mit dem Mittelteil des Fußes auf dem Steigbügeltritt. An Waffen trug der Ranger ab 1877 eine Winchester oder einen Karabiner, einen .45er Coltrevolver und ein Bowiemesser. Zwei Patronengürtel, einen für die Winchester und einen für den Revolver, komplettierten seine Ausstattung und so bewaffnet war er bereit aufzusteigen und loszureiten.

„Wir leben im Sattel und der Himmel ist unser Dach“, sagen die alten Ranger und das ist buchstäblich wahr. Ranger sind die perfekten Centauren und leben meistens im Sattel. Sie sind in jedem Teil des Staates, wo sie Verhaftungen durchführen oder nach jemandem fahnden wollen, zu Pferd. Es gibt wenig von dem, was einer mit West-Point-Abschluss Drill nennen würde. Von einem Ranger wird erwartet, dass er ein guter Reiter und ein schneller und sicherer Schütze ist. Kein Spitzenkavallerist in irgendeiner Armee kann ein Pferd schneller oder fachkundiger besteigen als ein Ranger und er kann ununterbrochen mit seinem Karabiner feuern, wenn sein Pferd in gestrecktem Galopp dahinfliegt und das Ziel mit neun von zehn Schüssen treffen. Sollte ein Ranger etwas zu Boden fallen lassen, egal was, verzögert er nicht einmal das Tempo seines Pferdes, sondern, sich aus dem Sattel beugend, als ob er aus Gummi wäre, schnappt er sich das Ding in vollem Galopp.

Wenn sie nicht im Dienst sind, amüsieren sich die Ranger auf unterschiedliche Art und Weise. Einige spielen Karten, andere jagen, während die gelehrten ihre Zeit über Büchern und guter

Literatur verbringen. Pferderennen sind populär und das schnellste Pferd der Kompanie ist bald ausgemacht, weil die Ranger auf ihren Reittieren gegeneinander antreten. Abends, an ihren Lagerfeuern, erzählen die Ranger unentwegt Abenteuergeschichten, die alles Ersonnene der Schriftsteller ausgedachter Fiktionen in den Schatten stellen.

Aber im Dienst ist alles anders. Keine Geschwindigkeit ist für ihn zu schnell, keine Aufgabe zu schwierig oder zu lebensgefährlich. Tag und Nacht wird der Ranger seine Beute verfolgen, durch Regen und bei Sonnenschein, bis der Verbrecher gefunden und hinter Gitter gebracht ist, wo er friedliche Bürger nicht wieder belästigt oder stört. In Tapferkeit, Ausdauer und unerschütterlichem Pflichtgefühl zu jeder Zeit, ist der Ranger eine Klasse für sich. So war der alte Ranger und so ist der Ranger von heute.

-o-

Ich werde Texas Ranger

Der Ruhm der Ranger wurde, selbstverständlich, zum Allgemeinwissen aller Texaner. Ihre abenteuerlichen Taten und das attraktive Leben unter dem freien Himmel riefen nach mir und mich hatte der starke Wunsch gepackt, mich in die Bataillonsliste eintragen zu lassen. Doch die Eischreibungen, wie von Captain Roberts verkündet, würden nicht vor dem 1. Juni 1875 stattfinden und ich erreichte Menardville schon früh im März. Ich hatte vorgehabt, mich Mr. Franks Mannschaft anzuschließen, doch wie ich bereits erwähnte, fing ich bei Mr. Ellis an, bis ich in Captain Roberts‘ Kompanie eintreten konnte.

Ungefähr Mitte Mai 1875 hatte sich Joe Franks ins Menard County zurückgearbeitet. Ich wünschte, meine alten Freunde aus seiner Mannschaft wiederzusehen und machte mich auf, um sie zu treffen. Während ich mich dort aufhielt, erwähnte ich, dass ich mich den Rangern anschließen wollte. Ein Cowboy namens Norman Rodgers, der für Mr. Franks arbeitete, sagte, er würde gerne ebenfalls beitreten und so beschlossen wir, dass wir zusammen zu Captain Roberts gehen und sehen wollten, ob wir ihn nicht dazu bewegen könnten, uns für seine Kompanie zu rekrutieren.

Rodgers und ich ritten hinüber zum Rangercamp jenseits von Menardville. Weder war einer von uns jemals zuvor in einen solchen Camp gewesen, noch wussten wir etwas über die Kompanie. Vom ersten Ranger den wir antrafen, wollten wir wissen, wo wir den Captain finden könnten. Es wurde uns sein Zelt gezeigt und wir machten uns auf den Weg.

„Jim", sagte Norman zu mir, als wir uns dem Zelt näherten, „du musst das Reden übernehmen."

Captain Roberts begrüßte uns als wir eintrafen und lud uns ein, Platz zu nehmen. Ich erklärte ihm sofort, dass wir gekommen waren, um den Rangern beizutreten. Er fragte nach unseren Namen, wo wir arbeiteten und schließlich, ob wir jemanden hätten, der uns empfehlen könnte. An Referenzen hatten wir nicht gedacht, erklärten jedoch, dass Mr. Franks oder Mr. Ellis wahrscheinlich für uns einstehen würden, weil sie sehr bekannte Rinderleute waren und wir für sie gearbeitet hatten. Captain Roberts sah mich direkt an und sagte:

„Du sagst, dein Name ist Gillett?"

„Ja, Jim Gillett", erwiderte ich.

Er fragte dann, wo ich geboren wäre und ich antwortete ihm, in Austin, Texas.

„Bist du ein Sohn von James S. Gillett, der Generaladjutant unter Gouverneur Sam Houston war?"

Ich sagte ihm, das wäre ich.

„Ich habe meinen Vater, Buck Roberts, oft von deinem Vater reden hören", sagte er in freundlichem Ton.

Captain Rogers fragte uns dann, was wir für Pferde hätten und erklärte uns, dass ein Ranger gut beritten sein müsse, weil jedem Mann nur ein Pferd erlaubt wäre, das gut sein müsste, das jeden Tag geritten werden könnte, einen Monat lang, wenn nötig. Ich erklärte ihm, dass ich zwei gute Ponystuten hätte. Er prustete vor Lachen und sagte, eine Stute wäre im Dienst nicht zulässig. Er meinte, wir sollten gehen und zusehen, was für Reittiere wir bekommen könnten und dann wiederkommen und ihn die Tiere prüfen lassen. Er sagte kein einziges Mal, dass er uns akzeptierte, doch als die Befragung nun vorüber war und er uns nicht abgelehnt hatte, gingen wir zurück durch das Camp mit der großen Hoffnung, dass wir bald Ranger sein würden. Ich besorgte mir ein großes, schwarzes Pony und Norman sich ein graues, so groß wie meines, aber ein viel hübscheres Pferd.

Ein paar Tage darauf kehrten wir auf diesen Ponys ins Rangercamp zurück. Der Captain begutachtete sie, meinte, sie seien klein, aber dass er sie akzeptieren würde und wollte, dass wir am einunddreißigsten Mai bei ihm im Camp erscheinen sollten, damit wir den Eid für den Dienst ablegten. Wir verließen an diesem Abend das Camp, stolz aufgeplustert in der Erwartung, Texas Ranger zu sein.

Der letzte Maitag kam. Norman Rodgers und ich waren mit vielen anderen Rekruten, die wir nie zuvor gesehen hatten, im Rangercamp. Am 1. Juni 1875, um zehn Uhr, traten wir in Linie an, aufgesessen, und der Treueeid für den Staat Texas wurde uns von Captain Roberts vorgelesen. Nachdem wir alle diesen Eid gesprochen hatten, wurden wir zu Texas Rangern erklärt. Das war wahrscheinlich der glücklichste Tag meines Lebens, weil ich mit dem Beitritt zu den Rangern einen meiner allergrößten Wünsche verwirklicht hatte.

Sofort nachdem wir vereidigt waren, wurden wir in Gruppen eingeteilt, jede Gruppe zu zehn Mann, und empfingen vom Ordonanzsergeant zehn Tagesrationen. Diese bestanden aus Mehl, Schinkenspeck, Kaffee, Zucker, Bohnen, Reis, Pfeffer, Salz und Soda. Kartoffeln, Sirup oder Schmalz wurden nicht ausgereicht und jeder Mann hatte sich seine eigenen Kochgeschirre zu besorgen. Um unser Brot weich zu machen, verwendeten wir das Fett des Schinkenspecks. Manchmal erhielten die Männer Rindfleisch. Allerdings gab es so reichlich Wild, dass nur selten nach anderem Fleisch verlangt wurde. Weiterhin bekam jeder Rekrut einen Sharps Karabiner, Kaliber .05, und einen .45er Colt.

Sharps Carbine Kaliber 0.5

Colt "Peacemaker" Kaliber 0.45
Gillett trug das Modell mit 7.5" Lauf

Diese Waffen wurden uns gestellt, die Kosten dafür uns vom ersten Sold abgezogen. Der betrug 40 Dollar monatlich und wurde in entsprechenden Summen vierteljährlich ausbezahlt. Der Staat zahlte auch die Unterhaltskosten für das Pferd.

Obwohl ein Ranger sein eigenes Pferd zu stellen hatte, bezahlte der Staat das Tier, wenn es getötet oder in einem Indianerkampf verloren wurde. Um unvoreingenommen den Wert unserer Tiere zu ermitteln, ritt Captain Roberts mit uns nach Menardville und bat drei Bürger der Stadt, das Reittier eines jeden Mannes einzuwerten. Dies wurde gemacht und ich war hocherfreut, das Old Coley, mein Reittier, auf 125 Dollar geschätzt wurde. Nachdem diese Formalität erledigt war, wurde die Kompanie vom Little Saline nach Camp Las Moras, fünf Meilen südwestlich von Menardville verlegt. Wir waren nun bereit, mit der Suche nach Indianern zu beginnen.

*

Wie unter vergleichbaren Umständen üblich, empfingen die neuen Rekruten ihre Zuteilung an Streichen und Missgeschicken.

Ein blutiger Anfänger aus meiner Gruppe, befeuert von der Liebe zur Hauswirtschaft, unternahm es, gleichzeitig zehn Tagesrationen für die gesamte Gruppe zu kochen. Er stellte ein Quantum Reis aufs Feuer. Der begann bald zu brodeln und zu quellen und dieser überraschte Ranger sah seinen Reis zu unerhörten Proportionen heranwachsen. Er füllte jedes Kochgefäß der Gruppe mit halbgarem Reis und immer noch fuhr der Kessel fort überzufließen. In seiner Verzweiflung fing er damit an, den Inhalt auf die Erde zu gießen und sogar dann hatte er immer noch genügend Reis gekocht, um die ganze Kompanie zu verköstigen.

Ein anderer Rekrut, darauf brennend, seine neuen Waffen auszuprobieren, erhielt Captain Roberts‘ Erlaubnis, auf die Jagd zu gehen. Er hatte sich noch nicht weit vom Camp entfernt, als er anfing, auf ein paar Eichhörnchen zu feuern. Eine seiner Kugeln prallte am Ast eines Baumes ab und zischte knapp am Camp vorbei. Das brachte einen alten Ranger auf eine Idee. Er rannte zu dem Jäger, verhaftete ihn mit todernster Miene und behauptete, dass der Querschläger einen Mann im Camp getroffen und dass Captain Roberts die Festnahme des leichtsinnigen Jägers befohlen hätte. Der Veteran brachte einen bleichen und furchtbar bekümmerten Rekruten zurück.

Ein Lieblingszeitvertreib der alten Ranger war, einen Neuankömmling glauben zu machen, dass der Staat die Ranger mit Strümpfen ausstattete. Sie schickten ihn zum Captainszelt, damit er dort seine Gratiszuteilung Strümpfe verlangte. Der

Captain nahm diese Streiche von der gutmütigen Seite und versicherte dem geknickten Antragsteller, dass die Ranger mit ihm nur ihren Schabernack trieben, während seine Peiniger seine unkomfortable Lage aus sicherer Entfernung genossen.

Wenn ihnen die Witze ausgegangen waren, befassten sich die Männer mit der Routine des Lagerlebens. Jeden Morgen hielt der Sergeant vom Dienst Appell. Bei dieser Gelegenheit unterstellte er stets sechs bis acht Mann einem Unteroffizier, um die Pferde der Ranger und die Packmulis zu versorgen, bis diese Wachabteilung am nächsten Morgen von einer neuen abgelöst wurde. Die Abteilung war beritten und bewaffnet und trieb die freilaufende Herde hinaus zum Grasen. Die Pferde wurden aus Furcht vor Indianerangriffen niemals weit vors Camp geführt, auch um sie in der Nähe zu haben für den Fall, dass sie schnell gebraucht würden.

Die Ranger ohne Wachdienst, verbrachten ihre Zeit wie sie wollten, sofern kein anderer Dienst zu verrichten war, jedoch konnte kein Mann das Lager ohne Erlaubnis des Captains verlassen. Die Jungs spielten die Spiele, die innerhalb des Camps, wie befohlen, möglich waren: Hufeisenwerfen und Kartenspielen waren der favorisierte Zeitvertreib. So lange es sich mit den Pflichten eines Mannes als Ranger vertrug, erlaubte Captain Roberts Ponyrennen und einige aufregende Wettbewerbe zwischen rivalisierenden Pferdebesitzern fanden statt. Neben diesen Ablenkungen waren Jagen und Fischen immer möglich, da es in den Wäldern und Flüssen jede Menge Wild und Fisch gab.

Ich hatte bald Anlass, mir zum Beitritt zur Company D zu gratulieren, weil ich fand, dass Captain D. W. Roberts der beste der Kompanieführer war. Zu der Zeit, zu der ich mich seinem Kommando anschloss, war er dreiunddreißig Jahre alt, sehr schlank und vielleicht etwas über sechs Fuß groß. Sein Bart und Haar waren von dunklem Kastanienbraun. Er war immer ordentlich angezogen und war freundlich und umgänglich, sah mehr wie der Dekan eines Colleges im Osten aus, als wie der große Captain, der er war.

Captain Roberts war ein ausgezeichneter Pferdemann und ein guter Schütze mit beidem, Revolver und Gewehr. Auch spielte er virtuos die Violine und spielte oft für die Jungs. Er war an der Grenze aufgewachsen und hatte eine derartige Reputation als Indianerkämpfer erlangt, dass ihm vom texanischen Parlament für Tapferkeit im Kampf gegen die Rothäute eine feine Winchester geschenkt wurde. Der Captain hatte eine schlüssige Studie über die Gebräuche und Verhaltensweisen der Indianer verfasst und deren Leben war für ihn ein offenes Buch. Das, selbstverständlich, verschaffte ihm einen großen Vorteil, wenn er sie verfolgte und bekämpfte und unter seiner gekonnten Führung wurde Kompanie D berühmt. Da war kein einziger Mann in der Kompanie, der es nicht als Kompliment auffasste, mit Captain Roberts zu einer Aufklärungsunternehmung abkommandiert zu werden.

Gegen Ende des Sommers oder im Frühherbst 1875 besuchte Captain Roberts das Colorado County, Texas, und kehrte mit einer Braut zurück, einer Miss Lou Conway. Mrs. Roberts war eine kultivierte und elegante Lady und passte sich bald an die Gepflogenheiten im Lager an. Sie war mit ihrem Ehemann während des Winters 1875 – 1876 am San Saba River und wurde in der Kompanie bald so beliebt wie Captain Roberts selbst.

Die meisten Leute betrachten das Leben eines Texas Rangers als hart und gefährlich, doch ich fand das niemals. Erstens war der Ranger immer in einer Einheit gutbewaffneter Männer, die jedem Feind, dem man begegnen konnte, mehr als ebenbürtig war. Zweitens war das Gefahrenelement in diesem Leben etwas, das jeden heißblütigen Amerikaner ansprach. Damals war der ganze Westen von Texas wirkliches Grenzland und für jemanden, der die Natur und Gottes eigene Schöpfung liebte, war es das Paradies auf Erden. Die Berge und Täler wimmelten von Hirschen und Truthühnern, tausende Büffel und Antilopen gab es in den Ebenen und die Flüsse von ganz Texas waren voller Fische. Bärenhöhlen und Bienenbäume überall. Im Frühling konnte man hunderte Meilen über einen Teppich aus Blumen reisen. Oh, wie ich wünschte, ich hätte die Kraft, dieses wundervolle Land so zu beschreiben, wie ich es damals sah. Wie glücklich fühle ich mich heute in meinen alten Jahren, dass ich geborener Texaner bin und das großartige Grenzland gesehen habe, bevor es durch Menschenhand ruiniert wurde.

*

Die Lipan-, Kickapoo-, Comanche- und Kiowaindianer pflegten ihre Überfälle so zu legen, dass sie die texanischen Siedlungen nicht bei Neumond erreichten, damit sie nachts im Mondlicht Pferde stehlen und sich davonmachen konnten, bevor sie entdeckt wurden. Morgens, wenn ihre Diebstähle offenbar wurden, hatte sie eine lange Strecke hinter sich gebracht und waren wohlbehalten auf ihrem Weg in die Ebenen oder die Berge. Die Captains der Rangerkompanien wussten von diesem Verhalten der Indianer und hatten dementsprechend, während der Zeiten der Überfälle, ständig Scouts im Feld. Die Rothäute, die von den Ebenen hereinkamen, wo Wasser knapp war, nahmen im allgemeinen den kürzesten Weg zu den Quellen des

Colorado, Concho, San Saba, Llano, Guadalupe und Nueces. Indem Suchtrupps an oder in der Nähe der Quellen dieser Flüsse blieben, erwischten die Ranger regelmäßig Indianergruppen, die in die Siedlungen wollten oder von dort kamen und zerschlugen sie oder eroberten das gestohlene Vieh zurück.

Während der ersten Mondphase im Juni, befahl Captain Roberts einer Abordnung von fünfzehn Mann unter dem Kommando von Sergeant James B. Hawkins, einen zehn Tage dauernden Aufklärungsritt zur Quelle des North Llano River zu unternehmen. Er sollte sich eine abgelegene Stelle in der Nähe von Fort Territ suchen und dort sein Lager aufschlagen. Jeden Morgen wurden ein oder zwei Scouts zehn oder zwölf Meilen nach Süden, ein anderer Trupp nach Norden ausgeschickt, um nach Indianerspuren zu suchen. Die Haupteinheit der Ranger, sorgfältig in Deckung bleibend, hielt sich bereit, jeden Augenblick eine Indianerfährte aufzunehmen, sollte eine von den Scouts entdeckt werden.

An einem Morgen befahl Sergeant Hawkins mir und einigen anderen, vom Camp nach Süden, zu den Quellbächen des South Llano zu reiten und nach Ponyspuren Ausschau zu halten.

„Glaubst du, die Indianer erwischen mich?“ fragte ich lachend, als ich mein Pony bestieg.

„Es ist deine Sache, die Augen scharf offenzuhalten und sich von denen nicht kriegen zu lassen“ erwiderte er.

Obwohl ich sehr sorgfältig aufpasste, konnte ich keine Ponyspuren oder Indianerfährten finden.

*

In diesem vorgeschobenen Erkundungscamp war Mike Lynch, ein Ire mit dabei. Obgleich alt und grauhaarig, war er ein guter Ranger und besaß viel angeborenen Witz. Eines Morgens war Onkel Mike mit Fährtensuchdienst an der Reihe, allerdings sahen wir ihn nach wenigen Stunden auf seinem Pferd Possum im Galopp ins Lager kommen. Er meldete eine frische Indianerfährte etwa zehn Meilen nördlich des Camps. Gefragt, wieviele Ponyspuren er gesehen habe, erklärte Lynch, er habe siebzehn gezählt glaube aber, dass da mehr wären. Weil die Indianer gewöhnlich zu Fuß kamen oder mit so vielen Ponys, wie sie mindestens benötigten, um voran zu kommen bis sie weitere stehlen konnten, hatte Sergeant Hawkins den Verdacht, dass die Spuren, die Lynch gesehen hatte, von Mustangs stammten. Der entrüstete Scout erklärte vehement, dass die Spuren keine von

Wildpferden wären, sondern welche von Indianern. Der Sergeant war genau so davon überzeugt, dass keine Indianergruppe für die Fährte verantwortlich war und die Beiden hatten einen recht erhitzten Meinungsaustausch wegen der Spuren.

„Aber woher weißt du, dass es eine Indianerspur ist?“ wollte Hawkins wissen.

„Weil ich es weiß!“ schrie Lynch mit lauter Stimme.

Das überzeugte. Pferde wurden gesattelt und Mulis so schnell wie möglich bepackt und die Ranger marschierten hinüber zur verdächtigen Fährte. Als Sergeant Hawkins sie untersuchte, erkannte er bald, dass die Abdrücke von Mustangs hinterlassen worden waren, konnte aber den dickköpfigen Iren von dieser Tatsache nicht überzeugen, bis er der Fährte zwei oder drei Meilen gefolgt war und ihm die Mustangherde unter einigen schattigen Bäumen friedlich grasend zeigte. Onkel Mike erwähnte die Indianerspur auf dieser Unternehmung nicht mehr. Wenn wir schon keine Spuren oder Indianer fanden, tötete die Scouttruppe zwei Schwarzbären, mehrere Hirsche und ungefähr fünfzehn wilde Truthühner.

*

Früh im September 1875 befahl Captain Roberts Sergeant Hawkins wieder, sich fünfzehn Mann zu nehmen und eine zehntägige Erkundung in die Brady Berge zu unternehmen. Zu meiner großen Freude, wurde ich der Expedition zugeteilt. In der Nähe des Scalp Creek, Menard County, auf dem Rückweg, verlangte der Sergeant von den Jungs, scharf nach einem Hirschen Ausschau zu halten, weil wir den San Saba mittags erreichen und an dem Fluss die Nacht über biwakieren würden. Wir waren nicht viel weiter geritten, als Ed Seiker einen netten kleinen Bockspießer erlegte. Wir banden ihn auf eins der Packmulis und als wir den Fluss erreichten, trafen wir auf einen Schwarm halb ausgewachsener wilder Truthühner. Bill Clements sprang von seinem Pferd und tötete sechs von ihnen.

Dann kampierten wir, hobbelten unsere Pferde und banden sie aneinander und hielten ein streng wachendes Auge auf sie. Einige der Jungs sammelten Holz für unser Feuer und entdeckten einen zehn bis zwölf Fuß hohen Ulmenstumpf, in dessen Spitze Bienen ein und aus flogen. Einer der Ranger ritt hinüber zu Rufe Winns Ranch und borgte eine Axt und einen Eimer. Als er zurückkam, fällten wir den Baum und erhielten mehr Honig, als sechzehn Mann essen konnten - nachdem wir den Eimer mit Honig gefüllt hatten. Den gaben wir Mrs. Winn dafür, dass wir ihre Axt benutzen durften. Danach, nach dem Mittagessen, wurde das Angelzeug herausgeholt und mit Wildpret als Köder fingen wir mehr Welse, als die ganze Abteilung essen konnte.

Die Jagdbedingungen in jenen Tagen waren ideal. Ich habe einen Scout gekannt, der drei oder vier Bären auf einem einzigen Trip getötet hat. Die Kompanien im Norden von uns, waren in keiner Saison ohne Büffelfleisch. Dann, im Herbst, konnte man an einem halben Tag so viele Pecannüsse sammeln, die besten, die je wuchsen, dass sie der Kompanie einen ganzen Monat reichten. Ich habe hunderte Scheffel [1 Scheffel = 36,3687 Liter] Nüsse zu Grunde gehen sehen, weil es niemanden gab, der sie auflas - nebenbei: Der Marktpreis war fünfzig Cents der Scheffel. Kein Wunder, dass ein Junge, der den Wald und die Natur liebte, verzaubert war und fasziniert vom Leben eines Texas Rangers. Für mich war es von Anfang bis Ende ein Ausflug ins Grüne und die sechs Jahre, die ich im Bataillon war, waren die glücklichsten und interessantesten meines Lebens.

Doch Jagen und Fischen, Erkundungsritte wie Urlaubsausflüge waren nicht die einzigen Pflichten eines Rangers. Vergnügen gab es genügend, aber es gab Zeiten, da all dies beiseite geschoben wurde. Gegen die Jagdgewehre und die Angelruten tauschten wir unsere Karabiner und Sechsschüsser und verfolgten auf lebensgefährlichen Expeditionen marodierende Indianer. Ich machte bald meine Erfahrung mit dieser Seite des Rangerdaseins, weil ich Ende August 1875 ein wirklicher Ranger wurde und an der wahren Arbeit unseres Bataillons teilhatte - dem Schutz der Grenze gegen umherstreifende Indianer und den Kämpfen gegen sie in offener Feldschlacht.

-o-

Mein erster Zusammenstoß mit Indianern

Gegen Ende August 1875, wurde Private L. P. Seiker nach Fort Mason, etwa fünfzig Meilen direkt östlich unseres Lagers, abgestellt. Während seines Aufenthaltes dort, kam ein Melder vom Honey Creek mit der Nachricht, dass eine Bande von fünfzehn Indianern die John Gamble Ranch überfallen und einige Pferde, nicht weiter als fünfundzwanzig Schritt vom Ranchhaus entfernt, gestohlen hatte. Die Rothäute erschienen zu ihrem Raubzug spät abends und der Melder erreichte Mason zum Einbruch der Dunkelheit.

Lam Seiker hatte gerade sein Abendessen beendet und saß in der Lobby des Frontier Hotels, als die Botschaft eintraf. Er eilte zum Mietstall, sattelte sein Pferd, Old Pete, und brach zu einem Ritt durch die ganze Nacht zur Kompanie auf. Die Nächte im August sind kurz, doch Seiker ritt in unser Camp ungefähr um acht Uhr den folgenden Morgen und meldete die Anwesenheit der Indianer.

Die Kompaniepferde waren draußen zum Weiden für den Tag und Captain Roberts sendete den Pferdehütern eilige Befehle. Sergeant Plumb Murray erhielt die Order, fünfzehn Mann abzustellen, ihnen zehn Tagesrationen auszugeben und hundert Schuss Munition für jeden. Second Sergeant Jim Hawkins, die Privates Paul Durham, Nick Donnely, Tom Gillespie, Mike Lynch, Andy Wilson, Henry Maltimore, Jim Trout, William Kimborough, Silas B. Crump, Ed Seiker, Jim Day, John Cupps und ich, unter dem Befehl von Captain Roberts, wurden für die Suche bestimmt. Wie man sich vorstellen kann, kostete ich mein Glück aus, zu der Gruppe zu gehören und ich freute mich mit tiefer Befriedigung auf meine erste Auseinandersetzung mit Indianern.

Die Maultiere waren bald beladen und als die Pferde das Lager erreichten, war der Suchtrupp fertig. Sergeant Hawkins, sobald die Männer ihre Pferde gesattelt hatten, ging hinüber zum Captain, salutierte, und meldete ihm, dass der Suchtrupp abmarschbereit sei. Bevor er das Camp verließ, schickte Captain Roberts nach Sergeant Murray und erklärte ihm, dass er glaube, die Indianer hätten ungefähr so viele Pferde, wie sie ungefährdet forttreiben könnten und dass sie wahrscheinlich den San Saba nahe der Mündung des Scalp Creek überqueren und dann der hohen Wasserscheide zwischen den beiden Flussläufen folgen würden, bis sie westwärts auf ihrem Rückweg in die Ebenen kämen. Wenn die Rothäute diese Route nicht nähmen, glaubte der Captain, würden sie hinauf zum Big Saline gehen, der Wasserscheide zwischen dem North Llano und dem San Saba westwärts folgen und entkommen, aber er war zuversichtlich, die Bande würde die Wasserscheide nördlich Menardville hinaufziehen. Er entschied, diesen Weg selbst zu übernehmen und instruierte Murray, zwei Ranger südwärts zu den Quellbächen des Bear Creek zu schicken, um dort scharf Ausschau nach der Indianerfährte zu halten. Diese beiden Scouts mussten ihre Aufgabe am nächsten Tag wiederholen und sollten sie die Indianerspur entdecken, hatte Murray einen zweiten Suchtrupp zusammenzustellen und die Rothäute energisch zu verfolgen.

Seinen Plan umrissen, gab Captain Roberts den Befehl zum Aufsitzen und wir ritten nach Menardville und zogen Erkundigungen über die Indianer ein. Alles war ruhig in diesem kleinen Grenzort, also überquerten wir den San Saba River kurz unterhalb der Stadt und nachdem wir die Ruinen des spanischen Forts passiert hatten, ließ Captain Roberts die Männer haltmachen, um Spurensucher auszuschicken. Zwei der besten Spurensucher des Kommandos wurde befohlen, etwa vierhundert Yards vor der Gruppe zügig direkt nach Norden zu reiten und dabei scharf nach Ponyspuren Ausschau zu halten. Der Hauptteil der Männer, unter dem Captain selbst, würde hinter den beiden Vorreitern bleiben.

Unser Trupp war etwa acht Meilen vorangekommen, als Captain Roberts‘ scharfe Augen ein einzelnes Pony entdeckten, das in unserer Marschrichtung stand, den Kopf gesenkt. Er sichtete das Tier noch vor den Spurensuchern und bemerkte zu uns, dass dort die Fährte wäre. Die Vorreiter hielten, als sie das Pony sahen und warteten auf uns, bis wir aufgeschlossen hatten. Ganz offensichtlich, hier war die Fährte der Indianer, so um die zwanzig Yards breit. Captain Roberts stieg ab, beging die Fährte und begutachtete jeden Hufabdruck, Grasbüschel und jedes abgefallene Blatt. Dann untersuchte er das alte Pony. Das Tier hatte einen Lanzenstich, sein Rücken war wund und seine Hufe vollkommen abgenutzt. Es war zwischen zwölf und ein Uhr und der Captain nahm an, dass die Indianer hier bei Sonnenaufgang vorbeigekommen sein mussten, weil das Blut und der Schweiß auf dem Pferd nun trocken waren. Ihre Spuren verrieten, dass die Räuber die gestohlene Herde sehr schnell trieben und vermutlich fünfunddreißig oder vierzig Meilen vor uns waren. Der Captain schloss aus allem, dass es eine lange Verfolgung geben würde und wir uns beeilen müssten, wenn wir sie kriegen wollten.

Es gab kein Wasser auf der Wasserscheide, also nahmen wir die Fährte auf, ohne zum Mittagessen zu halten. Captain Roberts hatte ein feines Reitpferd, Old Rock, und wir folgten der Fährte in gleichmäßiger Gangart mit etwa fünf oder sechs Meilen die

Stunde. Bei Sonnenuntergang erreichten wir die alte Regierungsstraße, die von Fort McKavett nach Fort Concho verläuft. Wir waren da etwa zwölf oder fünfzehn Meilen südlich Kickapoo Springs, also nahmen wir die Straße und erreichten die Quellen am Spätabend. Die Pferde hatten keinen Tropfen Wasser bekommen, seit wir am Morgen den San Saba verlassen hatten und, den ganzen Tag einer heißen Augustsonne ausgesetzt, waren die Männer ziemlich müde, als sie ins Biwak gingen, zu Abend aßen und sich schlafen legten. Während des Tages hatte Captain Roberts‘ Pferd ein Eisen verloren. Tom Gillespie beschlug es im Schein des Lagerfeuers, weil der Captain beabsichtigte, die Fährte bei Tagesanbruch wieder aufzunehmen.

Den folgenden Morgen schlug Captain Roberts von Kickapoo Springs aus eine südwestliche Richtung ein, parallel der Indianerspur, die wir am Vorabend verlassen hatten. Es war spät am Tag, bevor wir sie wieder aufnahmen und viele der Jungs hatten befürchtet, wir hätten sie verloren, doch der Captain lachte über ihre Besorgnis und hatte nie daran gezweifelt, dass wir sie wiederfinden würden. Wie ihre Fährte zeigte, zogen die Indianer nun durch einigermaßen raues Land, was unser Vorankommen verlangsamte. Zu Mittag fanden wir einige Regenwasserlachen und lagerten zum Mittagessen und um den Pferden eine kurze Rast zu geben.

Als die Jungs ihre Pferde einfangen wollten, entdeckten wir, dass wir in einem wahren Klapperschlangennest kampiert hatten. Zwei unserer Pferde waren gebissen worden. Jim Days Chico hatte einen Kopf so groß wie ein Fass, während das Pferd des Captains, Old Rock, knapp über dem Fesselgelenk ins Vorderbein gebissen worden war und das Bein war angeschwollen bis hinauf zur Brust. Keines der Tiere war imstande zu gehen. Jim Day konnte in diesem Indianerland nicht alleine gelassen werden, also ordnete Captain Roberts Private Cupps ab, bei ihm zu bleiben bis die Pferde starben oder gehen konnten; in beiden Fällen sollten die Männer zum Camp zurückkehren. Die Tiere erholten sich bald und Day und Cupps schafften es vor uns zurück ins Camp.

Die Packlasten wurden nun auf einem Maultier verdoppelt, so dass Captain Roberts das andere reiten konnte. Nur noch dreizehn Mann, folgten wir den Indianern bis nachts. Es war ein harter Tag für beide, Männer und Tiere, also kampierten wir dort, wo wir ein Bisschen Wasser fanden, an einem Bach, der in den South Concho River floss. Den Weg betrachtend, den wir an diesem Tag zurückgelegt hatten, schätzte der Captain, dass wir sechzig Meilen geritten waren.

Wir hatten zwei ziemlich alte Männer im Suchtrupp, Mike Lynch und Andy Wilson, und sie waren fast völlig erledigt. Ich weckte Andy um zwei Uhr, damit er auf Wache ging. Der arme Kerl war so steif, dass er kaum stehen konnte und ich versuchte, ihn zu überreden sich wieder hinzulegen und erklärte, ich würde seine Wache übernehmen, aber er zeigte Einsatzwillen und in wenigen Minuten ließ er mich stehen und schlich zu den Pferden hinaus.

Früh am Morgen waren wir auf den Beinen und unterwegs. Das Muli, auf dem Captain Roberts ritt, schritt nicht so kräftig aus wie das Old Rock getan hatte und den Jungs fiel es leichter, Anschluss zu halten. Wir lagerten mittags, wo es genug Regenwasser für uns gab und nahmen die Fährte nach dem Mittagessen wieder auf. Die Spurensucher stoppten plötzlich und als wir aufgeschlossen hatten, fragte sie der Captain nach dem Grund. Sie sagten, dass es schien, als hätten die Indianer hier die Pferde zusammengetrieben und aus dem einen oder anderen Grund angehalten. Der Captain saß ab und suchte das Land mit seinem Feldstecher ab. Er umkreiste den Platz, an dem die Pferde gestanden hatten und fand eine Stelle, wo ein einzelner Indianer schnurstracks von den Tieren weggegangen war. Er folgte den Spuren zu einer alten Lebenseiche, die vom Sturm gefällt worden war. Dann wurde der Grund für den Halt offenbar. Die Indianer hatten eine Mustangherde gesichtet, die jenseits des Baumes graste und die Rothaut hatte sich an sie herangeschlichen und eine große, braune Stute getötet. Captain Roberts hob die Patronenhülse auf, die der Krieger abgefeuert hatte und ordnete sie einem .50er Kaliber Büffelgewehr zu. Wir fanden auch den Mustang, aus dem die Indianer die Rippen und ein Hinterviertel herausgeschnitten hatten. Captain Roberts war hocherfreut.

„Jungs“, sagte er mit einem Lächeln, „jetzt kriegen wir diese Indianer zu fünfundneunzig Prozent zu fassen. Die werden das rohe Fleisch nicht weit mitschleppen, bis sie anhalten und etwas davon kochen. Wir haben sie nun weiter als hundertfünfzig Meilen verfolgt und sie haben nie angehalten, um Feuer zu machen. Sie sind müde und haben Hunger und vermutlich wissen sie, wo in der Nähe Wasser ist.“

Er sagte das mit einer Zuversicht, dass ich sein Wissen um das Indianerverhalten bewunderte.

Wir waren nun am allerwestlichsten Quellbach des South Concho River, weit oberhalb der Stelle, an der das Rinnsal zu einem schnellen Fluss wird. Schließlich führte die Fährte hinaus auf den ebenen und riesigen Teil des Landes zwischen dem Quellgebiet des South Concho und des Pecos im Westen. Hier waren die Indianer von ihrer Hauptrichtung ein wenig nach Norden abgewichen und ganz unvermutet kamen wir an einige

Löcher in einem Felsplateau, die mit Regenwasser angefüllt waren.

Hier hatten die Rothäute drei Feuer angezündet, beide Rippenseiten des Mustangs geröstet und sie sauber abgenagt. Von dieser flachen, erhöhten Stelle aus konnten sie fünfzehn Meilen zurück auf ihre Fährte blicken. Der Captain war der Meinung, sie waren am frühen Morgen hier gewesen, weil die Feuer restlos aus waren und die Asche kalt. Wir verloren keine Zeit bei diesem Lagerplatz, sondern eilten weiter, folgten der Fährte bis spät in den Abend, als die Spurensucher wieder anhielten. Als wir sie erreicht hatten, fanden wir, dass die Fährte, die seit fast zweihundert Meilen westwärts geführt hatte, unvermittelt gerade nach Norden abknickte.

Captain Roberts schien für eine Weile verwirrt und sagte, dass er nicht begriff, was hinter dieser Richtungsänderung steckte. Etwa eine Meile nördlich befand sich ein kleines Gehölz aus Mesquitegestrüpp. Das untersuchte er durch sein Fernglas und es schien mir, als ob er jeden Strauch einzeln begutachtete. Die Fährte führte geradewegs in dieses Buschwerk und wir folgten ihr. In dem Mesquitegehölz sahen wir, dass die Indianer einige Büsche teilweise abgehackt und das Stehengebliebene oben zusammengebunden hatten, das mitgeführte Pferdefleisch in kleinste Streifen geschnitten und an die Büsche gehängt, darunter ein Feuer angezündet und ihr Fleisch *barbecued* hatten. Die Rothäute hatten das hübscheste Gerüst zum Fleischrösten gebaut, das ich je gesehen habe. Wir fanden hier viele Feuerstellen vor und der Captain war sicher, dass wir am Morgen einen Indianerkampf haben würden.

Ab dem Mesquitegehölz schwenkte die Fährte wieder nach Westen um. Die Rothäute zogen nun langsam dahin, weil sie offensichtlich glaubten, sie seien außer Gefahr. Kurz vor Sonnenuntergang hielt der Suchtrupp und uns war befohlen, keinerlei Rauch aufsteigen zu lassen, weil die von uns verfolgte Bande den entdecken könnte und alarmiert wäre. Sobald wir unser Abendessen gekocht hatten, wollte Captain Roberts die Feuer sorgfältig gelöscht haben. Wir hatten eine gute Wetterperiode auf den Plateaus und es gab viele Senken voller Wasser, manche von ihnen einhundert Yards breit. Wir biwakierten am Ufer eines dieser großen Wasserlöcher und wo die Indianer hineingewatet waren, war das Wasser noch schlammig. Da wir sicher waren, die Indianer nicht weit vor uns zu haben, waren die Jungs vorsichtig genug, in dieser Nacht kein Streichholz anzuzünden. Wir hatten zwischen vierzig und fünfzig Meilen an diesem Tag zurückgelegt.

Das Camp wurde im Morgentau geweckt. Wir wagten es nicht, ein Feuer zu machen, deshalb hatten wir kein Frühstück. Wir sattelten wieder unsere Pferde und nahmen die Fährte wieder unter die Hufe. Old Jennie, das Packmuli, wurde das letzte Mal auf Erden beladen, weil sie in dem Kampf, der in Kürze folgen sollte, getötet werden würde. Sobald es hell genug war, um eine einzelne Ponyspur zu erkennen, arbeiteten sie zwei der Jungs zu Fuß aus und führten ihre Pferde am Zügel, der Rest unseres Trupps folgte langsam im Sattel. Bei Sonnenaufgang ritten wir alle und folgten der Fährte rasch, begierig die marodierenden Diebe zu Gesicht zu bekommen. Wir marschierten einige fünf oder sechs Meilen, als Paul Durham Captain Roberts' Aufmerksamkeit auf ein dunkles Objekt vor uns lenkte, das den Eindruck machte, als ob es sich bewegte. Der Captain holte seinen Feldstecher hervor und richtete ihn auf das besagte Objekt und rief aus:

„Es sind die Indianer!"

Er befahl den Jungs sofort abzusitzen, die Sattelgurte festzuziehen, ihre Mäntel und Regenjacken abzulegen und sich für den Kampf bereit zu machen. Als wir diesen Befehl ausführten, kam angespannte Ruhe über die Männer. Captain Roberts und Sergeant Hawkins waren die einzigen aus unserer Truppe, die je in einem Indianergefecht gestanden hatten und ich nehme an, die Herzen von uns grünen, unreifen Kriegern schlugen bei der Aussicht, bald Pulverdampf zu riechen, ein Bisschen schneller als sonst. Captain Roberts rief uns in optimistischem Tonfall zu, ihm nicht von der Seite zu weichen, bis er es uns befahl und ohne Anweisung kein Gewehr oder Revolver zu ziehen, weil er nicht wollte, dass vor der Schlacht ein Fehler passierte. Er befahl, das Packmuli zu fangen und zu führen, bis wir ins Gefecht gingen, wo sie dann losgelassen werden sollte.

Die Indianer befanden sich auf offener Prairie, die hier und da von kleinen Flecken aus Mesquitegehölz durchsetzt war. Der Captain war der Meinung, dass unsere einzige Chance darin bestand, uns in Zweierreihe zu formieren und direkt auf sie zu zu reiten in der Hoffnung, dass sie nicht zurückblickten und uns entdeckten. Wir bewegten uns rasch vorwärts und kamen auf vier- oder fünfhundert Yards an die Rothäute heran, bevor sie uns sichteten.

Sofort furchtbares Durcheinander. Es war eine Gepflogenheit der Prairieindianer: Wenn sie viele Pferde gestohlen hatten, suchte sich jeder aus der Herde das beste Pony, das er herausfangen konnte, band ihm einen langen Strick um den Hals, den das Tier dann hinter sich her schleifte. Im Falle sie wurden entdeckt, glitten die Krieger schnell von den Ponys, auf denen sie gerade saßen, schnappten sich das Seil des frischen Pferdes, sprangen auf deren sattellosen Rücken und entkamen ihren Verfolgern. Als sie uns erblickten, vollzogen sie dieses Manöver fast binnen eines Wimpernschlages; dann, angeführt von ihrem Häuptling, preschten sie auf leicht erhöhtes Gelände, etwa zweihundert Yards hinter der freilaufenden Pferdeherde. Sie ritten auf ungefähr fünfzehn oder zwanzig Yard Abstand zwischen sich und den Nachbarn und formierten so eine etwa hundert Yards lange Schlachtlinie. Nachdem jeder Krieger seine Stellung erreicht hatte, saß er ab, stand hinter seinem Pferd und machte sich fertig zum Feuern, wenn dazu das Zeichen gegeben wurde.

Der Captain wandte sich lächelnd an uns und sagte:

„Jungs, sie werden gegen uns kämpfen. Seht nur, wie schön der Häuptling seine Schlachtlinie bildet."

Seit ich ein kleiner Junge war, hatte ich Ranger sein und gegen die Indianer kämpfen wollen. Als ich es schließlich mit der Realität zu tun bekam, hatte ich nicht einmal einen Regenschirm, hinter dem ich mich verstecken konnte. Ich war nervös. Ich war fürchterlich nervös.

Wir waren nun näher als hundert Schritt an die Rothäute heran. Dann kam der Befehl abzusitzen, besonnen zu schießen und so viele Pferde wie möglich zu töten. Der Captain sagte, als wir den Befehl ausführten, dass jedes Mal, wenn wir einen Indianer in dieser Gegend zu Fuß antreffen würden, wir ihn sicher töten könnten. Als der erste Schuss fiel, fingen alle, Indianer und Ranger, an zu schießen und zu schreien.

In einer Minute hatten wir zwei Pferde getötet und ein Indianer wurde als schwer verwundet ausgemacht. In einer weiteren Minute hatten die Rothäute ihre Pferde bestiegen und flüchteten in alle Richtungen. Captain Roberts befahl uns jetzt, aufzusitzen und sie zu verfolgen. Das Brüllen der Gewehre regte mein Pony fürchterlich auf und es drehte sich rund- und rundherum. Ich verlor etwas Zeit beim Aufsitzen, doch als ich im Sattel saß, sah ich einen Indianer zu Fuß davonrennen. Er trug eine Winchester in der Hand und winkte einem anderen Indianer, der ritt. Letzterer wendete und ließ den zu Fuß hinter sich aufsitzen. Als sie angaloppierten und davonrasen wollten, dachte ich bei mir, dass kein nur mit Gras gefüttertes Pony auf der Welt zwei Männer tragen und mir und meinem Old Coley entkommen könnten. Die Indianer hatten ein gutes Tier, aber ich kam ihnen allmählich näher. Die Rothaut, die hinten saß, hielt sein Gewehr in einer Hand, zielte nach hinten und feuerte auf mich. Ich antwortete, indem ich jedes Mal auf ihn schoss, wenn ich imstande war, eine Patrone in meinen alten Sharps Karabiner zu laden. Ich drehte mich um und sah Ed Seiker mir so schnell zu

Hilfe eilen, wie ihn sein guter alter Dixie tragen konnte. Winkend feuerte er mich an.

Schließlich hörte der Krieger auf zu schießen und als ich ein wenig näher kam, hielt er sein Gewehr mit seitwärts gestrecktem Arm und ließ es fallen, dachte vermutlich, ich würde anhalten und es aufheben. Ich warf nur einen flüchtigen Blick darauf, als ich vorbeigaloppierte. Dann hielt er etwas, das aussah wie ein feines Lederlasso und ließ das fallen, aber ich schluckte auch diesen Köder nicht. Ich kam nur immer näher. Jetzt spannte er seinen Bogen und begann, seine Pfeile sehr freigiebig zu benutzen. Endlich sah er ein, dass ich ihn bald haben würde und schlug einen Haken in ein kleines Mesquitegehölz. Man hielt mich für einen recht guten Reiter in strauchbestandenem Gelände und als wir zwischen den Bäume ritten, kam ich an zwanzig Schritt an die Krieger heran, sprang vom Pferd und gab eine Art Schuss ins Blaue auf das Pferd, die Indianer und alles ab. Die große .50er Kaliber Kugel traf das Indianerpony dort, wo sein Kopf in den Hals überging, durchschlug den Schädel und trat über dem linken Auge wieder aus. Sie tötete das Pferd augenblicklich und es überschlug sich noch zwanzig Fuß vorwärts.

Der hintere Krieger landete auf dem Boden und rannte weiter, aber ich sprang auf mein Pferd und preschte hinter ihm her. Als ich an dem toten Pferd vorbeikam, sah ich wie der vordere Reiter damit kämpfte, sich unter ihm hervorzuarbeiten. Zu meiner Überraschung, erkannte ich, dass es ein weißer Junge war, zwischen fünfzehn und sechzehn Jahre alt, mit langem, rotleuchtenden Haar.

Inzwischen war Ed Seiker da und saß ab. Der flüchtige Indianer spähte nun hinter einem Baum hervor und ich gab einen guten Schuss auf sein Gesicht ab. Die Kugel schlug sechs Inches zu hoch über seinem Kopf in einen Ast und brach den ab. Er stürzte wieder davon und als er in Sicht kam, platzierte ihm Ed eine Kugel zwischen die Schultern. Er war in einer Minute tot. Ed und ich gingen zu dem toten Indianer und stellten fest, dass er auch in den Knöchel getroffen war und sein Bogen war teilweise entzwei geschossen. In seinem Köcher waren nur noch drei Pfeile übrig.

Wir eilten zurück zu dem toten Pferd, um dem weißen Jungen zu helfen, aber er hatte sich befreit und war verschwunden. Wir kehrten dann zu dem toten Krieger zurück und Seiker skalpierte ihn. Wir nahmen seinen Bogen, Schild und ein feines Paar Moccasins. Ich fand auch eine Lanze in der Nähe der Stelle, wo das Pferd gestürzt war und ich vermute, dass der weiße Junge sie getragen hatte. Wir stellten fest, dass die Rothaut für die Winchester keine Patronen mehr hatte und das war der Grund, warum er sie fallengelassen hatte – er konnte sie nicht tragen und zugleich seinen Bogen benutzen. Wir gingen die Spur zurück, konnten aber das Gewehr, das der Krieger als Köder weggeworfen hatte, nicht finden.

Mittags an diesem Tag, hatten sich die Jungs wieder an der Stelle eingefunden, wo das Gefecht begonnen hatte und die Indianerpferde zurückgeblieben waren. Jim Hawkins und Paul Durham hatten einen mexikanischen Jungen gefangengenommen, ungefähr fünfzehn Jahre alt. Er sah wie ein Indianer aus. Langes, geflochtenes Haar hing ihm über den Rücken, er trug keine Kopfbedeckung, aber Moccasins und einen Lendenschurz. Wäre er mir untergekommen, ich hätte ihn mit Sicherheit für eine Rothaut gehalten und getötet. Captain Roberts sprach fließend Spanisch und von diesem Jungen erfuhr er, dass die Indianer Apachen waren. Er wurde zu unserem Camp zurückgebracht und schließlich kam sein Onkel und nahm ihn mit nach Hause. Er war entführt worden, während er Ochsen in der Nähe von Fort Clark, Texas, gehütet hatte und ein älterer Bruder, der damals bei ihm war, wurde getötet.

Die Jungs wurden dann von Captain Roberts ausgeschickt, den weißen Jungen zu finden, der bei dem Indianer gewesen war, den Seiker getötet hatte. Obwohl wir sorgfältig suchten, konnten wir keine Spur von dem geheimnisvollen Jüngling entdecken.

*

Neunundvierzig Jahre später traf ich diesen Jungen, jetzt ein alter Mann, anlässlich eines Treffens der *Old Time Trail Drivers' Association* in San Antonio und erfuhr, dass sein Name F. H. Lehmann war. Er war von den Indianern im Mason County einige Jahre vor unserem Zusammenstoß entführt worden und war nun einer von ihnen geworden. Er hatte sich im Gras versteckt, während die Ranger ihn jagten und nachdem sie die Suche aufgegeben hatten und abgezogen waren, war er der Fährte der Indianer gefolgt, bis er sich ihnen wieder anschließen konnte. [vgl. *Neun Jahre unter den Indianern, 1870 – 1879,* von Herman Lehmann]

James Gillett und Herman Lehmann
bei einem Veteranentreffen

Als die Ranger nach dem Kampf alle Sachen zusammengetragen hatten, wurde unser Packmaultier, Jennie, vermisst. Wir nahmen an, in der Hitze des Gefechts wäre sie den Indianern nachgelaufen. Sechs Monate darauf wurde Ed Seiker abkommandiert, eine Einheit U.S. Soldaten durch das selbe Gebiet zu führen, um eine Trasse für eine Straße zum Pecos River zu finden. Er besuchte unser altes Schlachtfeld und fand Jennies Überreste. Sie hatte ein Einschussloch mitten in ihrer Stirn. Als die Indianer zurückfeuerten, hatten sie Jennie wohl mit einem Zufallstreffer erschossen. Der Packsattel war immer noch an ihrem Körper festgeschnallt, doch hatten die Wölfe alle Essensrationen aufgefressen. Fünfhundert Schuss Munition waren immer noch bei ihr und bewiesen, dass seit ihrem Todestag niemand hier gewesen war.

Ohne Jennies Rationen hatten wir nichts zu essen, außer dem gerösteten Pferdefleisch, das wir von den Indianern erbeutet hatten. Es war nicht gesalzen und ich konnte es nicht herunterschlucken.

Im Kampf töteten wir drei Pferde und einen Indianer und hatten den Mexikanerkerl gefangengenommen. Mindestens zwei Rothäute waren schwer verwundet und als Sieger hatten wir achtundfünfzig Pferde und Mulis erbeutet, mehrere

Indianersättel und Zaumzeuge und viel Eingeborenenschmuck. Kein Mann oder Pferd unserer Truppe war verletzt, das Packmuli war unser einziger Verlust. Captain Roberts sagte, nur weil unsere Pferde so hart abgeritten waren, konnten wir die frischen Reittiere der Indianer nicht einholen, ansonsten wäre uns kein einziger von ihnen entkommen.

Wir wendeten unsere Gesichter heimwärts, hungrig und müde aber höchst beschwingt von unserem Erfolg. Den zweiten Tag nach dem Kampf erreichten wir Wash Delongs Ranch an den Quellen des South Concho River. Mr. Delong, ein feiner Grenzmann, schlachtete ein Rind für uns und versorgte uns kostenlos mit Mehl und Kaffee. Drei Tage später waren wir in unserem Camp in Las Moras. Die gestohlenen Tiere wurden den Eigentümern zurückgegeben und so endete meine erste Kampagne gegen die Indianer.

-o-

Der Mason County Krieg

Bald nach unserer Rückkehr von unserem ersten Gefecht gegen die Indianer, wurden wir mit einem anderen Bereich der Rangeraktivitäten bekannt gemacht – dem Beenden von Fehden, denn die Ranger waren nicht nur eingestellt worden, um die Grenze gegen Indianer zu schützen, sie wurden auch regelmäßig gerufen, um für Recht und Ordnung in den Siedlungen und Städten im Staat zu sorgen. In diesen frühen Tagen war die Leidenschaft der Menschen groß und leicht zu entflammen. In einem Land, in dem alle Männer bewaffnet durch die Gegend liefen, wurde regelmäßig zur Waffe gegriffen und diese Fehden endeten nicht selten in lebhaften Kriegen zwischen den Anhängern der streitenden Parteien, zum großen Missvergnügen der Bürger, in deren Mitte solche Miniaturkriege in Szene gesetzt wurden.

Mason und das angrenzende County, Gillespie, wurden in der frühen Geschichte des Staates Texas von Deutschen besiedelt. Diese Siedler waren ruhig und friedfertig und wurden zumeist zu ausgezeichneten Bürgern, loyal gegenüber ihrem angenommenen Land und der Regierung, wenn man sie nicht störte. Die meisten dieser Deutschen engagierten sich in der Viehzucht und wurden schlimm von Viehdieben und Indianern, die viele Raubzüge auf deren Vieh unternahmen, auf die Probe gestellt.

Ende September 1875, wurde Tim Williamson, ein prominenter Rindermann, der im Mason County lebte, von John Worley, einem Deputy Sheriff dieses Countys, wegen des Verdachts auf Viehdiebstahl verhaftet. Vorausgegangen waren eine Anzahl Beschwerden über den Verlust von Rindvieh und die Deutschen brachten vor, dass viele ihrer Tiere gestohlen und die Brandzeichen verfälscht worden wären. Viel Unmut machte sich unter den Viehzüchtern des Countys breit und den Dieben mit Gewalt zu drohen, war normal.

Sobald die Neuigkeit von Williamsons Festnahme wegen des Verdachts auf Viehdiebstahl bekannt wurde, formierte sich ein vielköpfiger Mob und machte sich auf, Deputy Sheriff Worley und seinen Gefangenen zu verfolgen. Auf seinem Weg nach Mason wurde Worley von der Posse eingeholt. Als er die Verfolger sah, erahnte Williamson ihre Absichten und bat den Sheriff, ihn laufen zu lassen, damit er versuchen könne, sein Leben zu retten. Worley lehnte ab und, wie man hörte, zog er seinen Revolver und schoss Williamsons Pferd durch die Lende, was es zu Fall brachte. Unbewaffnet und unberitten wurde Williamson getötet, ohne Chance, sich zu schützen und ohne irgendeinen Anschein von Gerichtsverfahren. Nach dem Mord verschwanden Worley und der Mob.

Ob die Beschuldigungen gegen Williamson nun richtig oder falsch waren, er hatte Freunde gehabt, die dem Deputy bitter übel nahmen, dass er dem Ermordeten die Chance verweigert hatte, sein Leben zu retten und wegen dessen Tod gab es jede Menge Aufregung und bittere Kommentare im County.

Ein Mann namens Scott Cooley, ein ex-Ranger aus Captain Perrys Kompanie D, war ein enger Freund von Williamson und seiner Familie. Zu der Zeit, als sein Freund ermordet wurde, hatte Cooley den Rangerdienst quittiert und betrieb eine Farm in der Nähe von Menardville. Er hatte für den Toten gearbeitet und mit ihm zwei Reisen den Überlandpfad hinauf nach Kansas unternommen. Als er noch für den ermordeten Rindermann arbeitete, hatte sich Cooley ein böses Typhusfieber eingehandelt und wurde von Mrs. Williamsons eigenen Händen wieder gesundgepflegt.

Als die Nachricht von Tim Williamsons Ermordung Scott Cooley erreichte, war er außer sich und schwor den Mördern seines Freundes Rache. Er sattelte sofort sein Pony, verließ seine

Farm und ritt schwer bewaffnet nach Mason in die Stadt. Er hatte sich einen durchdachten Plan zurechtgelegt und führte ihn unmittelbar nach seiner Ankunft aus. Er stellte sein Pferd in einem Mietstall unter und trug sich im Hotel ein. Da er in Mason völlig unbekannt war, hielt sich Cooley mehrere Tage in der Stadt auf, ohne Verdacht zu erregen. Er erwies sich als guter Detektiv und fand bald heraus, dass der Sheriff und sein Deputy die Rädelsführer des Mobs waren, der seinen Freund umgebracht hatte. Nichts überstürzend und seine Ermittlungen fortsetzend, kannte er bald den Namen jedes Mannes der Posse, die den Mord an Williamson begangen hatte.

Nachdem seine Informationen komplett waren, schritt Cooley zur Tat. Er bestieg sein Pony und ritt aus der Stadt zum Haus von John Worley, den er beim Brunnenreinigen antraf. Der Rächer stieg ab, fragte nach einem Schluck Wasser und begann mit dem arglosen Mann eine Unterhaltung. Schließlich, als Worley seinen Knecht an der Seilwinde aus dem Brunnenschacht zog, fragte ihn Cooley, ob sein Name John Worley sei. Der Deputy Sheriff bestätigte das. Cooley erklärte ihm dann seine Mission und schoss ihn tot.

Beim ersten Klicken des Revolverhammers ließ Worley die Seilwinde los und der Mann, den er daran aus dem Brunnen zog, stürzte etwa fünfundzwanzig Fuß tief in den Schacht. Cooley bückte sich in aller Seelenruhe und schnitt Worley den Skalp ab, steckte ihn in die Jackentasche und galoppierte davon. Opfer Nummer eins hatte seinen Kreidestrich auf Williamsons Guthabentafel. Nach einem schnellen Ritt durch das Mason County zur westlichen Ecke des Llano Countys, lauerte Cooley Pete Border auf, dem zweiten auf seiner Liste der Mobmitglieder und tötete ihn.

Diese zwei Morde jagten den Terror in die Herzen von beinahe allen Bürgern im Mason County. Niemand konnte vorhersagen, wer das nächste Opfer von Scott Cooleys unfehlbarem Gewehr sein würde. Die Leute des gesamten Countys griffen zu den Waffen, um sich zu schützen. Der Sheriff, entsetzt, dass er Cooleys nächstes Opfer sein würde, verließ Mason prompt und kam nie mehr wieder.

Tim Williamson hatte noch mehr Freunde, die darauf brannten, ihn zu rächen und der Mord an Border war für sie das Signal, sich zusammenzutun. John und Mose Beard, George Gladden und John Ringgold schlossen sich unverzüglich Cooleys Rachearbeit an. Die Bande ritt nach Mason in die Stadt und tötete im Kampf mit einer Posse aus Bürgern noch einen Mann.

Weil der Gouverneur von Texas den Ausbruch eines regelrechten Fehdekrieges in Mason befürchtete, befahl er Major

Jones, den verängstigten Bürgern zu Hilfe zu eilen. Die Order erreichte Major Jones, während er auf Patrouille hinunter in die Nähe der Quelle des Guadalupe River war. Er ließ seine Kompanie sofort umkehren und mit einer Abteilung von zehn Mann aus Kompanie D marschierte er nach Mason. Dabei eskortierte auch Kompanie A Major Jones, sie wurde damals von Captain Ira Long befehligt. Die dreißig Mann der Kompanie A und die zehn Jungs von der Kompanie D bildeten die vierzig Mann starke Truppe des Majors für seine Befriedungsexpedition.

Bevor die Ranger Mason erreichen konnten, lieferte die Partei des Sheriffs unten am Llano River einen Kampf gegen Cooleys Bande und tötete Mose Beard. Nach seinem Eintreffen in Mason, schickte Major Jones Streifen in jede Richtung, die Cooley jagen sollten. Er hielt diese Anordnung zwei Wochen aufrecht, ohne Ergebnis. Schließlich kam er dahinter, dass beinahe sein gesamtes Kommando, vor allem die Jungs der Kompanie D, die mit Cooley zusammen Ranger gewesen waren, mit dem Gesetzlosen sympathisierten und keinen ernsthaften Versuch unternahmen, ihn aufzuspüren oder in Gefahr zu bringen. Es wurde sogar der Verdacht geäußert, dass einige aus der Kompanie D sich nachts mit Cooley in der Umgebung von Mason trafen und ihm gegenüber erklärten, dass es sie nicht kümmerte, wenn er jeden verdammten Deutschen im Mason County umlegte, der bei dem Mob, der Williamson ermordet hatte, dabei gewesen war.

Major Jones erkannte, dass er sofort zu drastischen Mitteln greifen musste. Er versammelte seine gesamte Truppe aus vierzig Männern und richtete an sie eine eloquente Ansprache. Er sagte, er wäre besonders stolz auf das Grenzbataillon und hätte es zu seinem Lebensinhalt gemacht und dass er persönlich für jeden Mann im Rangerdienst positive Gefühle empfinde. Dann erinnerte er die Männer auf äußerst emotionale Weise an ihren Eid, den sie geleistet hatten, um den Staat Texas gegen alle seine Feinde in Schutz zu nehmen, wer immer sie auch sein mochten, einen Eid, an den jeder wahrhafte Mann bei seiner Ehre gebunden war. Er erklärte, er wisse, dass viele im Kommando für Scott Cooley Sympathien hegten, besonders die Jungs, die das Rangerleben mit ihm geteilt hatten und dass er, er selbst, die Lage, in die sie geraten wären, zutiefst nachempfinden könne. Wenn auch Tim Williamson durch die Hände eines gnadenlosen Mobs einen furchtbaren Tod erlitten habe, gebe das Cooley nicht das Recht, unter Missachtung des Gesetzes und der Ranger, in einem privaten Rachekrieg Leute zu töten. Auf dem Höhepunkt seiner Rede sagte der Major:

„Männer, ich habe Ihnen einen Vorschlag zu machen. Wenn jeder hier anwesende Mann, der für Scott Cooley und seine

Bande Sympathien hegt und der ihn nicht bis zum bitteren Ende verfolgen will, vortritt, werde ich ihm eine ehrenhafte Entlassung gewähren und ihn den Dienst ohne Makel quittieren lassen.“

Der Major machte eine Pause und etwa fünfzehn Mann traten vor die Front.

„Gentlemen“, fuhr Major Jones fort, „von denjenigen, die diese Möglichkeit nicht in Anspruch nehmen, werde ich erwarten, dass sie größtmögliche Anstrengung und Stärke an den Tag legen, wenn sie mir helfen, die Verbrecherbande aufzulösen oder dingfest zu machen.“

Nach der Entlassung der Cooleysympathisanten, gingen die Ranger mit neuem Schwung an die Arbeit und fassten schließlich George Gladden und John Ringgold. Gladden wurde für fünfundzwanzig Jahre ins Zuchthaus geschickt, während Ringgold zum Tode verurteilt wurde. Vermutlich war Scott Cooley über Major Jones‘ Appell an die Ranger informiert, weil er danach weniger aktiv in der Umgebung von Mason auftrat. John Beard, wie berichtet, ließ Texas hinter sich und ging nach Arizona.

Bald nachdem Cooley John Worley getötet hatte, erhielt Norman Rodgers von Captain Rogers die Erlaubnis, hinüber zu Joe Franks‘ Rindermannschaft zu reiten und sein Pferd gegen ein besseres einzutauschen. Als Rodgers in das Cowboylager ritt, bemerkte er einen Mann, der unter einem Baum am Feuer rastete. Der Fremde sprach einen der Cowboys an und wollte von ihm wissen, wer Norman war. Als Rodgers das Lager verließ, folgte ihm dieser Mann und fragte, ob er einer von Roberts‘ Rangern sei und ob er Major Reynolds kenne. Rodgers entgegnete, dass er Reynolds sehr gut kenne. Der Mann erklärte daraufhin, er sei Sott Cooley und, in seine Jackentasche langend, zog er John Worleys Skalp hervor.

„Bring das mit meinen Komplimenten Major Reynolds, sag‘ aber niemandem, dass du mich gesehen hast.”

Rodgers lieferte den Skalp ordnungsgemäß ab und Reynold mahnte ihn, niemandem etwas von der Geschichte zu erzählen. Vierzig Jahre danach, bei einer Wiedersehensfeier alter Siedler in Sweetwater, erwähnte Norman Rodgers diese Begebenheit in einer Rede – er hatte sein Versprechen, das er Cooley und Reynolds gegeben hatte, all diese Jahre bewahrt.

Nachdem er bei den Rangern alle Freunde und Sympathisanten verloren hatte, kehrte Cooley ins Blanco County zurück, wo er vorher gelebt hatte. Er bekam das Gehirnfieber und, obwohl fürsorglich gepflegt und beschirmt von seinen

Freunden, starb er, ohne jemals für seine Morde vor Gericht gestellt worden zu sein.

So endete der Mason County Krieg, aber vorher waren zehn oder zwölf Männer umgebracht und ein nicht mehr einzudämmender Krieg gerade noch abgewendet worden.

-o-

Major Jones und seine Eskorte

Trotz ihres Nutzens für den Schutz der Grenzen und für die Aufrechterhaltung von Recht und Ordnung, hatten die Texas Ranger mehr oder weniger hart darum zu ringen, vom Parlament die nötigen Mittel für ihren Jahresbedarf zu erhalten. Wann immer die Mittel knapp gehalten wurden, gab es nur eine Abhilfe – die Mannschaft jeder Kompanie auf die geringstmögliche Stärke zu reduzieren. Ende 1875 verlangte der Generaladjutant von den Captains entlang der Frontlinie, bis Quartalsschluss ihre Kompanien für den Winter auf zwanzig Mann zu verkleinern. Als der Tag der Truppenreduktion kam, gab es einige Momente der Besorgnis unter den Männern von Kompanie D, weil niemand wusste, wer im Dienst bleiben durfte.

Am ersten Dezember ließ Captain Roberts das Kommando in Linie antreten und erklärte, dass es seine traurige Pflicht sei, die Kompanie auf zwanzig Mann zu verkleinern und kündete an, dass der Sergeant vom Dienst die Namen der Männer verlesen würde, die in der Kompanie verblieben. Der Sergeant trat vor und fing an zu lesen:

„First Sergeant Plunk Murray, Second Sergeant James Hawkins, First Corporal Lam Seiker, Second Corporal Tom Griffin und die Privates Charles Nevill, Tom Gillespie, Nick Donley, Jim Trout, Henry Maltimore, Kit Maltimore, Jack Martin, W. T. Clements, Ed Seiker, Andy Wilson, J. W. Bell, Norman Rodgers, Dock Long, Tom Mead, Frank Hill und Jim Gillett."

Das waren die Glücklichen, die in der Einheit blieben. Der Rest der Truppe wurde folglich entlassen. Meine Erleichterung, als mein Name vorgelesen wurde, kann man sich vorstellen, weil ich das Rangerleben lieben gelernt hatte und es nur widerstrebend aufgegeben hätte.

Nach der Truppenreduzierung gingen wir in einer Biegung des San Saba River, etwa drei Meilen östlich von Menardville, ins Winterlager. In der Flussniederung gab es sehr viel gutes Holz, so baute sich jede Fünf-Mann-Gruppe eine Blockhütte als Unterkunft, sechzehn zu achtzehn Fuß im Grundriss. Diese Hütten, jede mit einem Kamin und einer Feuerstelle, bildeten die Westseite unseres Corrals für die Pferde und waren ein sehr komfortables Winterdomizil.

Den Winter hindurch spielten sich die Jungs einander viele Streiche, weil es keine Indianerüberfälle gab, während wir in diesem Winterlager waren. Eine sehr beliebte Nummer war, die Kugel von einer Patrone zu ziehen, das Pulver in einen Lumpen zu wickeln und dann, während die Belegschaft in ihrer Hütte gemütlich rauchte oder las oder um das Feuer saß und sich unterhielt, auf das Dach zu klettern und den Lumpen in den Kamin zu werfen. Wenn das Pulver im Feuer explodierte, fielen die überraschten Ranger rückwärts von ihren Bänken und die Schadenfreude der Streichespieler war riesig. Bei anderer Gelegenheit postierten sich ein paar Ranger vor die Nachbarhütte und begannen aus Leibeskräften zu schreien:

„Feuer! Feuer!“

Wenn die Besitzer der Hütte sich nicht in die Tür stellten, um das jetzt Folgende zu verhindern, kamen alle Ranger des Camps herbeigestürzt und warfen das Bettzeug, die Kochgeschirre, Sättel und Zaumzeuge, Gewehre und Revolver so schnell sie konnten aus der Hütte. Im Nu war die Behausung leergeräumt und die Opfer des Jokes mussten ihre gesamte Habe wieder hineinschaffen.

Doch wir verbrachten nicht unsere ganze Zeit mit Schabernack in Theorie und Praxis. Viele der Ranger waren von gelehrsamem Naturell und an den langen Winterabenden brüteten sie über ihren Büchern. Mehrere unserer Jungs trieben solche Studien über Jahre hinweg und qualifizierten sich zum Arzt, Rechtsanwalt und anderen Berufen mit Titel.

Ein Ranger, Nick Dooley, war von Beruf Bäcker und er baute gleich einen deutschen Backofen und machte Brot für die Ranger. Wir legten unser Mehl zusammen und jeden Abend gab es frisches, warmes Brot. Das war so köstlich und wir aßen so viel davon, dass unsere Mehlzuteilung nicht für die vorgesehene Zeit reichen würde und Captain Roberts sah sich genötigt, den Befehl zum Abbruch des Backofens zu geben. Daraufhin backten die Jungs wieder ihr eigenes Brot und das Mehl reichte.

Ein paar Ranger hatten Bärenjunge gefangen und wir hielten sie in unserem Lager als Schoßtiere. Sie wuchsen rasch und waren bald große Kerle und bei den Jungs immens beliebt. Manchmal befreite sich ein Bär von seiner Kette und dann machten wir uns alle auf, den entlaufenen Liebling zu jagen. Meistens fanden wir ihn in einem Baum sitzend, in den er geklettert war, sobald er seine Fesseln zerbrochen hatte.

Ich darf an dieser Stelle unsere nützlichen, kleinen Packmaultiere, die den Rangern so lang und so gut gedient haben, nicht unerwähnt lassen. Als man 1874 das Bataillon aufstellte, wurde ihm eine Anzahl kleiner, nicht ausgebildeter Mulis als Lasttiere zur Verfügung gestellt. Sie lernten rasch, was von ihnen erwartet wurde und sie folgten den Rangern wie Hunde. Sie schleppten Lasten von einhundertfünfzig bis zweihundert Pfund und damit folgten sie einem Rangertrupp im Sturmlauf mitten in das heißeste Gefecht gegen Indianer oder Desperados. Sie schienen ebenso viel Interesse an so einem Angriff zu zeigen, wie die Ranger selbst.

Diese kleinen Packtiere waren so neugierig wie ein Kind oder ein Waschbärenwelpe. Auf dem Marsch begegneten sie manchmal einer Pferdeherde oder einigen Leuten, die an der Straße kampierten. Sofort rannten sie hin, um die Fremden kurz zu besuchen und wenn wir Ranger tausend Yards oder mehr weitergeritten waren, kamen sie uns nachgetrappelt, so schnell sie ihre Hufe trugen. Später, wenn die Ranger von der Grenze zurückkehrten und in dichter besiedelte Gegenden kamen, marschierten die Mulis mit ihrem Gepäck zu fremden Pferden und erschreckten sie dermaßen, dass die völlig durchdrehten.

Einmal in Austin, trottete eins unserer Mulis seelenruhig zu einem Muli, das einen Pferdebahnwagen zog. Als das Packmuli keine Vorfahrt gewähren wollte, scheute das Pferdebahnmuli zur Seite und riss zur Überraschung des Fahrers sein Transportvehikel vollständig aus den Gleisen.

Die niedlichen Tiere lieferten mehrere Kunststückchen wie dieses und gaben so oft Anlass zu Beschwerden, dass Generaladjutant Jones eine Weisung an alle Ranger herausgab, ihre Packmulis einzufangen und zu führen, wenn der Weg durch eine Stadt führte.

*

Sobald wir das neue Camp bezogen hatten, erhielten die Privates Nevill, Bell und Seiker von Captain Roberts die Erlaubnis, Austin zu besuchen und eine Kiste mit zehn Winchestern zu kaufen. Bis zu diesem Zeitpunkt war die Kompanie mit Sharps Karabinern vom Kaliber .50 ausgerüstet. Diese Gewehre wurden leicht heiß und waren daher sehr ungenaue Schusswaffen. Der Staat stellte diese Waffe seinen Rangern zum Preis von 17,50 Dollar und bot zu dieser Zeit keinen anderen Gewehrtyp an. Die neue Winchester Modell 1873 mit Zentralfeuerpatronen war gerade auf dem Markt erschienen und wurde für fünfzig Dollar die Rifle [24-inch-Lauf, entspr. 60,96 cm] und vierzig Dollar der Karabiner [20-inch-Lauf, entspr. 50, 8 cm] verkauft. Ein Ranger, der eine Winchester haben wollte, musste sie aus eigener Tasche bezahlen und sich auch seine Munition selbst besorgen, weil der Staat nur für das Sharps Gewehr Patronen stellte. Allerdings waren zehn Männer der Kompanie D, ich eingeschlossen, gewillt den Preis zu bezahlen, um eine überlegene Waffe zu haben. Ich bekam den Karabiner Nr. 13401 und die nächsten sechs Jahre meiner Rangerkarriere benutzte ich nie eine andere Waffe. Ich habe beinahe jede Wildart, die es in Texas gibt, mit dieser kleinen .44er Winchester erlegt, angefangen vom größten, alten Bisonbullen bis hin zum Fuchseichhörnchen. Noch heute bewahre ich sie auf, als ein kostbares Andenken an die Vergangenheit.

Wincherster 1873 Carbine

Die Jungs waren alle scharf darauf, ihre neuen Gewehre auszuprobieren und als Weihnachten näher rückte, beschlossen wir, ein echtes Weihnachtsessen zu veranstalten. Ed Seiker und ich besuchten einen großen Truthuhnschlafplatz an der Quelle des Elm Creek und töteten sieben große Wildtruthühner und auf unserem Rückweg sackte Seiker einen guten Hirschen ein. J. W. Bell jagte am San Saba und brachte sechs Wildgänse mit und vielleicht ein Dutzend Stockenten. Dooley, der Bäcker, backte die Torten, während Mrs. Roberts die Obstkuchen beisteuerte. Ein paar von den Jungs machten Eierpunsch und alle zusammen hatten wir das schönste Weihnachtsessen, das jemals die Tafel eines Rangercamps geschmückt hat.

Menardville war nicht weit und die meisten Ranger besuchten die Ortschaft während der Weihnachtswoche, um tanzen zu gehen. Jack Martin bemerkte gegenüber Mrs. Roberts einmal, dass in einem Rangerlager gesellschaftlich sehr wenig los sei. Sie machte einen Scherz darüber und ab da war er sein Leben lang als „Gesellschafts-Jack“ bekannt.

Den Winter durch legten wir eine Rennbahn an und bestritten mit unseren Pferden viele Rennen. Es gab in diesem Winter Vergnügen, aber es gab genauso auch Arbeit. Obwohl Captain Roberts den ganzen Winter hindurch Kundschafter im Feld hatte, endeckten sie keine einzige Indianerfährte. Die Ranger hatten ihre Aufmerksamkeit noch nicht auf die Gesetzlosen konzentriert und so waren wir nicht mit in Ketten gelegten Gefangenen belastet, wie wir das in späteren Jahren sein würden. Dieses Winterlager am San Saba war meine fröhlichste Zeit bei den Rangern.

*

Die erste Woche im April 1876, verließen wir unsere Winterquartiere und verlegten das Camp in einen Pecannusshain an den Ufern des San Saba, etwa sechs oder sieben Meilen oberhalb Menardville. Wir alle waren glücklich, wieder unsere Zelte zu beziehen, nachdem wir vier Monate in Blockhütten verbracht hatten. Ich erinnere mich an die erste Nacht in unserem neuen Lager. Die Jungs legten ein paar Haken aus und fingen vier oder fünf große Gelbe Katzenwelse, jeder fünfundzwanzig oder dreißig Pfund schwer – genug Fisch, um die zwanzig Männer mehrere Tage satt zu machen.

Als der Frühling kam, begann Captain Roberts Patrouillen auszuschicken, die nach Anzeichen für die Anwesenheit von Indianern suchen sollten. Ich erinnere mich, ich wurde zu einem Suchtrupp kommandiert, der von einem Unteroffizier befehligt wurde. Wir hatten den Norden bis zum Zusammenfluss des Concho und des Colorado River auszukundschaften. Nach Überquerung der Brady Mountains, stießen wir auf eine Indianerfährte, die aus den Bergen führte. Die Rothäute hatten vermutlich Raubzüge im San Saba oder McCulloch County unternommen. Die Fährte führte westwärts nach San Angelo, so schnurgerade wie ein Vogel fliegen könnte. Obwohl es nicht viele Indianer waren und sie nur wenige Pferde hatten, war ihrer Spur leicht zu folgen. Soweit wir das beurteilen konnten, waren die Rothäute einige Tage bevor wir ihre Spur entdeckt hatten, hier vorbeigezogen. Wir fanden eine Stelle, wo sie einige Pferde gestohlen hatten und sammelten mehrere Hobbelpaare auf, die sie entzwei geschnitten und zurückgelassen hatten. Damals gab es in der Gegend um Fort Concho mehrere große Rinderranches und weil das Vieh zum Wasser und wieder zurück wanderte, hatte es die Fährte vollständig zerstört. Wir arbeiteten zwei Tage lang hart, versuchten sie wiederzufinden und gaben die Jagd dann auf. Wir hätten das Genie eines Captain Roberts benötigt, um uns damals weiter zu helfen.

*

Am 1. Juni 1876 wurde die Kompanie auf vierzig Mann verstärkt. Einige der Jungs, die in Mason Ende letzten Jahres aus dem Dienst entlassen worden waren, traten nun wieder ein. Besonders erinnere ich mich an „Mage“ Reynolds, der noch einmal zur Kompanie D kam.

Für den Sommer plante Major Jones eine umfassende Stoßtruppunternehmung an den Pecos, um den Lipans und Kickapoos einen Schlag zu versetzen, bevor sie die weißen Siedlungen überfielen. Diese Unternehmung wurde von

Kompanie D im Juli begonnen. Der Major zog etwa zwanzig Männer aus meiner Kompanie heraus und fasste sie zusammen mit seiner eigenen, dreißig Mann starken Begleitkompanie A und marschierte ins Kerr County. Hier zog er einen Teil von Captain Coldwells Kompanie F ab und brachte seine Streitmacht auf insgesamt siebzig Mann, dazu kamen drei Fuhrwerke und etwa zwanzig Packmaultiere.

Die Kolonne zog den Nueces hinunter, dann bei Fort Clark den Devils River hinauf zum Beaver Lake. Von hier wurde Captain Ira Long mit zwanzig Mann und dem Wagenzug die San Antonio- und die El Paso Straße zum alten Fort Lancaster am Pecos geschickt, wo er auf das Eintreffen von Major Jones mit der Hauptmacht zu warten hatte.

Vom Beaver Lake wendete sich der Major mit fünfzig Mann und den zwanzig Packmulis nach Südwesten und zog den Johnston's Run hinab zur Shafer Crossing am Pecos. Von dieser Furt aus stießen wir den Pecos flussaufwärts bis zur Einmündung des Independence Creek vor. Das Land in diesem Abschnitt war sehr rau aber sehr schön. Wir entdeckten mehrere verlassene Indianerlager, vor allem an der Mündung des Baches. Hier fanden wir die Feuergruben, darüber die Gerüste, an denen die Rothäute ihr Fleisch getrocknet hatten. Offensichtlich hatten sie viele Hirsche gehäutet und aus den Fellen Wildleder hergestellt. Bögen und Pfeile waren in diesen Lagern angefertigt worden. Aus dieser Gegend waren die Indianer wahrscheinlich vor einem Monat oder mehr abgezogen.

Nach zehn Tage langer Suche vereinigten wir uns mit Captain Long bei Fort Lancaster und marschierten den Live Oak Creek hinauf bis zu seiner Quelle. Hier trafen wir Vorbereitungen, den großen Streifen Tafellandes zwischen dem Pecos und den Quellbächen des South Concho zu durchqueren. Wir füllten was wir an Fässern hatten mit Wasser, verließen den Bach und zogen an die zehn Meilen auf die Ebenen und, bis wir abends biwakierten, ohne einen Wasserlauf weit und breit. Am nächsten Tag brachen wir früh auf und marschierten bis in die Nacht, ohne Wasser zu finden. Die Tiere litten stark an Durst und die Männer hatten wenig Wasser in ihren Feldflaschen. Alle Tümpel der Gegend waren seit zwei Wochen oder noch länger ausgetrocknet und ich sah in einem von ihnen zwölf Bisons, die im Morast steckengeblieben und verendet waren. Hier fanden wir ein verlassenes Indianerlager, wo die Rothäute vielen Antilopen das Fell abgezogen hatten. Unter einem alten, verkrümmten Mesquitebaum lag das Antilopenhaar einen Fuß hoch und dreißig oder vierzig Schädel hatten die Indianer achtlos verstreut.

Am zweiten Morgen litten sowohl die Männer als auch die Pferde quälenden Durst und Major Jones ordnete den Abmarsch für vier Uhr früh an. Wir brachen zur befohlenen Zeit auf und erreichten um vier Uhr nachmittags am South Concho Wasser, drei Tage, nachdem wir den Live Oak Creek verlassen hatten. Sobald wir uns dem Wasser näherten, entdeckten wir eine Anzahl Büffel, die sich vor dem Verdursten retten wollten, erlegten zwei und versorgten uns so mit frischem Fleisch. Wir lagerten zwei Tage am Wasser und marschierten anschließend in leichten Etappen zurück zur Kompanie D. Nachdem Major Jones etwa einen Monat lang auf dieser Unternehmung gewesen war, übernahm er hier wieder seine Begleitkompanie.

Auf seinem Rückweg zum Rio Grande, erreichte Major Jones in der letzten Augustwoche Kompanie D und biwakierte mit uns bis zum ersten September, dem Ende des für die Ranger geltenden Haushaltsjahres. Zu diesem Datum quittierten viele Männer den Dienst, um sich ins Privatleben zurückzuziehen, während sich einige anderen Kompanien anschlossen und neue Rekruten den Diensteid ablegten. Für diese Umorganisation benötigte man zwei oder drei Tage.

Fast jeder Ranger im Bataillon fürchtete, einmal zu Major Jones‘ Begleitkompanie zu gehören. Diese Eskortenkompanie war weder einem stationären Posten zugewiesen, noch sollte sie einen bestimmten Landstrich überwachen. Ihre wichtigste Funktion war, den Major auf seinen regelmäßigen Inspektionsreisen zu den anderen Kompanien entlang der Grenze zu begleiten. Die Eskorte überwinterte immer im Süden und unternahm vier Mal im Jahr eine Inspektionsreise von Grenzkompanie zu Grenzkompanie und beteiligte sich an den Stoßtruppunternehmungen, die sich der Major aussuchen würde und hielt sich für Sonderaufgaben bereit, die sich möglicherweise stellten.

Im Jahre 1874, als das Grenzbataillon das erste Mal aufgestellt wurde, rekrutierte Major Jones seine Eskorte aus jeweils fünf Männern von jeder der anderen Kompanien. Allerdings führte das in der Praxis zu allerlei Konfusion und Neid in den Einheiten und Major Jones hielt es schließlich für sinnvoll, eine reguläre Begleitkompanie zu haben und so suchte er sich Kompanie A für diesen Zweck aus. Die blieb seine Eskorte, bis er zum Generaladjutant befördert wurde.

Im September 1876 gab es mehrere freie Planstellen in Jones‘ Eskorte und mehrere altgediente Kompanie D Jungs, unter ihnen „Mage“ Reynolds, Charles Nevill, Jack Martin, Bill Clements und Tom Gillespie wünschten, sich in Kompanie A einschreiben zu lassen. Sie wollten von mir, dass ich mit ihnen ging, aber ich zögerte, Captain Roberts zu verlassen. Meine Freunde erklärten dann, dass wir als Eskorte viel mehr vom Land sehen würden, als wir das in einer Kompanie mit festem Standort könnten; und dass wir vermutlich in diesem Winter unten am Rio Grande stationiert werden würden und im Frühling, wenn es wieder die Grenze entlang ginge, würden wir auf tausende von Büffeln treffen. Diese Büffelvorhersage saß und ich ging mit den Jungs. Nach fünfzehn Monaten Rangerdienst mit Captain Roberts, gehörte ich von nun an zur Kompanie A.

Früh im September führte Major Jones seine Eskorte hinunter bis auf etwa fünf oder sechs Meilen an San Antonio heran und licß uns dort am Salado das Lager einrichten, während er nach Austin ging. Am ersten Oktober war er zurück im Camp und begann die letzte Inspektionsreise zu den unterschiedlichen Kompanien entlang der Grenze, bevor der Winter kam.

Major John B. Jones war ein kleiner Mann, wohl nicht größer als fünf Fuß sieben Inches und er wog etwa hundertfünfundzwanzig Pfund. Sein Haar und seine Augen waren sehr dunkel und er trug einen kohlschwarzen Schnauzbart. Er war, obwohl klein von Statur, flink und ein exzellenter Pferdemann. Er saß sehr aufrecht im Sattel.

Der Major wurde 1834 im Fairfield Distrikt, South Carolina, geboren, emigrierte aber mit seinem Vater nach Texas, als er erst vier Jahre alt war. Er tat sich schon in sehr jungen Jahren in texanischen Staatsangelegenheiten hervor und diente in der Armee der Konföderation im Bürgerkrieg mit Tapferkeit. Bei Amtsantritt von Gouverneur Coke im Jahr 1874, wurde er dazu bestimmt, die sechs Kompanien des Grenzbataillons der Texas Ranger zu befehligen. Von seiner Ernennung bis zu seinem Tod 1881, war Major Jones ununterbrochen damit befasst, blutige Indianerangriffe zurückzuschlagen, Gesetzlose zusammenzutreiben und Texas für die fleißigen und friedvollen Bürger zu einem sicheren und gefahrlosen Ort zu machen. Bei dieser Arbeit fanden sein wundervolles Taktgefühl, sein Urteilsvermögen, Kaltblütigkeit und sein Mut ein weites Betätigungsfeld.Seit der Aufstellung des Bataillons 1874, bis Major Jones Generaladjutant wurde, war stets Dr. Nicholson bei ihm. Der Doktor war ein wunderlicher, alter Junggeselle, der seinen Toddygrog liebte. Die Jungs füllten ihn manchmal ab bis Oberkante Unterlippe und der Major bedachte ihn bei dieserlei Anlässen mit bitterbösen Blicken. Dr. Nicholson war bei allen Männern äußerst beliebt und man erzählte sich, dass er alle Orte zwischen Rio Grande City bis zum Red River – eine Kleinigkeit von achthundert Meilen - kannte, an denen es gute Butter, Milch und Eier gäbe. Der Doktor stritt sich ständig mit Major Jones und, auf einem Prachtpferd sitzend, ritt er an seiner Seite. Ich glaube nicht, dass der Doktor auch nur eine Handvoll Pillen im Jahr an die Jungs verteilte – er war nur für den Fall bei uns, dass er als Wundarzt gebraucht würde. Als die Eskorte entlassen wurde, zog er sich ins Privatleben nach Del Rio zurück und starb dort auch.

Diese Inspektionsreise war für mich eine wundervolle Erfahrung. Das Wetter war kühl und erfrischend und die Pferde hatten sich einen Monat lang erholen können. Wir hatten ein Musikerquartett bei uns und nach dem Tagesmarsch stellten sie sich oft am Lagerfeuer ein und gaben für uns ein Konzert. Vernon Wilson spielte die Gitarre, Columbus Callaway Banjo und W. T. Clements die Violine. Der Major kam regelmäßig herbei und lauschte der Musik. Aber Musik war nicht unser einziges Vergnügen. Major Jones hatte seine Eskorte mit einem Fischernetz bedacht und wenn wir an einem größeren Bach oder Fluss biwakierten, entrollten die Jungs das Netz, zogen es durch das Wasser und fingen manchmal genug Fisch, um die dreißig Mann mehrere Tage lang zu versorgen.

Wenn sie auf volle Stärke gebracht war, bestand Kompanie A aus einem Captain, dem Orderly [ersten] Sergeant, dem Second Sergeant, First und Second Corporal und sechsundzwanzig Privates. Zwei vierspännige Maultierwagen zogen die Lagerausrüstung, die Essensrationen und Getreide für die Pferde. Ein leichter Wagen, gezogen von zwei Maultieren und gefahren von George, dem Negerkoch, war mit der Küchenausrüstung und dem Bettzeug, Zelt, etc. von Major Jones und Dr. Nicholson beladen.

Jeden Morgen beim Appell bestimmte der Orderly Sergeant eine Gruppe aus zehn Mann und einem Unteroffizier, die vierundzwanzig Stunden lang Wache schieben musste. Wenn wir für den Tag abmarschbereit waren, trat die Kompanie in Linie an und die Männer setzten sich zu vieren in Bewegung. Auf dem Marsch ritten Major Jones und Dr. Nicholson an der Spitze, gefolgt vom Captain der Kompanie, dann der Orderly Sergeant und die Männer in Doppelreihe. Diesen folgend, kamen die Fuhrwerke. Eine Vorhut aus zwei Mann ritt der Kolonne eine halbe Meile voraus. Vier Mann, die Flankierer, zwei auf jeder Seite der Kompanie, ritten parallel im Abstand von einer halben bis zu einer Meile, abhängig von der Beschaffenheit des Geländes. In buschbestandenem, bewaldeten Terrain kamen die Flankierer näher heran, wohingegen sie sich in offener Landschaft manchmal recht weit entfernten. Der Unteroffizier bildete mit dem Rest der Wache die Nachhut und war für die Packmulis verantwortlich. So geschützt, war es für die Abteilung beinahe unmöglich, von Indianern überrumpelt zu werden.

Major Jones schenkte Straßen keine Beachtung, außer wenn sie in seiner Marschrichtung verliefen. Bei klarem Wetter orientierte er sich an Landmarken, war es bewölkt oder neblig, benutzte er den Kompass.

Einmal hatte er zwei Tonkawaindianer als Führer. Zu seinem Schutz lebte deren Stamm bei Fort Griffin, einem großen Militärposten. Einer dieser Krieger, bekannt als Jim, hatte einen alten Militärmantel mit den Schulterstücken eines Generals erhalten. Jim trug diesen Mantel fest zugeknöpft und ritt an der Kolonnenspitze so würdevoll und wichtig wie ein kommandierender General. Sein Kollege trug einen hohen Biberpelzzylinder, dem der Deckel fehlte und einen alten Regenschirm, den ihm irgendjemand spendiert hatte. Auf diese lächerliche wie einzigartige Weise ausgestattet, ritt er tagelang unter aufgespanntem Regenschirm. Wenn man sich das überlegt: Ein Indianer schützt sich vor der Sonne!

Major Jones schenkte diesen Indianern nie viel Beachtung, außer, er wünschte sich über die Geländelage oder die Entfernung zu irgendwelchen Wasserlöchern zu informieren. Sie machten ziemlich viel was sie wollten, ritten manchmal mit dem Major an der Spitze, manchmal mit den Wachen und ein andermal mit den Männern der Kolonne. Diese Rothäute waren für die Jungs ein nie versiegender Quell der Belustigung.

Jim und sein Kumpel waren gute Jäger, aber so faul wie möglich. Spät abends, wenn sie annehmen durften, dass es bald Zeit war, das Lager aufzubauen, gingen sie auf Büffeljagd, brachten aber nur so viel Fleisch mit, dass es für sie beide reichte und ließen den Rest verrotten. Der Major verlangte von ihnen, sollten sie einen Büffel erlegen, wollte er das wissen, damit er das Fleisch für die Kompanie holen lassen konnte. Die Tonks schenkten dieser Forderung keine Beachtung und kamen eines späten Abends mit fünf oder sechs Pfund Büffelfleisch ins Camp. Der Orderly Sergeant beobachtete sie und ging zu Major Jones und sagte:

„Major, diese Tonkawakerle sind wieder im Lager mit gerade mal genug Fleisch für sich."

„Sergeant, Sie holen sich ein Muli, nehmen Sie zehn Mann mit und veranlassen Sie, dass diese Indianer ihre Pferde satteln und mit Ihnen reiten und diesen Büffel herbeischaffen", befahl der Major, entschlossen, die Befolgung dieses Befehls bei den Indianern durchzusetzen.

Der Sergeant ging zu den Indianern, die damit beschäftigt waren, über dem Feuer ihr Fleisch zu rösten und teilte ihnen mit, was der Major gesagt hatte. Jim erklärte, dass er müde sei und nicht zu gehen wünsche. Der Unteroffizier erwiderte, dass dies keinen Unterschied mache und befahl ihm und seinem Kumpanen, ihre Ponys zu holen und den Männern den Weg zum toten Bison zu zeigen.

„Kann sein so zehn Meilen zum Büffel", protestierte Jim und versuchte um den Gang herumzukommen.

Der Sergeant wusste, dass sie logen, denn von allen Indianern, die je in Texas gelebt hatten, waren die Tonkawas die größten Feiglinge. Ihnen gegenüber die Comanchen oder Kiowas bloß erwähnt und ihnen lief ein kalter Schauer den Rücken hinab. Es war also bekannt, dass die Tonks sich nicht sehr weit von den schützenden Rangern entfernen würden, aus Furcht, sie würden von ihren Feinden getötet. Sobald sie einsahen, dass sie den Befehl ausführen mussten, bestiegen sie ihre Ponys und führten den Sergeanten über einen kleinen Hügel und in ein Tal und nicht weiter vom Biwak weg, als eine halbe Meile lag der fette Büffel, den die Indianer erlegt hatten. Das Tier war bald gehäutet und ins Biwak geschafft, wo dann alle mehr als genug frisches Fleisch hatten.

Diese Tonks waren schlicht wie Kinder und so abergläubisch wie Neger. Das Wetter war mehrere Tage lang heiß und trocken. Jim tötete demzufolge einige Falken mit Pfeil und Bogen, flocht die langen Schwanz- und Schwingenfedern in Mähne und Schweif seines Ponys und sagte, das würde *Haufen Regen machen.* Und tatsächlich, nach drei oder vier Tagen zog ein schweres Gewitter auf und durchweichte jeden in der Truppe. Jim, mit seinem alten Offiziersmantel als einzigem Regenschutz, war nass bis auf die Haut und sein Pony sah aus wie eine ersäufte Ratte. Die Bäume, Gras, alles war nass. Die Jungs verbrauchten beinahe ihr letztes Zündholz bei dem Versuch, Feuer zu machen und Jim stand daneben, zitternd vor Kälte, und sah ihnen zu. Plötzlich, mit angewidertem Blick, rannte er zu seinem Pferd, das in der Nähe stand, rupfte jede Falkenfeder aus Schweif und Mähne des Tieres, schmiss sie auf die Erde und trampelte gewalttätig auf ihnen herum, als ob das den Regen aufhalten würde.

*

Nachdem die Eskorte auf ihrem Weg nach Norden den Colorado River überquert hatte, trafen wir auf die Vorhut einer Bisonherde auf dem Weg nach Süden und es war ein Leichtes, die Kompanie mit Frischfleisch zu verpflegen. Wir verbrachten ungefähr eine Woche mit Kompanie B am oberen Brazos, dann wendeten wir uns wieder südwärts mit dem Ziel, unser Winterlager in der Nähe von Frio Town im Frio County aufzuschlagen. Es war nun November und wir hatten jede Nacht strengen Frost.

Die letzte Wache weckte das Biwak früh, für gewöhnlich frühstückten wir danach und waren bei Tagesanbruch bereit, gen Süden aufzubrechen. Auf diesem Rückmarsch hielten wir kein einziges Mal zum Mittagessen an, ritten einfach den ganzen Tag in stetem Tempo. Nachdem wir auf diese Weise eine Wochenstrecke ohne Mittagessen zurückgelegt hatten, fingen die Boys an, sich beim Frühstück etwas zu machen, das sie *Specktorte* nannten – Streifen aus gebratenem Schinkenspeck, platziert zwischen Brotscheiben. Das aßen sie zu Mittag, während wir weiterzogen.

*

Nicht viele Jahre nachdem ich Freimaurer wurde, erfuhr ich den Grund für unseren Gewaltmarsch. Major Jones war dazu auserkoren, zum Höchstverehrten Großmeister der Freimaurer in Texas ernannt zu werden und er hatte am ersten Dienstag im Dezember in Houston, beim Jahrestreffen der Höchstverehrten Großen Loge zu erscheinen. Ob es neben Major Jones noch andere Freimaurer in der Kompanie gegeben hat, habe ich nie erfahren.

Damals war Lieutenant Benton Befehlshaber der Eskorte. Sein Gesundheitszustand war schlecht und er reiste fast den gesamten Rückweg in einem der Wagen. Als wir den Marsch beendet hatten, reichte er sein Entlassungsgesuch ein und sein Nachfolger wurde Captain Neal Coldwell. Die Kompanie ging am Elm Creek, drei Meilen südwestlich Frio Town, ins Winterlager.

Captain Neal Coldwell wurde im Dade County, Missouri, im May 1844 geboren und diente tapfer im Bürgerkrieg im Zweiunddreißigsten Regiment, Texas Kavallerie, die von Col. W. Woods kommandiert wurde. Bei der Aufstellung des Grenzbataillons im Jahre 1874 wurde er Captain von Kompanie F.

Es ist schwierig in einem kurzen Abriss Captain Coldwell gerecht zu werden oder den treffenden Gedanken zu vermitteln, was genau ihn zum vollendeten Texas Ranger machte. Der Standort von Kompanie F, die südlichste Kompanie der Linie, war der allerunbeliebteste, den man ihm hatte zuweisen können. Das Terrain, das er zu überwachen hatte, waren die Quellgebiete des Guadalupe-, Nueces-, Llano- und Devils River. Um Indianer zu verfolgen, war dies die raueste und schwierigste Ecke des südlichen Texas, und trotzdem hielt er die Rothäute in Schach und vertrieb sie schließlich aus diesem Teil des Staates.

-o-

Zum Ende des Jahres 1876 waren die Indianer ziemlich weit hinter die Grenze zurückgeworfen worden, so dass es 1877 wenige Kämpfe gegen sie gab. Ab dem Frühling 1877 wurden die Ranger in das umgeformt, was man ziemlich treffend *berittene Staatspolizei* nennen könnte und dem entsprechend richtete sich ihre Aufmerksamkeit auf die Säuberung des Grenzlandes von Gesetzlosen, die nahezu jeden Teil von Texas durchseucht hatten. Während des Winters 1876 – 1877, zerschlug Captain Neal Coldwell eine Diebesbande, die im nordwestlichen Teil des Atascosa Countys ihr Unwesen trieb. Ich erinnere mich, ihm dabei geholfen zu haben, einen Mann namens Wolf zu fassen. Er wurde wegen Mordes gesucht und wir benötigten mehrere Fahndungsunternehmungen, bis wir Erfolg hatten und wir ihn in Eisen legen konnten.

April 1877 traf Major Jones auf Coldwells Kompanie und begann unverzüglich mit den Vorbereitungen, die Frontlinie hinauf auf Inspektionsreise zu marschieren. Als der Major zu den Quellflüssen des South Llano River kam, ließ er seine Eskorte halten und teilte mehrere kleine Streiftrupps zu fünf oder sechs Mann ein, jede mit dem Befehl, jeden Mann festzunehmen, der sich nicht von seiner guten Seite zeigte. Ein Trupp wurde den South Llano hinabgeschickt, ein zweiter den Johnson‘s Fork abwärts, während ein dritter über die Wasserscheide zur Quelle des North Llano beordert wurde und dann flussab eilen sollte – alle drei Trupps hatten sich bei Major Jones und der Haupttruppe dort, wo heute Junction City steht, wieder einzufinden. Im Zuge dieser Stoßtruppunternehmungen auf Outlaws wurden an die fünfzig, sechzig Männer verhaftet und abgeführt. Viele der Verdächtigen wurden nach Überprüfung auf freien Fuß gesetzt, doch ich erinnere mich, dass ein Trupp zwei ausgebrochene Sträflinge mitbrachte, die er oben am Copperas Creek gefasst hatte. Wir sackten mehrere Männer ein, die wegen Mordes gesucht wurden und ein paar Pferde- und Viehdiebe. In seiner Geschichte war das gute alte Kimble County noch durch kein solches Großreinemachen von Banditen gesäubert worden.

Während wir diese Gefangenen im Camp behielten, wurden andere Trupps in den nördlichen Teil des Countys geschickt mit dem Auftrag, Bear Creek, Gentry, Red Creek, Big und Little Saline abzusuchen, den San Saba River im Menard County zu überqueren und diesen Fluss aufwärts von Peg Leg Station bis Menard zu eilen. Viele Verdächtige mehr wurden bei diesem Fischzug gefangen.

*

Mit einem Stoßtrupp wurde ich auf Sondermission nach Fort McKavett geschickt; damals einer der großen Militärposten an der Grenze. Viele harte Charaktere und Spieler fanden sich bei diesen Posten ein, um den Soldaten ihren leicht verdienten Sold abzuknöpfen. Wir nahmen hier mehrere Verhaftungen vor und lagerten zu Mittag eine Meile unterhalb des Regierungsstützpunktes am San Saba River. Während wir zu Mittag aßen, legte sich mein Pferd, ein Grauer, hin um sich zu wälzen, rollte über eine zerbrochene Bierflasche und zerschnitt sich den Rücken so schlimm, dass er für eine Zeit ausfiel. Als die Eskorte nordwärts zog, wurde ich bei meiner alten Kompanie D zurückgelassen, bis Kompanie A in sechs Wochen auf dem Rückweg wieder eintreffen würde. Dadurch verpasste ich einige aufregende Unternehmungen, die auf dem Marsch nach Norden stattfanden.

Als Major Jones in Coleman City eintraf, fand er Befehle von Gouverneur Coke vor, die besagten, er habe eine Rangertruppe in das Lampasas County zu entsenden, um den dortigen zivilen Autoritäten dabei zu helfen, einen Krieg niederzuschlagen, der als die Horrell-Higgins-Fehde bekannt war. Second Sergeant N. O. Reynolds wurde von Kompanie A mit zehn Mann abkommandiert und beauftragt, nach Lampasas vorzurücken und sich beim Sheriff dieses Countys zu melden.

Nachdem er Coleman verlassen hatte, inspizierte Major Jones die nördlichste Rangerkompanie und begann den Rückmarsch. Dies sollte seine letzte Reise mit seiner Eskorte sein, weil er unmittelbar nach seiner Rückkehr nach Austin zum Generaladjutanten von Texas ernannt wurde. Weil es im Bataillon keinen Major mehr gab, wurde auch keine Eskorte mehr gebraucht und so nahm Kompanie A wieder ihren Platz in der Front als stationierte Kompanie ein. Captain Neal Coldwell wurde letztlich Quartiermeister des Bataillons und ich glaube als Major eingestuft.

Ich wurde von der Eskorte auf ihrem Rückmarsch bei Kompanie D aufgelesen und gehörte zur Kompanie A, als sie zur standortfesten Einheit im Frio County wurde.

Während des Spätsommers 1877, sammelte sich unter dem Kommando eines mexikanischen Generals namens Winkler im Maverick County in der Nähe des Eagle Passes eine Gruppe von Freischärlern und bereitete sich darauf vor, nach Mexiko einzudringen. Captain Coldwell, nun Befehlshaber von Kompanie A, wurde zum Rio Grande beordert, um diese Expeditionstruppe zu zerschlagen. Das führte er durch, indem er mehr als fünfzig

Teilnehmer verhaftete. Ich begleitete ihn auf dieser Unternehmung und sah den Sommer hindurch viel Grenzdienst.

Ich entsinne mich, ich war einer Patrouille zugeteilt, die unter Captain Coldwell hinüber ins Bandera County führen sollte. Der Captain nahm John Parker, Hawk Roberts und mich mit. In Lauf einer Woche fingen wir ungefähr zehn oder zwölf Gesuchte und füllten buchstäblich das kleine Gefängnis von Bandera.

Captain Coldwell stellte Hawk Roberts und mich ab, einen besonders üblen Kerl festzunehmen, der im Burnet County wegen Mordes gesucht wurde. Der Captain ermahnte uns, bei dem Mann kein Risiko einzugehen – das hieß, ihn zu töten, wenn er zögerte sich zu ergeben. Ich erinnere mich nicht an den Namen dieses Mörders, aber vollständig an die Einzelheiten seiner Verhaftung. Sheriff Jack Hamilton gab uns einen Führer mit, der uns zeigen sollte, wo der Flüchtige lebte. Der Mann führte uns etwa fünfzehn Meilen nordwestlich Banderas und wies schließlich auf das Haus, in dem sich der Mörder mutmaßlich aufhielt. Er weigerte sich dann, einen Schritt weiter mitzugehen und sagte, er wolle mit den Spielchen dieses Mannes nichts zu tun haben, der Bursche hätte gerade erst einen Deputy Sheriff zurechtgestutzt und ihn wie einen begossenen Pudel zurück nach Bandera geschickt.

Es war fast Nacht, als wir zum Haus kamen, also beschlossen Roberts und ich, bis zum Morgen zu warten, bevor wir die Verhaftung versuchen wollten. Wir banden unsere Pferde an, legten uns ohne Abendessen auf unsere Satteldecken und schliefen tief und fest bis zum Morgengrauen. Sobald es hell war, ritten wir zum Haus, stiegen ab, schlichen uns heran und ohne Ankündigung betraten wir den Raum. Der Mann, den wir haben wollten schlief auf einer Pritsche, neben seinem Kopf ein großer .45er mit weißem Griff. Hawk Roberts trat den Revolver außer Reichweite. Das Geräusch weckte den Schläfer. Er öffnete die Augen und stellte fest, dass er in das geschäftliche Ende zweier Winchester blickte, die ihm mit einem Fuß Abstand vor den Kopf gehalten wurden. Selbstverständlich gab er ohne Kampf auf. Seine Frau, die in einem Bett im selben Zimmer geschlafen hatte, sprang heraus und überhäufte uns mit allen möglichen Beschimpfungen, weil wir ohne Anzuklopfen ihr Heim betreten hatten. Sie war insbesondere auf Sheriff Hamilton erbost, der, so sagte sie, versprochen hatte, ihren Gatten zu benachrichtigen, sobald er gebraucht würde, so dass er sich hätte stellen können. Sie trug ihrem Mann nachdrücklich auf, bei der ersten Gelegenheit dem guten Sheriff Hamilton eine verdammt ordentliche Tracht Prügel zu verabreichen.

*

Während Kompanie A Outlaws entlang der Grenze zusammentrieb, bedeckte sich Sergeant Reynolds im Norden mit Ruhm. Als er in Lampasas eintraf und sich, wie von Major Jones befohlen, beim Sheriff meldete, wurde dem Sergeant berichtet, dass die Horrelljungs am Sulphur Fork, einem Nebenarm des Lampasas River lebten und die Amtsträger, die sie festnehmen wollten, nur missachteten.

Die Horrellbrüder waren geborene Texaner und an der Grenze aufgewachsen. Die Brüder, fünf von ihnen waren in die Fehde verwickelt (der sechste, John Horrell war in Las Cruces, New Mexico, zuvor getötet worden), waren exzellente Reiter und, mit Schusswaffen in den Händen groß geworden, blitzschnell mit der Winchester oder dem Revolver. Sam Horrell, der älteste, war verheiratet und hatte eine große Familie mit vielen Kindern. Er war Farmer und lebte ein ruhiges Leben am Lampasas River. Die anderen vier Jungs, Mart, Tom, Merritt und Ben waren alle Rinderleute. Sie waren fester Teil der Gesellschaft, wurden aber als gefährlich angesehen, wenn man sie reizte.

Damals war Lampasas ein Grenzort und was Saloons und Glücksspiel anging, weit offen. Die Horrells, wie alle Rinderleute dieser Zeit, liebten es, sich in der Stadt zu treffen, die Saloons zu besuchen und eine gute Zeit zu haben, vielleicht zu viel zu trinken und manchmal abends in der Stadt zum Spaß herumzuballern, wie sie das nannten. Einige der mehr frommen und mehr gesetzten Einwohner, die diesen nächtlichen Krawallen nichts abgewinnen konnten, riefen nach Gouverneur Edmund J. Davis, der sie schützen sollte. Gouverneur Davis hatte in Texas eine Staatspolizei aufgestellt. Natürlich waren ihre Mitglieder üble Republikaner und viele von ihnen wurden *Carpetbagger* [Nordstaatler, die nach dem Bürgerkrieg in den unterlegenen Süden kamen, um von der Niederlage der Konföderation zu profitieren] genannt. Diese Einheit war in Texas nie populär, besonders weil viele in der Truppe Neger waren.

Gouverneur Davis reagierte auf den Ruf der Bürger, indem er Captain Williams mit drei weißen Männern und einem Neger nach Lampasas verfügte. Unterwegs begegnete Captain Williams mehreren Fuhrleuten, die Fracht nach Austin transportierten, hielt einen von ihnen an, John Means, um ihn nach der Entfernung nach Lampasas zu fragen. Der Captain hatte getrunken und er erzählte Mr. Means, er würde in die Stadt reiten und mit diesen verdammten Horrelljungs aufräumen.

Die kleine Polizeischwadron erreichte Lampasas gegen drei Uhr nachmittags, band ihre Pferde auf der Plaza an ein paar

Lebenseichen und ließ den Neger dort, um auf sie aufzupassen. Die Staatspolizisten gingen dann schnurstracks in Jerry Scotts Saloon an der Westseite des Platzes. Mart, Tom und Merritt Horrell tranken im Saloon mit zehn oder fünfzehn Rinderleuten, spielten Billard und hatten allgemein eine gute Zeit. Ein Mann zupfte ein Banjo und ein anderer spielte Fiedel. Captain Williams, ein außerordentlich tapferer aber unkluger Mann, brachte sich augenblicklich ins Geschehen ein, indem er zur Bar schritt und Drinks bestellte. Er wendete sich Bill Bowen zu, einem Schwager Merritt Horrells, und sagte:

„Ich glaube, Sie haben einen Sechsschüsser. Ich verhafte Sie."

„Bill, du hast nichts angestellt und brauchst dich nicht verhaften lassen wenn du nicht willst", unterbrach Mart Horrell.

Wie der Blitz zog Captain Williams seinen Revolver, feuerte auf Mart Horrell und verwundete ihn schwer. Die Horrelljungs zogen ihre Waffen und begannen zu kämpfen. Captain Williams und einer seiner Männer, Dr. Daniels, wurden im Saloon niedergeschossen. William Cherry wurde draußen vor der Tür getötet und Andrew Melville wurde tödlich verwundet, als er zu entkommen versuchte. Er erreichte das alte Huling Hotel, wo er später starb. Beim ersten Revolverknall bestieg der Negerpolizist sein Pferd und legte einen John-Gilpin-Ritt nach Austin hin [John Gilpin, Gedicht von William Cowper, schildert den Ritt eines miserablen Reiters auf einem durchgehenden Pferd]. So wurden binnen eines Augenblickes vier Staatspolizisten getötet und nur einer der Horrells verwundet. Tom und Merritt Horrell trugen den verwundeten Mart zum Haus ihrer Mutter, das etwa zweihundert Yards von Scotts Saloon entfernt stand, stiegen danach auf ihre Pferde und ritten fort.

Große Aufregung in der Stadt. Die staatliche Bürgerwehr wurde einberufen und Gouverneur Davis jagte mehr Staatspolizei nach Lampasas. Sie suchten das Land nach den Horreljungs ab, doch umsonst.

Mart Horrell und Jerry Scott wurden festgenommen und nach Georgetown, Williamson County, gebracht und ins Gefängnis gesteckt. Mart Horrells Frau besuchte das Gefängnis, um ihren Mann zu pflegen und, natürlich, hielt sie ihre Schwäger über Marts Zustand auf dem Laufenden. Sobald er gesund war, stellten die Horrelljungs eine Bande auf, ritten ins Williams County und griffen nachts das Gefängnis an. Die völlig überrumpelten Bürger und Beamten von Georgetown lieferten einen harten Kampf, doch die Horrells hatten zehn oder fünfzehn gut eingespielte und gut bewaffnete Männer mitgebracht. Sie gingen an allen Wegen zum Gefängnis in Stellung und unterhielten mit ihren Winchestergewehren ein Dauerfeuer auf jeden, der zeigte, dass er ihnen Widerstand leisten wollte. Mr. A. S. Fisher, ein prominenter Anwalt in der Stadt, nahm aktiven Anteil am Kampf und wurde schwer verwundet. Bill Bowen wurde leicht verwundet, als er die Gefängnistür mit einem Vorschlaghammer zertrümmerte. Mart Horrell und Jerry Scott wurden befreit und ritten mit ihren Rettern davon.

Am folgenden Abend waren die Horrells wieder zurück im Lampasas County. Sie trafen sofort Vorbereitungen, die Gegend zu verlassen und nach New Mexico zu gehen. Sie hatten Bill und Tom Bowen, John Dixon, Ben Turner und sechs oder acht andere Männer um sich geschart, die so verzweifelt und gefährlich waren, wie sie selbst. Sie waren so Respekt einflößend, dass sie nicht länger versuchten, sich zu verbergen. Vielmehr sammelten sie offen und ohne dass sie jemand daran hinderte ihr Vieh ein und verkauften die restliche Habe an Cooksey und Clayton, frei Haus zu liefern im Coleman County. Sie teilten dem Sheriff sogar mit, an welchem Tag sie mit ihrer Herde durch die Russelschlucht ziehen wollten, aber sie wurden nicht behelligt.

Als Cowboy hatte ich für Cooksey und Clayton gearbeitet und war dabei, als sie Vieh an die Horrelljungs am Home Creek, Coleman County, lieferten. Ich aß mit den Gesetzlosen, die keine Anstalten machten, sich vor Gesetzeshütern zu verstecken, in ihrem Camp zu Mittag. Ich erinnere mich, dass sie mit Winchestern auf dem Schoß im Camp saßen.

Als alles fertig war, zogen die Horrells gemächlich mit ihren Familien und dem Vieh außer Landes und erreichten schließlich New Mexico und ließen sich an der Quelle des Hondo River im Lincoln County nieder. Sie hatten noch nicht viele Monate in ihrem neuen Heim verbracht, als Ben Horrell bei einem Fandango [spanischer Singtanz] in der Nähe von Fort Stanton erschossen wurde. Bens Brüder machten sich sofort auf den Weg zur Tanzhalle und töteten acht Mexikaner und eine Frau.

Das löste einen Krieg zwischen den Horrelljungs und der mexikanischen Bevölkerung entlang des Hondo River aus und es wird berichtet, dass in den darauf folgenden Kämpfen viele Mexikaner zwischen Fort Stanton und Roswell getötet wurden. In einer dieser offenen Feldschlachten wurde Ben Turner getötet. Turner war in allen Kämpfen, die von den Horrells in Szene gesetzt wurden, einer der Hauptakteure, war mit ihnen, als Captain Williams getötet wurde und war einer aus der Bande, die den Angriff auf das Georgetowngefängnis unternommen hatten. Seinen Tod spürten seine Kumpane deutlich.

Da sie sich nun in New Mexico selbst außerhalb des Gesetzes gestellt hatten, konnten sie in diesem Land nicht mehr länger bleiben. Sie kehrten nach Texas zurück und tauchten im folgenden Jahr in ihren alten Wirkungsgebieten im Lampasas County auf. Der Schock des Bürgerkrieges begann nachzulassen und der Staat stand nun unter ziviler Verwaltung mit einem Demokratischen Gouverneur im Amt. Die Freunde der Horrells rieten ihnen, sich den Behörden zu ergeben, um wegen der Tötung von Captain Williams und seiner Männer vor Gericht gestellt zu werden. Man sicherte ihnen einen fairen Prozess zu, mit den besten Bürgern von Lampasas County [als Geschworene]. Dem entsprechend stellten sie sich und wurden vor Gericht in allen Anklagepunkten freigesprochen.

Sie waren noch nicht lange auf freiem Fuß, als Merritt, der jüngste der Brüder, von Pink Higgins beschuldigt wurde, mit seinem Vieh gesetzwidrig umzugehen. Kurz danach, als Merritt unbewaffnet in Jerry Scotts Saloon auf einem Stuhl saß, kam Pink Higgins zur Hintertür herein und schoss auf ihn. So begegnete Merritt seinem Tod im selben Saloon, in dem er vier Jahre vorher Teil der Gruppe war, die Captain Williams getötet hatte. Zu dieser Zeit lebten Mart und Tom Horrell am Sulphur Fork des Lampasas River, wohin die Nachricht vom Tod ihres Bruders rasch ihren Weg zu ihnen fand. Sie bewaffneten sich und brachen zu einem Gewaltritt nach Lampasas auf.

Dieser Ritt war von der Pink-Higgins-Partei vorhergesehen worden. Sie lauerten den Horrelljungs außerhalb der Stadt auf und ihre ersten Schüsse töteten Tom Horrells Pferd und verwundeten Mart schwer. Tom ging alleine gegen die Angreifer vor und schlug sie in die Flucht. Teils stützte er dann seinen Bruder, teils trug er ihn zum Hause von M. Tinnis, einem

Nachbarn, wohin der Doktor eilends zu dem verwundeten Mann gerufen wurde.

Auf diese Weise wurde Lampasas County wieder zum Kriegsschauplatz mit Mart, Tom und Sam Horrell, Bill und Tom Bowen, John Dixon und Bill Crabtree auf der einen Seite und Pink Higgins, Bob Mitchell und ihren Freunden auf der anderen. Diese beiden Parteien begegneten sich in Lampasas und eine furiose Schlacht entbrannte in der Stadt. Auf jeder Seite wurde ein Mann getötet und die Bevölkerung in große Gefahr gebracht. Deswegen der Befehl des Gouverneurs an Major Jones, Ranger zur Unterstützung der Beamten von Lampasas zu entsenden.

*

Als Sergeant N. O. Reynolds sich beim Sheriff meldete, wurde er darüber in Kenntnis gesetzt, dass die Horrelljungs zehn Meilen östlich Lampasas lebten und zehn oder zwölf zum Äußersten entschlossene Männer bei sich hatten, so dass es den sicheren Tod eines jeden bedeutete, der versuchen sollte, sie gefangen zu nehmen.

„Aber, Mr. Sheriff, ich bin nun einmal hierhergeschickt worden, alle Gesetzesbrecher festzusetzen und es ist meine Pflicht, wenigstens den Versuch dazu zu unternehmen“, antwortete der tapfere Reynolds.

„Diese Männer wurden noch nie festgenommen“, erklärte Sheriff Sweet, „und es ist meine ehrliche Meinung, man kann es auch nicht.“

Reynolds fragte dann, ob der Sheriff ihm einen Führer schicken würde, der ihm zeigen könne, wo die Horrells lebten. Die Ranger verließen Lampasas spät in der Nacht und schließlich deutete der Führer auf ein flackerndes Licht, etwa eine Meile entfernt.

„Dort leben die Horrelljungs“, sagte er. „Ich gehe in die Stadt zurück.“

Gefragt, ob er die Ranger nicht zum Haus begleiten wolle, antwortete der Führer:

„Nein. Nicht für eine Million Dollar!“

Reynolds dachte, es sei das Beste, bis Tagesanbruch zu warten, bevor er die Verhaftungen versuchen wollte. Er plante, die Verbrecher zu überrumpeln, wenn möglich, aber wenn die Ranger entdeckt werden sollten und es zur Auseinandersetzung käme, würden sie bis zum letzten Mann kämpfen.

Sobald die Dämmerung kam, rückten sie zu Fuß zur Horrell Ranch vor. Es waren Momente großer Furcht, als sie sich dem Haus näherten, doch kein Laut war zu hören, nicht ein Hund bellte. Sergeant Reynolds und seine Männer schlichen auf Zehenspitzen schnurstracks in den Raum, in dem die Horrells schliefen. Einige der Männer lagen auf Pritschen auf dem Boden, während andere in Betten in dem einen, großen Raum schliefen. Jeder Ranger zielte mit einer durchgeladenen Winchester auf den Kopf eines Schläfers. Reynolds sprach dann Mart Horrell an. Beim Klang seiner Stimme saß jedermann aufrecht auf seiner Bettstatt und bemerkte, dass er in die Mündung eines Gewehres blickte. Der Sergeant erklärte schnell, dass er Ranger wäre und gekommen sei, sie festzunehmen. Mart entgegnete, sie könnten nicht kapitulieren und Tom Horrell sagte, es sei besser, kämpfend zu sterben, als sich dem Mob ausliefern zu lassen.

Das gab Reynolds das Stichwort. Er warnte die Gesetzlosen, falls sie irgendetwas anfangen würden, gäbe es in einer Minute ein Dutzend Tote in diesem Haus und er riet ihnen, sich anzuhören, was er zu sagen hätte. Er gab den Horrells dann sein Ehrenwort, dass er sie nicht dem Sheriff übergeben würde, damit sie von dem ins Gefängnis gesteckt oder dem Mob überlassen würden, vielmehr versprach er, sie würden unter Bewachung in sein Camp gebracht werden, bis es sicher sei, dass sie eine Voruntersuchung bekommen und sie eine Kaution hinterlegen würden.

„Jungs, das scheint vernünftig“, sagte Mart Horrell und stellte sich auf die Beine. „Ich glaube, diesen Rangern kann man vertrauen, dass sie uns beschützen. Abgesehen davon, diesen Kampf hat man uns aufgezwungen. Wenn wir eine Anhörung bekommen, können wir eine Kaution geben.“

Sie stimmten schließlich alle Sergeant Reynods‘ Vorschlag zu und zu Pferde wurden sie unter dem Schutz der Ranger nach Lampasas gebracht.

Die Neuigkeit von der Gefangennahme der Horrells verbreitete sich wie ein Lauffeuer in Stadt und Land. Hunderte Leute strömten nach Lampasas, um diesen Sergeant Reynolds zu sehen, den Mann, der das Unmögliche geschafft hatte: Diese Bande von Desperados zu fangen. Die Nachricht eilte nach Austin und General Jones persönlich eilte zum Ort des Geschehens. Diese Heldentat von Sergeant Reynolds brachte ihm enorme Anerkennung und er wurde mit sofortiger Wirkung zum First Lieutenant ernannt und erhielt das Kommando über eine Kompanie.

Die Horrells wurden nach einer Voranhörung gegen Kaution auf freien Fuß gesetzt. Nach ihrer Freilassung besuchte Mart

Horrell Lieutenant Reynolds und dankte ihm überschwänglich, dass er sein Versprechen gehalten hatte. Tränenströme im Gesicht, griff er sich die Hand des Lieutenants und sagte:

„Sie sind zweifellos der mutigste Mann der heutigen Welt.“

Etwa sechs Monate danach, wurde ein Händler vom Land im Bosque [Wald, insb. Auwald] County ermordet und sein Laden ausgeraubt vorgefunden und Mart und Tom Horrell, Bill Crabtree, John Dixon und Tom Bowen wurden des Verbrechens beschuldigt. Die zwei Horrells wurden verhaftet und ins Bosque County Gefängnis in Meridian geworfen. Während sie hier eingesperrt waren, stürmte der Mob das Gefängnis und schoss sie tot. Die Higgins- und Mitchellbanden stellten sich schließlich den Behörden. Pink Higgins wurde des Mordes an Merritt Horrell angeklagt und freigesprochen.

Das beendete die Fehde, aber für Lieutenant Reynolds begann ein neuer und wichtiger Abschnitt seiner Laufbahn als Ranger.

-o-

Dienst mit Reynolds dem Furchtlosen

Sobald Sergeant Reynolds zum First Lieutenant befördert worden war, wurde er als Befehlshaber von Kompanie E eingesetzt, die damals im Coleman County stationiert war, aber sofort nach Lampasas beordert wurde. Zur gleichen Zeit trat Captain Sparks als Kommandeur von Kompanie C zurück und auch dieser Kompanie wurde befohlen, sich in der Stadt bei Lieutenant Reynolds zu melden. Spät im August gingen die beiden Einheiten bei Hancock Springs ins Lager. Major Jones autorisierte Lieutenant Reynolds dann, sich aus diesen beiden Kompanien die Männer auszusuchen, die er für eine eigene Kompanie haben wollte. Anschließend würde Major Jones die Verbliebenen entweder entlassen, oder sie auf andere Kompanien verteilen. Keinem anderen Offizier des Bataillons, glaube ich, wurde jemals dieses Vorrecht eingeräumt.

Lieutenant Reynolds hatte eine Woche oder zehn Tage, um seine Wahl zu treffen und er studierte die Personalakten der Kompanien sorgfältig. Er hatte als Ranger unter so großen Captains gedient wie Perry, D. W. Roberts, Neal Coldwell und unter Major Jones selbst. Er wusste, welche Qualitäten ein guter Ranger mitbringen musste und traf seine Auswahl entsprechend. Aus der alten Kompanie A nannte Reynolds C. L. Nevill, Tom Gillespie, Shape Rodgers, Jack Martin, W. T. Clements und vier andere, an deren Namen ich mich heute nicht mehr erinnere. Das waren die Ranger, die ihm dabei geholfen hatten, die Horrells festzunehmen und natürlich seine erste Wahl. Aus Kompanie E kam Dick Ware dazu, der ein Jahr später den bekannten Eisenbahnräuber Sam Bass tötete und danach für viele Jahre dem Mitchell County als sein erster Sheriff diente und schließlich von Präsident Cleveland zum United States Marshal für den Westdistrikt von Texas ernannt wurde. Henry Thomas, Millard Mourland, George Arnett und andere Jungs aus Kompanie E wurden ausgewählt, dazu aus Kompanie C Henry Maltimore, Ben und Dock Carter, Bill Derrick, Chris Connor, Henry McGee, Abe Anglin, J. W. Warren, Dave Ligon, Lowe Hughes, George (Hog) Hughes und andere.

Als er die zwei Kompanien dezimiert hatte, wendete sich Reynolds an General Jones und sagte:

„Da gibt es unten am Rio Grande in Neal Coldwells Kompanie einen Ranger, den ich haben will."

„Wer ist das?" fragte der General.

„Private Jim Gillett."

„Sie werden ihn haben", versprach General Jones. „Ich werde an Captain Coldwell heute abend eine Weisung schicken, dass sich Gillett hier bei Ihnen melden soll."

*

Es war spät abends, als die Post für Kompanie A aus Frio Town kam, doch Captain Coldwell schickte nach mir, gleich nachdem General Jones' Order eingetroffen war und teilte mir mit, ich müsse die Kompanie am nächsten Morgen verlassen und mich beim Generaladjutanten in Austin melden. Ich war perplex, weil ich nicht wusste, was dieser Befehl zu bedeuten hatte. Hier draußen im Grenzland, wo wir damals operierten, lasen wir selten Zeitung oder erfuhren kaum, was die anderen Kompanien machten. So wusste ich noch nicht einmal, dass Reynolds die Horrelljungs gefangengenommen hatte und als Kommandeur von Kompanie E eingesetzt worden war. Den folgenden Morgen sagte ich Captain Coldwell und den Jungs der Kompanie A *Auf Wiedersehen* und begann meinen langen Ritt nach Austin.

Während ich so dahintrabte, fragte ich mich viele Male, warum ich den Befehl bekommen hatte, mich in Austin zu melden und wie einen kleinen Jungen, machte mich das nervös und bedrückt. Ich brauchte zwei Tage nach San Antonio und drei weitere, um nach Austin zu reiten. Ich traf in letztgenannter Stadt bei Anbruch der Nacht ein, doch war ich im Büro des Generaladjutanten, sobald es am folgenden Morgen geöffnet wurde.

Augenblicklich trat General Jones ein, begleitet von einigen Offizieren der staatlichen Miliz. Er schüttelte mir die Hand, bat mich, Platz zu nehmen und erklärte, er habe im Augenblick noch einige Angelegenheiten zu erledigen. Es dauerte wahrscheinlich eine Stunde, bevor die Offiziere gingen und sich der General mit mir befassen konnte. Er erkundigte sich sehr freundlich, wie meine Reise war und fragte nach Captain Coldwell und der Kompanie. Er berichtete mir dann von der Verhaftung der Horrelljungs und Sergeant Reynolds‘ Beförderung zum First Lieutenant, der Kompanie F übernommen hatte, weil Lieutenant Foster quittierte. Er erklärte, dass Reynolds um meine Versetzung zu seinem Kommando nachgesucht hatte und befahl mir, mich ohne Verzug bei meinem neuen Kommandeur in Lampasas zu melden.

Ich empfahl mich unverzüglich und verlor keine Zeit, mein Pferd aus dem Mietstall zu holen und mich auf den Weg zu machen. Ein großer Stein war mir vom Herzen gefallen und ich war ungefähr so glücklich wie ein Junge. Ich sang und pfiff den ganzen Weg nach Liberty Hill, dreißig Meilen von Austin entfernt. Den folgenden Tag, etwa zwei Uhr nachmittags, ritt ich in Reynolds‘ Lager in Hancock Springs.

Ich zog einige Aufmerksamkeit auf mich, als ich einritt, weil ich einen großen, silbergeschmückten Mexikanerhut trug und eine Wildlederjacke mit Fransen von den Schultern zu den Ellenbogen und mit einem Haufen Blumen aus grellbuntem Seidengeflecht auf dem Rücken. An meinen Absätzen steckten enorme mexikanische Sporen. Ich habe nie einen Ranger gesehen, der das erste Mal an den Rio Grande geschickt wurde und sich nicht mit diesem irgendwie ausländischen Aufzug ausstaffierte, nur um ihn ein paar Wochen später wieder abzulegen und ihn niemals mehr zu tragen. Ich war keine Ausnahme und ich denke, jeder Mann im Camp machte sich über meinen Hut lustig.

Lieutenant Reynolds suchte sich C. L. Nevill als First Sergeant aus, Henry W. McGee als Second Sergeant und J. W. Warren und L. W. Conner First und Second Corporal in dieser Reihenfolge. Am 1. September 1877 wurde die Kompanie vereidigt. Das neue Kommando mit diesen Männern war die eindrucksvollste Einheit, die ich je gesehen habe.

Unser Kommandeur, Lieutenant Reynolds, war über sechs Fuß groß und wog wahrscheinlich einhundertundfünfundsiebzig Pfund. Er war ein sehr gutaussehender Mann, vollkommen blond mit stahlblauen Augen und einem langen, hellen Schnurrbart. Damals war er etwa dreißig, kraftvoll in Körper und Geist und war massiv entschlossen, als Ranger Erfolg zu haben. Er war von origineller, mutiger, tiefsinniger und wendiger Wesensart, mit einer Willenskraft, die kein Widerstand einschüchtern konnte. Er war der beste Ranger der Welt – es gab keinen anderen wie ihn.

Der Lieutenant wurde in Missouri geboren und war immer als Major oder *„Mage“* Reynolds bekannt. Man sagt, dass Reynolds, obwohl noch ein Junge, bei den Konföderierten im letzten Abschnitt des Bürgerkrieges gedient hat. Er war bei einer Abteilung, die eine Truppe Unionskavallerie gefangengenommen hat, die meisten von denen waren gut eingekleidet. Die Südstaatler jedoch, trugen sehr abgerissene Kleidung und Reynolds beschlagnahmte die Uniform des feindlichen Majors, daher sein Spitzname *„Mage“*. In späteren Jahren, als ich mit ihm zunehmend vertraut wurde und zu ihm wahrscheinlich ein engeres Verhältnis hatte, als irgendwer sonst, erwähnte ich diese Geschichte. Er bestätigte sie weder, noch verneinte er sie und erklärte, er sei Missourianer von Geburt, Stiefelschuster von Beruf und dass die Geschichte seines früheren Lebens niemanden interessieren könne.

First Sergeant Nevill war sechs Fuß und einen Inch groß und wog einhundertfünfundachtzig Pfund. Alle Unteroffiziere waren mindestens sechs Fuß groß und wohlproportioniert und viele Privates waren zwischen fünf Fuß, elf Inches bis sechs Fuß groß.

Ich war vermutlich der leichteste Mann der Kompanie: Nur fünf Fuß, neun Inches und einhundertvierzig Pfund.

*

Als die Mannschaftsliste der Kompanie komplett war, hatte Lieutenant Reynolds achtundzwanzig Mann und es fehlten noch zwei auf die volle Stärke von dreißig. Die Kompanie wurde dann nach Austin beordert, aber bevor ihr dort ihr Standort im Grenzland zugewiesen wurde, schrieb der Lieutenant John und Will Banister ein, zwei berühmte Grenzer. Sie waren erfahrene Cowboys, glänzende Reiter, gute Schützen und sehr vertraut mit jedem Teil der Countys Kimble, Menard, Mason und Kerr, wo Kompanie E operieren sollte. Im Vergleich zu allen anderen *„dreißig Rangern“*, die je ins texanische Grenzland geschickt wurden, schnitt diese Kompanie in Erscheinungsbild und Fähigkeit vorteilhaft ab. Nahezu jeder Mann der Kompanie brachte mehr oder weniger Diensterfahrung mit und alle waren überdurchschnittlich gute Scharfschützen. Sergeant Henry McGee war Marshal von Waco gewesen und hatte mehrere Revolverduelle in dieser Stadt bestanden. Dave Ligon, der älteste

Mann im Kommando, war Soldat der Konföderation gewesen und hatte in General Forrests Kavallerie gedient.

Im Sommer 1877 fing Lieutenant Armstrong aus Captain Halls Kompanie, unterstützt von Detective Duncan aus Dallas, Texas, den berüchtigten John Wesley Hardin. Ein paar Witzbolde behaupteten, dass Texas, der größte Staat in der Union, nie einen echten Weltmeister in irgendwas hervorgebracht hat. Sicherlich haben diese Nörgler Hardin übersehen, den Weltmeister der Desperados. Sein Leben ist in Texas zu gut bekannt, als dass ich ins Detail gehen müsste, aber, wie in seiner Autobiografie nachzulesen ist – sie liegt vor mir – tötete er nicht weniger als siebenundzwanzig Männer, als letzten Charley Webb, Deputy Sheriff des Brown County, Texas. Hardin war so berüchtigt, dass der Staat Texas 4.000 Dollar Belohnung für seine Ergreifung aussetzte. Hardin hatte Texas verlassen und wurde in Florida verhaftet. Die Männer, die in gefangen nahmen, überwältigten ihn, als er in einer Reisekutsche saß.

Im September 1877 kam Sheriff Wilson vom Comanche County, in dessen Amtsbezirk Hardin Webb getötet hatte, nach Austin, um den Gefangenen nach Comanche zu überführen, wo er vor Gericht gestellt werden sollte. Wilson ersuchte den Gouverneur um eine Rangereskorte. Lieutenant Reynolds‘ Kompanie war zu der Zeit in Austin und erhielt den Auftrag, Wilson zu begleiten und Hardin vor gewalttätigen Übergriffen des Mobs zu schützen. Das war die erste Arbeit, die Kompanie E unter ihrem neuen Kommandeur übertragen wurde.

An dem Tag, als wir Austin verließen, hatten sich zwei- bis dreitausend Leute um das Travis County Gefängnis versammelt, um sich diesen berühmten Outlaw anzusehen. Die Ranger zogen direkt vor dem Gefängnis auf und Henry Thomas und ich erhielten den Befehl, hinein zu gehen und Hardin heraus zu eskortieren. Schwer mit Handschellen und Fußketten gefesselt, ging der Häftling zwischen uns sehr langsam. Der Junge, der Fisch und Wildpret in den Straßen Austins verkauft hatte, bewachte nun den gefährlichsten Kriminellen von Texas; das war mir genug Ruhm.

Im Prozess wurde Hardin schuldig gesprochen und zu fünfundzwanzig Jahren Zuchthaus verurteilt. Er ging in Berufung, wurde ins Travis County zurückgebracht und in Sicherungsverwahrung genommen. Das Urteil der Erstinstanz wurde bestätigt und ein Jahr später, im September 1878, bekam Lieutenant Reynolds‘ Kompanie den Befehl, Hardin zum Haftantritt zurück ins Comanche County zu bringen. Damals gab es keine Eisenbahn nach Comanche, deshalb eskortierte eine Abteilung Ranger, darunter ich, Hardin zum Zuchthaus. Es gab in unterschiedlichen Countys noch zehn oder zwölf weitere, anhängige Klageschriften wegen Mordverdachts, allerdings wurde ihnen nie nachgegangen.

Hardin saß siebzehn Jahre seiner Strafe ab und studierte im Gefängnis Jura. Gouverneur Hogg begnadigte ihn 1894 und gab ihm die vollen Bürgerrechte zurück.

Entgegen allen Ratschlägen, die ihm angesehene Rechtsanwälte und Bürger gaben, war Hardin der Aufgabe, ein nützlicher Mann zu werden, nicht gewachsen. Er praktizierte in Gonzales eine Zeit lang als Anwalt, dann trieb es ihn nach El Paso [Stadt in der westlichsten Ecke von Texas am Rio Grande], wo er zu trinken und zu spielen begann.

Am 19. August 1895 stand er an einem Tresen und schüttelte die Würfel, als John Selman, Polizist des 1. Stadtbezirks, sich ihm von hinten näherte und ihm mit dem Revolver das Gehirn aus dem Schädel blies. Obwohl er sich als Polizist gebärdete, war Selman selbst ein Gesetzloser und Mörder der übelsten Sorte. Er tötete Hardin für die Bekanntheit, die ihm das bringen würde und für sonst nichts.

*

Nachdem Lieutenant Reynolds im Jahre 1877 Hardin dem Sheriff vom Travis County übergeben hatte, wurde er zur Pflichterfüllung ins Kimble County beordert. Von allen Countys in Texas war damals das Kimble County bei Gesetzlosen und Kriminellen am populärsten, weil es südlich des Menard Countys am North- und South Llano River lag, mit Zedern-, Pecan- und Mesquitewäldern, in denen man sich verstecken konnte, während die Flüsse und Berge in Mengen Fisch, Wild und verwildertes Vieh zum Lebensunterhalt lieferten.

Am South Llano lebte Jimmie Dublin. Seine Familie war kinderreich, die meisten von ihnen erwachsen. Der älteste seiner Jungs, Dick, oder Richard, wie er getauft war, und ein Freund, Ace Lankford, töteten zwei Männer in einem Dorfladen in Lankfords Cove, Coryell County, Texas. Der Staat setzte auf die Ergreifung Dublins 500 Dollar aus und das County Coryell zusätzlich 200 Dollar. Um sich in Sicherheit zu bringen, flohen Dick und sein Kumpan nach Westen ins Kimble County. Als ich Ende 1873 noch als Cowboy bei Joe Franks arbeitete, lernte ich die zwei Mörder kennen, weil sie sich unserer Mannschaft angeschlossen hatten. Sie waren stets bewaffnet und aus Furcht, verhaftet zu werden, ununterbrochen auf der Hut. Dublin war ein großer Mann, korpulent und die Haut seines Gesichtes war braun und er sah mehr wie ein Raufbold beim Preisringen aus, als wie der Cowboy, der er war. Ich hörte oft, wie er sagte, dass er niemals aufgeben würde. Während er mit uns verwilderte Kühe jagte, entdeckte er, dass die buschbestandene, unübersichtliche Gegend des Kimble County jemandem wie ihm Unterschlupf bot und er überredete seinen Vater in dieses County zu ziehen.

Dublin lebte noch nicht lange im Kimble County, als ein anderer Sohn, Dell Dublin, Jim Williams tötete, einen Nachbarn. So waren zwei der Dublinjungs auf der Flucht und wegen Mordes gesucht. Man nahm an, dass sie sich in der Näher des Hauses ihres Vaters versteckt hielten. Von Bill Allison, Starke Reynolds und einer Anzahl Pferde- und Viehdieben, Banditen und Mördern war bekannt, dass sie sich im Kimble County aufhielten. Also wurde Lieutenant Reynolds mit seiner Kompanie geschickt, um mit ihnen aufzuräumen.

Es war spät im Oktober 1877, als die Kompanie ihren Zielort erreichte und am North Llano River, unterhalb der Mündung des Bear Creek, ihr Biwak aufschlug. Sobald unsere Pferde ausgeruht waren und das Lager vollständig für den Winter eingerichtet, begannen wir unsere Streifzüge. Mehrere wegen geringerer Vergehen gesuchte Männer wurden verhaftet. Wir nahmen uns dann Luke Stones Ranch vor, die etwa zehn Meilen von unserem Camp entfernt lag, und fingen Dell Dublin. Er war fürchterlich wütend, als er feststellte, dass Flüchten unmöglich war. Er riss seine Hemdbrust auf und verlangte von den Rangern, dass sie ihn erschießen sollten. Während er entwaffnet wurde, ritt sein älterer Bruder, Dick, aus dem Gestrüpp und geriet in Schussweite, bevor er die Anwesenheit der Ranger auf der Ranch bemerkte. Er wendete schnell sein Pferd und entkam, obwohl die Ranger ihn ein Stück verfolgten und viele Schüsse auf ihn abfeuerten. Als Dick erfuhr, dass die Banisterjungs und ich in Lieutenant Reynolds‘ Kompanie und ihm dicht auf den Fersen waren, erinnerte sich an uns als bartlose Knaben aus Joe Franks‘ Kuhmannschaft und er erklärte, er würde uns mit einer Peitsche verhauen, wie ein Mann einen Hund verhaut, wenn er uns je begegnen würde. Allerdings unternahm er nie den Versuch, seine Drohung in die Tat umzusetzen, sondern achtete sehr gewissenhaft darauf, uns aus dem Weg zu gehen - bis der tödliche 18. Januar 1878 kam.

Es gab im Kimble County kein Gefängnis, so brachte ich mit einer Abteilung Ranger Dell Dublin und unsere anderen Gefangenen in den Kerker des Llano County.

*

Kurz danach wählte Reynolds Sergeant McGee, Tom Gillespie, Dick Harrison und Tim McCarthy aus, und ging auf Streife ins Menard County. Er hatte auch seinen Negerkoch George dabei, der seinen leichten Wagen fuhr. Auf dem Rückweg zum Bear Creek, kampierte die Streife über Nacht bei Fort McKavett. In diesen Zeiten hatte jeder Militärposten im Grenzland sein *Chihuahua* oder *Scab Town*, eine kleine Ansiedlung mit Spielhallen, Saloons, etc., um die Dollars der Soldaten einzufangen. In Fort McKavett gab es viele entlassene Soldaten, einige von ihnen waren Neger von der Zehnten Kavallerie. Diese Schwarzen hatten sich mit den Spielern und unanständigen Frauen zusammengetan, bis sie von sich glaubten, weißen Männern gleichwertig zu sein und gemein und überheblich wurden.

In dieser speziellen Nacht, gaben diese ex-Negersoldaten ein Tanzvergnügen in Scab Town und unser Neger, George, wollte hingehen. Er war ein hellbrauner Mulatte, beinahe weiß, aber alle Jungs der Kompanie dachten gut über ihn. Er bekam Lieutenant Reynolds‘ Erlaubnis, zum Tanz zu gehen und borgte sich Tim McCarthys Revolver, um ihn mitzunehmen. Als George in der Tanzhalle ankam, schätzten die ex-Soldaten sein Erscheinen nicht, weil er zu den Rangern gehörte, die von ihnen verachtet wurden. Sie sprangen George an, nahmen ihm seinen Revolver ab und jagten ihn mit Fußtritten davon. Die Jungs lagen alle in den Betten, als George zurückkam und McCarthy erklärte, dass ihm die Neger von der Tanzhalle dessen Revolver abgenommen hätten.

Lieutenant Reynolds hatte nebenan geschlafen und hörte, was George sagte. Er stützte sich auf seinen Ellenbogen und befahl Sergeant McGee, mit McCarthy und George hinzugehen und den Revolver zu holen. Die Neger sahen McGee kommen, verschlossen die Tür und verwehrten ihm den Zutritt zum Tanzsaal.

McGee war kaltblütig und vorsichtig. Er riet den Negern den Revolver herauszugeben, doch sie lehnten ab, sagten, sie würden die erste weiße Nase töten, die versuchen würde, ins Haus zu kommen. Der Sergeant postierte sich dann an der Vordertür, befahl McCarthy, die Hintertür des Gebäudes zu bewachen und schickte George nach dem Lieutenant. Reynolds eilte zum Ort des Geschehens und brachte Tom Gillespie und Dick Harrison mit. Er klopfte an die Tür und erklärte den Schwarzen, er sei der Kommandeur der Ranger und verlangte, dass sie klein beigaben. Sie entgegneten und schworen, dass sie das nicht tun würden. Reynolds ordnete dann an, dass die Frauen das Haus verlassen sollten und gab den Negern dann fünf Minuten, um sich zu ergeben. Bis zu diesem Zeitpunkt waren die Frauen still gewesen, aber jetzt begannen sie zu kreischen. Das demoralisierte die Männer vermutlich. Einer von ihnen stocherte McCarthys Revolver, Mündung voraus, zum Fenster hinaus.

„Hier komm, nimm deinen verdammten Revolver“, sagte er.

McCarthy, ein neuer Mann im Dienst, trat vor und griff danach. In dem Moment, als der Neger die Berührung durch McCarthys Hand auf der Waffe spürte, drückte er ab. Die Kugel durchschlug McCarthys Körper knapp oberhalb des Herzens und verwundete ihn tödlich.

Beim Knall des Revolvers eröffneten die Ranger das Feuer durch die Türen und Fenster auf die Neger im Haus. Reynolds und seine Männer stürmten dann die Halle und als sich der Pulverdampf der Schlacht verzog, fanden sie vier tote Männer und ein kleines Mädchen, das versehentlich getötet worden war. Nur ein Schwarzer entkam. Er hatte sich unter einem Bett versteckt und als die Ranger eindrangen, stürzte er hinaus in die Nacht und brachte sich in Sicherheit. McCarthy starb am folgenden Tag und wurde in der Nähe von Fort McKavett beerdigt. Der Neger George kämpfte wie ein Tiger und gewann die lobende Anerkennung der Jungs.

*

Ein paar Tage darauf kam der Sheriff vom Tom Green County in unser Lager. Er folgte von San Angelo der Spur einer gestohlenen Rinderherde. Lieutenant Reynolds schickte Sergeant Nevill und einen Streiftrupp Ranger mit dem Sheriff. Die Spur führte hinüber zum South Llano, wo die Rinder versteckt waren. Während er mit einem Ranger die Umgebung der Herde absuchte, entdeckte Sergeant Nevill einen Mann, der auf der Spur zurück auf die beiden zu ritt. Er und sein Begleiter verbargen sich und erwarteten die Ankunft des Fremden. Es wurde schon recht dunkel und als der Neuankömmling beinahe über die versteckten Ranger ritt, ohne ihre Anwesenheit zu bemerken, gaben die sich zu erkennen, präsentierten ihre Gewehre und befahlen ihm anzuhalten.

„Ja zur Hölle!“ rief er, riss sein Pferd herum und tauchte in einem Zederndickicht unter. Ein Kugelhagel folgte ihm, traf den Flüchtenden aber nicht. Es war der berüchtigte Dick Dublin, auf den 700 Dollar Kopfgeld ausgesetzt waren.

Sergeant Nevill kam ins Camp zurück mit ungefähr fünfzig Stück Vieh, bei denen das Brandzeichen mit einem heißen Eisen verändert worden war, aber er hatte den allerberüchtigtsten

Kriminellen im County entwischen lassen. Lieutenant Reynolds war darüber enttäuscht und sagte, er verstehe nicht, wie vier Asse von Rangern einem Mann erlauben konnten, sie zu überreiten und sich dann aus dem Staub zu machen. Er behauptete, sein Negerkoch George hätte Dublin töten können, wenn er an ihrer Stelle gewesen wäre. Das beschämte die Jungs ungeheuer.

*

In der zweiten Dezemberhälfte 1877 schickte Lieutenant Reynolds eine Streife an den Little Saline, Menard County. Am Weihnachtsfeiertag hatte diese Abteilung ein Bewegungsgefecht mit vier Männern. John Collins, der Mann der ein Ochsenfuhrwerk in Fredericksburg [Texas] gestohlen und es bis auf zwei Meilen zu unserem Lager gefahren hatte, wurde gefangengenommen, ebenso John Gray, wegen Mordes in einem der östlichen Countys gesucht. Jim Pope Mason, des Mordes an Rance Koore angeklagt, nahm an diesem Scharmützel teil, entkam allerdings.

*

An einem kalten Morgen Mitte Januar, wurde Corporal Gillett mit den Privates John und Will Banister, Tom Gillespie, Dave Ligon und Ben Carter auf eine fünftägige Streife geschickt. Wir sattelten unsere Pferde und bepackten zwei Maultiere. Als alles bereit war, ging ich zu Lieutenant Reynolds. Er saß auf einem Campstuhl vor seinem Zelt und schien, irgendetwas konzentriert zu studieren. Ich salutierte und fragte nach Befehlen.

„Nun, Corporal“, sagte er, nachdem er einen Moment gezögert hatte, „es ist wieder die Fahndung nach Dick Dublin. Dieser Mann scheint ein regelrechter Jonas [Bibel: Jonas mit dem Wal, Unglücksbringer] für diese Kompanie zu sein. Er lebt nur zehn Meilen von hier und ich war überaus enttäuscht, dass welche nicht in der Lage waren, seine Verhaftung zustande zu bringen. Das fällt auf die gesamte Kompanie D zurück. Ein Ding ist mal sicher, wenn ich ihn schon nicht festnehmen kann, werde ich ihm das Leben schwer machen. Ich werde ständig eine Streife im Feld haben, die ununterbrochen hinter ihm her ist.“

Ich fragte dann, ob er irgendwelche Instruktionen hinsichtlich der Route hatte, die ich nehmen sollte.

„Nein, nein“, antwortete er. „Ich baue zu sehr auf Ihr Urteilsvermögen, um Sie mit Befehlen zu behindern. Sobald Sie einmal außer Sichtweite des Lagers sind, kennen Sie diese Berge und Pfade besser als ich. Gehen Sie einfach und tun Sie Ihr Bestes. Wenn Sie mit ihm in Kontakt geraten, lassen Sie ihn nicht entkommen.“

Nachdem wir eine halbe Meile weit aus dem Lager geritten waren, begannen die Jungs zu fragen, wohin wir gingen und hinter wem wir her waren. Ich sagte ihnen Dick Dublin. Wir verließen die Straße und zogen südwärts des Lagers zur Quelle des Pack Saddle Creek. Hier wendeten wir uns bachabwärts und durchkämmten die Potter Ranch, doch war niemand zu Hause und so ritten wir in den Zedernwald, ohne gesehen worden zu sein.

Ich wusste, an den äußersten Quellgewässern des South Llano River hatten irgendwelche Rinderleute ein großes Viehgatter gebaut und benutzten es, um wilde Rinder einzupferchen. Das war weit außerhalb jeder Ansiedlung und wahrscheinlich fünfzig oder sechzig Meilen von unserem Camp entfernt. Ich dachte, es wäre möglich, dass Dick Dublin dort vielleicht herumhängen würde, deshalb näherten wir uns den größten Teil des Weges durch den Wald gedeckt. Doch angekommen stellte ich fest, dass die Rinderleute weitergezogen waren.

Unsere Streife war nun zwei Tage draußen und wir machten uns auf den Rückweg. Wir ritten um die fünfundzwanzig Meilen am dritten Tag. Der vierte Tag war der 18. Januar 1878 und ich teilte ihn mir so ein, dass ich die Potter Ranch am Abend erreichen würde. Der alte Potter, ein Freund und Nachbar Dublins, lebte hier mit zwei erwachsenen Söhnen. Es war bekannt, dass Dublin bei ihnen regelmäßig verkehrte und ich hoffte, ihn hier zu überraschen und festzunehmen. Wir nahmen unseren Pferden die Sättel ab und bereiteten uns darauf vor, das Ranchhaus, eher eine Hütte, zu revidieren. Wenn wir keinen Erfolg haben sollten, würden wir die Nacht über in der Nähe biwakieren. Ich ließ John Banister und Ligon als Lagerwache zurück, während Gillespie, Will Banister und Ben Carter mit mir zu Fuß auf die Ranch zugingen. Wenn ich niemanden antreffen würde, beabsichtigte ich, ungesehen zu unserem Biwak zurückzugehen und die Ranch am folgenden Morgen nochmals durchzuarbeiten.

Wir waren noch nicht weit gekommen, als wir einen Mann ausmachten, der langsam den Pfad zur Potter Ranch hinabritt. Wir hielten uns verborgen und schafften es, unbemerkt auf fünfzig Yards an das Haus heranzukommen. Wir machten nun in einem Bachbett halt, hockten uns für eine kurze Beratschlagung in das seichte Wasser. Das Ein-Zimmer-Haus hatte nur eine Tür und davor stand ein kleiner Wagen. Die Potters kochten Essen über einem Feuer im Freien zwischen dem Haus und dem Wagen. Wir sahen ein Pferd, das an der Südseite des Fahrzeugs angebunden war, Wagen und Pferd verdeckten jedoch das Lagerfeuer. Rechts von uns, in ungefähr fünfundzwanzig Schritten Distanz, lud der alte Potter mit einem seiner Söhne ein paar Schweine von einem Fuhrwerk in einen Pferch.

Wir wussten, in dem Moment, in dem wir aus dem Bach stiegen, würden wir voll in Sicht der Potters und des Ranchhauses sein. Wir beschlossen dann, dass wir so schnell an das Haus herankommen wollten, wie wir rennen konnten und so eine gute Position hätten, um den Mann festzunehmen, der zum Lagefeuer vor dem Haus geritten war.

Wir stürmten aus dem Bachbett. Der alte Potter entdeckte uns sobald wir zu sehen waren und schrie:

„Lauf, Dick, lauf! Die Ranger kommen!“

Wir wussten damit, der Mann, den wir suchten war am Lagerfeuer. Wir waren Dublin so nah, dass er weder Zeit hatte, sein Pferd zu besteigen, noch zu seiner Waffe zu greifen, also rannte er Richtung Unterholz. Ich war nicht weiter von ihm entfernt, als etwa fünfundzwanzig Yards, als er so schnell wie ein großer Mann laufen konnte, hinter dem Wagen hervorkam. Ich befahl ihm, stehenzubleiben und sich zu ergeben, hatte aber diesen Ruf schon zu oft gehört und lief weiter. Ich hatte meinen Winchesterkarabiner in der rechten Hand und gab einen Schuss auf Dublin ab, während ich lief. In diesem Moment verlor ich ihn aus den Augen.

Ich rannte zu der Stelle, wo ich ihn zuletzt gesehen hatte und erspähte ihn, wie er eine kleine Bodenrinne hinauf hastete. Ich stoppte, schickte ihm eine Kugel nach und befahl ihm erneut stehen zu bleiben. Im Rennen steckte Dublin seine Hand unter seinen Mantel, als ob er einen Revolver ziehen wollte. Ich feuerte. Meine Kugel traf den Flüchtigen von hinten in die Taille knapp über dem rechten Hüftknochen und trat wieder neben seinem linken Schlüsselbein aus. Sie tötete ihn auf der Stelle. Er hatte sich im Laufen vornübergebeugt, daher der ungewöhnliche Weg meiner Kugel.

Die Jungs, die ich abgehängt hatte, schlossen nun zu mir auf und Carter feuerte zwei Schüsse auf Dublin, als er schon auf dem Boden lag. Ich befahl ihm, das zu unterlassen, weil der Mann tot war. Ich untersuchte die Leiche, um mich zu vergewissern, dass es Dublin war, da ich ihn sehr gut kannte, weil ich mit ihm Rinder gefangen hatte, bevor ich ein Ranger wurde. Wir fanden ihn unbewaffnet, doch trug er einen vollen Patronengürtel um die Hüfte. Er war von unserem Auftauchen so völlig überrascht gewesen, dass er nichts anderes tun, als davonlaufen konnte. Die 700 Dollar Belohnung für ihn, konnten wir nicht einstreichen, weil sie für seine Ergreifung und Verurteilung ausgesetzt war. Dublins Brüder, Role und Dell, schworen mir und den Banisterjungs Rache, allerdings hatte der Eid nie irgendwelche Auswirkungen.

*

Im Februar 1878, brach Lieutenant Reynolds mit fünf Häftlingen, die wir in den Countys Kimble und Menard festgenommen hatten, nach Austin auf. Sie waren zu Paaren aneinander gekettet, nur John Stephens, der fünfte Mann, war einzeln gefesselt. Als Bewachung für diese Häftlinge hatte Reynolds Will und John Banister, Dave Ligon, Ben Carter, Dick Ware und mich abgestellt.

An der Junction City und Mason Straße, etwa zehn Meilen östlich unseres Lagers, Lag die kleine Ranch von Starke Reynolds, ein Flüchtling vor der Rechtsprechung, angeklagt wegen Pferdediebstahls und versuchten Mordes. Kompanie E hatte nach ihm im Kimble County gefahndet und seine Ranch viele Male auf den Kopf gestellt. Wir wussten, er war im County, brachte es aber immer fertig, uns zu entwischen. Als wir an dieser Ranch vorbeikamen, ritten Lieutenant Reynolds, die Privates Ware, Carter, Ligon und ich an der Spitze, gefolgt von unserem Maultiervierspänner, in dem die Häftlinge saßen. Dahinter kamen die Banisters, die an diesem Tag Wache hatten und eingeteilt waren, die festgenommenen Gesetzlosen ständig im Auge zu haben.

Wir passierten Starke Reynolds Haus ungefähr zehn Uhr morgens und Lieutenant Reynolds merkte an, dass es sich zwar kaum lohnen würde, uns das Haus wieder vorzunehmen, wie wir das in der Vergangenheit schon so oft und ohne Ergebnis gemacht hatten, dass es uns aber sicher gefallen würde, den Burschen zu fassen. Wir waren noch keine halbe Meile an der Ranch vorübergeritten, als wir Starke selbst von Angesicht zu Angesicht begegneten. Er war ein kleiner Mann und saß auf einem außergewöhnlich guten, braunen Pony. Der Abstand zwischen uns betrug etwa hundert Yards und wir bemerkten einander im selben Moment. Vor dem Outlaw lag ein kleiner Sack Mehl. Den warf er sofort vom Pferd, wendete schnell sein Tier und jagte in gestrecktem Galopp auf die Llano-Niederungen zu, etwa drei Meilen entfernt.

An dieser Stelle windet sich die Junction City und Mason Straße an einem hohen Gebirgszug entlang, während sich das Gelände davor dem Llano River zuneigt. Dieses abfallende Terrain war mit struppigen Lebenseichen und Mesquitegehölzen dicht bestanden, nicht dicht genug, um einen Mann zu verbergen, doch dicht genug, um seine Flucht hindurch etwas zu hemmen. Wir jagten sofort hinterher und über eineinhalb Meilen war es das schnellste Rennen, das ich die Ranger je austragen sah. Die gesamte Strecke ritten wir eng zusammen, mit Lieutenant Reynolds, der auf einem schnellen Rennpferd saß, immer ein Bisschen in Führung. Er kam dem Flüchtigen endlich so nahe, dass er dessen Aufgabe fordern konnte. Starke winkte nur herausfordernd mit seinem Gewehr und verdoppelte das Tempo. Lieutenant Reynolds zog dann seinen Sechsschüsser und fing an, auf den Outlaw zu schießen. Als der Revolver leergeschossen war, benutzte er seine Winchester.

Die Llano-Niederungen zeichneten sich nun vor uns ab. Das Rennen war schnell genug gewesen, um jedes Pferd ordentlich zum Schwitzen zu bringen und Carter, Ware und Ligon fielen nun zurück. Ich hatte mich bis dahin mit dem Versuch begnügt, an Lieutenant Reynolds dranzubleiben, weil es immer leichter ist, einem Mann durch den Busch zu folgen, als voraus zu reiten. Ich hatte mit meinen Zügeln gut zu tun und versuchte, mein Pony zurückzuhalten, so gut ich konnte. Ich sah jetzt, wie der Gesetzlose allmählich Raum gewann. Ich galoppierte an die Seite des Lieutenants und sagte:

„Er haut uns ab. Darf ich ihm hinterher?"

Lieutenant Reynolds wendete sich mir zu, mit dem wildesten Gesichtsausdruck, den ich je gesehen habe. Sein Hut war weg, sein Gesicht vom Gestrüpp schlimm zerkratzt und das Blut lief ihm die weiße Hemdbrust hinab.

„Ja, verflucht sei er! Halten Sie ihn auf oder töten Sie ihn!"

Ich wechselte die Zügel in die linke Hand und zog meine Waffe mit der rechten. Ich grub meine Sporen tief in die Seiten meines Ponys und war nach dreihundert Yards außer Sicht meines Lieutenants. Der Flüchtige sah, dass ich allein war und dass ich ihn einholen würde. Er brachte sein Pony plötzlich zum Stillstand, sprang ab, nahm Deckung hinter dem Tier und schickte mir eine Kugel aus seinem Gewehr entgegen.

„Sei verdammt du, halt an oder ich leg‘ dich um!" schrie er.

Ich versuchte, seinem Befehl zu gehorchen, allerdings galoppierte mein Pony bergab und noch fünfundzwanzig Yards direkt auf ihn zu, bevor ich anhalten konnte. Ich sprang von meinem Pferd und machte mich für den Kampf bereit, aber

Starke wollte zu Fuß in einem Dickicht verschwinden. Sobald er hinter seinem Pony hervorstürzte, feuerte ich auf ihn. Das Geschoss muss ihm ziemlich nahe gekommen sein, weil er sich blitzartig umdrehte und erneut hinter seinem Reittier Deckung suchte. Als er über seinen Sattel spähte, versuchte ich einen Schuss auf seinen Kopf, aber ich war ausgepumpt, nervös und wackelig. Bevor ich feuern konnte, galoppierte Dave Ligon zum Outlaw und forderte ihn auf, sich zu ergeben und sein Gewehr fallenzulassen, was Starke auch sofort machte. Die Jungs hatten meine Schüsse gehört und binnen fünf Minuten waren alle an Ort und Stelle.

Der Gefangene war gesichert und musste sein Pony wieder besteigen. Einer der Jungs führte es und wir machten uns auf, zurück zum Wagen, beinahe drei Meilen weit. Sowie der Outlaw Gefangener war und wusste, wir würden ihm nichts tun, egal was er sagte, ließ er eine Tirade gegen die Ranger los. Er erklärte, das ganze Bataillon setze sich aus verdammten Mördern zusammen, besonders die Kompanie E und er sagte, es sei Gassengespräch in den Countys Menard, Mason und Kimble, dass Lieutenant Reynolds‘ Männer einen Mann erst töten und dann *Hände hoch!* rufen würden. Er fuhr mit dieser Rede ohne Unterbrechung fort, bis er Lieutenant Reynolds‘ Geduld erschöpft hatte. Der Letztere befahl Starke, den Mund zu halten und erklärte dem Redner, er sei ein verdammter Lügner, weil Kompanie E noch nie einen Mann getötet hätte, ohne dass der zuerst die Chance bekam, sich zu ergeben. Lieutenant Reynolds sagte dann, dass er mit der Gefangennahme des letzten alten Strauchdiebes seine ihm gestellte Aufgabe erfüllt hätte und nun gehen könne, wohin er wolle.

Wie wir weiterritten, bemerkte einer der Jungs, dass mein Pony schlimm lahmte.

„Ich wünschte, sein Bein würde ihm von der Schulter abfallen“, erklärte Starke in seinem Ärger. „Wenn dieser Gaul nicht gewesen wäre, hätte ich es in die Llano-Niederungen geschafft und wäre euch entwischt.“

Weiter unterwegs, stand der Gefangene Stephens auf, ein Mann von einiger Intelligenz und gewissem Humor und rief Starke zu:

„Bei Gott, alter Mann, sie haben dich! Sie ritten für dich zu viele maisgefütterte Pferde und trugen zu viele Gewehre. Ich weiß nicht, wer du bist, aber du tust mir leid. Während sie hinter dir her waren, ging ich hier in diesem Wagen auf die Knie, wendete mein Gesicht zum Himmel und betete zum Allmächtigen Gott, dass du davonkommen mögest.“

Starke wurde an diesen gutherzigen Lügner gekettet und nun, zum ersten Mal, schien er sich seiner Lage bewusst zu werden. Er bat Lieutenant Reynolds, seine Familie von seiner Gefangenahme zu benachrichtigen. Der Lieutenant schickte daraufhin, einen der Jungs zu Starkes Haus, um Mrs. Reynolds mitzuteilen, dass die Ranger zum Mittagessen am Red Creek kampieren würden und wenn sie ihren Mann zu sehen wünsche: Wir würden dort wahrscheinlich zwei Stunden bleiben.

Tatsächlich kam Starkes alter, grauhaariger Vater in unser Mittagslager. Als er seinen Sohn in Ketten sah, brach er in Tränen aus und sagte:

„Mein Sohn, es ist nicht meine Schuld, dass du in dieser Situation bist. Ich habe mein Bestes getan, dir gute Ratschläge zu geben und versucht, dich anständig großzuziehen."

Nach dem Essen nahmen wir unseren Marsch nach Austin wieder auf. Starke Reynolds wurde schließlich dem Scheriff des Tarrant County überstellt. Er wurde angeklagt aber auf Kaution freigelassen. Doch bevor es zum Prozess kam, geriet er in einen Hinterhalt und wurde getötet, mutmaßlich von den Verwandten des Mannes, den er vorher zu ermorden versucht hatte.

*

Anfang Frühling 1878 sah ein Rancher, der fünf Meilen oberhalb unseres Camps lebte, eine Horde Indianer am Bear Creek, Kimble County, und meldete das sofort Lieutenant Reynolds. Die Rothäute waren spät abends gesehen worden und als ihnen ein Stoßtrupp nachgeschickt werden konnte, war es beinahe Nacht. Der Lieutenant folgte der Fährte jedoch, bis sie in ein Zedernwäldchen führte. Dann war es zu dunkel, um weiter zu arbeiten, also kehrte der Trupp ins Camp zurück, um Vorbereitungen zu treffen, die Spur am nächsten Morgen wieder aufzunehmen. Auf dem Rückmarsch zum Lager lasen die Ranger ein gescheckte Pony auf, dem ein Pfeil in der Hüfte steckte. Die Indianer hatten vermutlich das Pferd zu fangen versucht, es nicht geschafft und auf es geschossen, so wie es ihr Brauch war.

Es war gerade dunkel geworden, als ein Melder von Junction City eintraf und berichtete, dass eine Bande Rothäute in der Nähe der Stadt beim Pferdestehlen gesehen wurden. Es war eine wunderschöne Mondnacht und wir behielten unsere Pferde sorgsam im Auge. Um Mitternacht bemerkte John Banister, ein zuverlässiger Mann auf Wache, dass eines unserer Packmaultiere, die am Ende der Reihe aus Zaunpfosten angebunden waren, rückwärts an seinem Strick zog und über den halbhohen Wall aus Gestrüpp, der unser Lager umfriedete, äugte. Die Winchester in der Hand ging Banister durch ein Walltor und langsam die Gestrüppumfriedung entlang in ein kleines Unterholz in der Nähe des Mulis.

Plötzlich stand ein Mann auf, nicht weiter als zehn Schritte entfernt, und feuerte auf Banister, machte kehrt und lief davon. Banister eröffnete sofort das Feuer auf den Indianer. Beim allerersten Knall war jedermann im Lager aus seinem Bett. Wir konnten die Mündungsblitze von Banisters Gewehr sehen und kamen ihm in unseren Schlafanzügen und barfuß zu Hilfe. Ich rannte die Reihe unserer angebundenen Pferde entlang und sprang über den Strauchwall, wo das Muli den Indianer gesehen hatte. Im Mondlicht konnte ich einen Blick auf den Indianer erhaschen, wie er das Flussufer hinablief. Ich schoss mehrmals auf ihn, doch ohne Wirkung. Einige hundert Yards unterhalb unseres Camps gab es im Llano eine Furt und der Flüchtende wollte dort hin.

Während er den Flussübergang erreichte und ins Wasser sprang, kamen acht oder neun Ranger, die Banister auf erhöhtes Gelände gefolgt waren, in Schussposition, um das Feuer auf den Schwimmer zu eröffnen, als der den Llano überquerte. Wahrscheinlich hundert Schüsse wurden auf ihn abgegeben, aber schließlich verschwand er im Ufergestrüpp auf der Südseite des Flusses.

Eine spätere Inspizierung der Stellen, wo er durch den Llano geschwommen war, ergab, dass zwar das ganze Strauchwerk in Stücke geschossen war, jedoch, seltsam das sagen zu müssen, ihn selbst kein Geschoss getroffen hatte, so weit wir das je in Erfahrung gebracht haben. Wir fanden eine Decke, wo der Wilde aufgestanden war und auf Banister geschossen hatte und, die Entfernung abmessend, stellten wir fest, dass der Ranger nur zwölf kurze Schritte vor dem Indianer war, als der auf ihn feuerte. Es war ein Wunder, dass er nicht getötet wurde; die Kugel, eine vom Kaliber .45, hatte sich in ein paar Maissäcke in einem Zelt hinter ihm gebohrt.

Am nächsten Morgen stellten wir fest, dass zehn bis zwölf Indianer unter einigen großen Pecanbäumen gewartet hatten, während dieser Späher zu unserem Lager schlich, um zu kundschaften und ein Pferd zu stehlen. Die Bäume standen vierhundert Yards vom Lager entfernt, auf der anderen Seite des Flusses. Einige der Ranger witzelten, dass diese Krieger gedacht haben mussten, ihr Späher hätte im Rangercamp die Hölle aufgeweckt.

Weil viele wilde Rinder und Mustangs entlang des Llano River umherwanderten, brauchte Lieutenant Reynolds am nächsten

Tag acht oder zehn Stunden, bis er die Fährte der Indianer fand. Das verschaffte den Rothäuten zehn bis zwölf Stunden Vorsprung, gerechnet ab Mitternacht, als sie bei unserem Lager waren. Die Spur führte zwischen North- und South Llano River westwärts und dann durch eine raue, gebirgige Gegend, was die Verfolgung schwierig und langsam gestaltete. Wir folgten den Wilden fünf oder sechs Tage und gaben die Fährte schließlich nach heftigem Regen im Quellgebiet des Devils River auf.

*

Während wir damit zu tun hatten, die zahlreichen Outlaws und Viehdiebe zusammenzutreiben, die das Kimble County unsicher machten, kamen wir nicht dazu, das Geheimnis der Peg Leg Posträuber zu lüften, die lange die besten Detektive, Sheriffs und Ranger an der Nase herumgeführt hatten.

Peg Leg war eine kleine Poststation am San Saba in der Mitte eines unwegsamen und sehr gebirgigen Landstrichs. Hier wurde die Postkutsche wiederholt gestoppt und genauso wiederholt entkamen die Räuber. Der Ablauf der Überfälle war viele Male untersucht worden und Suchtrupps unternahmen ernsthafte Anstrengungen, die Banditen aufzuspüren, doch immer ohne Erfolg, weil sich die Fährte in den rauen Bergen schnell verlor. Ein typischer Umstand, der für besondere Verwirrung sorgte, waren die ganz besonders kleinen Fußabdrücke, die bei ausnahmslos jedem Raub zu finden waren. Diese Abdrücke waren so klein, dass viele Fahnder davon überzeugt waren, eine Frau aus Fort McKavett oder FortConcho operiere mit der Bande. Natürlich waren die Ranger scharf darauf, mit dieser Verbrecherbande aufzuräumen und deren Raubüberfällen ein Ende zu setzen.

Im Mai 1878 unternahm Sergeant Nevill einen Streifzug an den South Llano und verhaftete Bill Allison, einen Schwiegersohn des guten alten Jimmie Dublin, des Vaters des Banditen Dick Dublin. Allison stand auf der Fahndungsliste, weil er mehrfach wegen Viehdiebstahls angeklagt war und er wurde nach Austin in Sicherungshaft verbracht. Nachdem er fast ein Jahr im Travis County Gefängnis gesessen hatte, ohne dass man ihn auf Kaution freiließ, sank ihm der Mut. Er war davon überzeugt, seine Schwäger, die Dublins, unterstützten ihn wegen der Kautionshinterlegung nicht und er wurde ihnen gegenüber verbittert und verärgert. Dieser Gegensatz führte schließlich zur Lüftung des Peg Leg Rätsels.

Im Frühling 1879 brachten Dick Ware und ich einige Gefangene ins Gefängnis nach Austin. Allison sah uns und rief mich zu sich. Er und ich waren gemeinsam Cowboys gewesen, lange bevor ich Ranger wurde.

„Jim“, sagte Allison, „du weißt, dass ich in diesem Knast hier schon fast ein Jahr eingesperrt bin. Leute, die eigentlich meine Freunde sein sollten, haben mich offensichtlich aufgegeben und ich nehme das nicht länger hin. Ich kann die Peg-Leg-Postkutschenräuber hinter Gitter bringen und ich werde das tun.“

Ware, der so etwas wie ein Diplomat war, sagte:

„Mal langsam, Bill. Wenn du was zu beichten hast, holen wir uns einen Auftrag vom Sheriff, um dich zu General Jones zu bringen und mit dem kannst du dann reden.“

Der General schrieb sofort eine Note an Dennis Corwin, Sheriff des Travis County, und ersuchte darum, dass er uns Allison in sein Büro bringen lassen sollte. Der Sheriff übergab uns seinen Gefangenen und wir brachten ihn zu General Jones, der mit ihm über eine Stunde ein Vier-Augen-Gespräch führte. Was Allison gestand wussten wir nicht, aber wir brachten ihn ins Gefängnis zurück.

General Jones reagierte prompt. Er schickte sofort Befehle an Captain D. W. Roberts von Kompanie D, die damals im Menard County, das im Norden an das Kimble County angrenzt, stationiert war. Er sollte einen Rangertrupp ins Kimble County schicken und versuchen, die Dublins, Mack Potter und Rube Boyce festzunehmen.

Im Kimble County angekommen, verhaftete die Abteilung Role und Dell Dublin, Mack Potter und Rube Boyce. Bei der Verfolgungsjagd, die in deren Gefangennahme endete, erhielt Role eine tiefe Wunde in der Hüfte. Die beiden Dublinbrüder und Mack Potter, angeklagt vor dem Bundesgericht, wurden des Postkutschenraubes für schuldig befunden und zu fünfzehn Jahren Schwerstarbeit verurteilt.

Während ihres Prozesses wurde das Geheimnis der Peg Leg Überfälle schließlich geklärt. Die Dublinjungs waren die führenden Köpfe bei den Überfällen und arbeiteten enorm clever. Die Ranch des alten Jimmie Dublin am South Llano war ihr Hauptquartier. Von der Ranch zur Peg Leg Station am San Saba waren es sechzig Meilen durch raues, gebirgiges Land. Da es in diesen Tagen keine Drahtzäune gab, ritten die Räuber zur Station, raubten die Kutsche aus und erreichten in einem einzigen Nachtritt wieder ihr zu Hause. Da sie nachts ritten, wurden sie nie beobachtet. Dick Dublin, dessen Tod während er sich der Festnahme entzog schon beschrieben wurde, war der Anführer der Verbrecherbande. Sogar das Mysterium der zierlichen Fußabdrücke wurde aufgelöst: Mack Potter hatte sie hinterlassen. Für einen Mann besaß er ungewöhnlich kleine Füße.

*

Als Rube Boyce im Travis County Gefängnis einsaß, unternahm er einen der sensationellsten Ausbrüche der Kriminalgeschichte von Texas. Mrs. Boyce meldete sich beim Gefängnis mit einer Garnitur sauberer Unterwäsche für ihren Mann. Der Korb, in dem sie die Sachen trug, wurde durchsucht und sie wurde in die Zelle zu ihrem Mann gelassen. Allerdings hatte sie einen großen .45er Coltrevolver an ihrer Person verborgen und schmuggelte ihn mit hinein. Rube wechselte seine Unterwäsche, legte die schmutzigen Sachen in den Korb und versteckte die Waffe darunter.

Am Ende ihres Besuches, verließ Mrs. Boyce die Zelle und Rube begleitete sie den Korridor hinab bis zur Tür. Albert Nichols, der Gefängniswärter, hielt in der rechten Hand seinen Revolver und schloss die Tür mit der linken Hand auf, um die Frau hinauszulassen. Als die Tür aufschwang, griff Rube in den Korb, den er für seine Frau trug, riss die versteckte Waffe heraus, stieß sie dem Wärter ins Gesicht, befahl ihm, den .45 fallen zu lassen und sich in die Zelle zu begeben. Nichols erkannte, dass eine Sekunde Zögern seinen Tod bedeuten würde, war einverstanden und wurde vom Outlaw eingesperrt. Boyce rannte dann über den Hinterhof aus dem Gefängnis, stieg auf ein Pony, das dort für ihn angebunden war und galoppierte mit seinem Revolver schießend aus Austin hinaus. Die Flucht gelang ihm vollständig.

Drei oder vier Jahre danach wurde er in Socorro, New Mexico, aufgegriffen und nach Austin ausgeliefert. In seinem Prozess wegen der Teilnahme an den Peg Leg Postkutschenüberfällen wurde er freigesprochen und vielleicht zu recht, weil Bill Allison mir gegenüber erklärte, dass Dick Dublin mit seinen Brüdern Dell und Role und Mack Potter die wirklichen Räuber waren.

*

Die Festnahme und Verurteilung der Dublins, zusammen mit dem Unschädlichmachen der anderen Männer, die Lieutenant

Reynolds verhaftete oder tötete, räumte mit den Postkutschenräubern, Vieh- und Pferdedieben und Mördern, die sich im Kimble County ihr Stelldichein gaben, vollständig auf. Heute ist es eines der wohlhabendsten und schönsten Countys im Staat. Seine Bürger sind gesetzestreu und unternehmungslustig. Junction City, der Sitz der County Verwaltung, ist eine attraktive Stadt mit etwa 2.500 Einwohnern.

Vierzig Jahre früher, zu der Zeit über die ich schreibe, gab es keine Gerichtsgebäude im Kimble County. Die ersten Distriktprozesse wurden unter der ausladenden Krone einer mächtigen Eiche geführt. Die Ranger bewachten die Gefangenen unter einem anderen Baum, in angemessenem Abstand zu den Richtern und ihren Beisitzern.

Im Spätfrühling oder frühen Sommer 1878 wurde Billy Brown in einer Sitzung des Countygerichtes im San Saba County von Countyanwalt Brooks wegen Verstoßes gegen die damaligen Prohibitionsgesetze angeklagt. Wegen einer Bemerkung des Vertreters der Anklage, ging Brown zum Angriff über und versuchte, seinen Sechsschüsser gegen ihn zu ziehen. T. J. T. Kendall, ein Juristenkollege von Brooks, sah Browns Bewegung, zog den Revolver schneller und tötete Brown im Gerichtssaal. Dann, aus Furcht der Mob könnte ihn lynchen, verschanzte sich Kendall im zweiten Stock des Gerichtsgebäudes und weigerte sich aufzugeben. Er hielt die ganze Stadt in Schach, während seine Frau ihm beim Stellen seiner Forderungen assistierte. In der Zwischenzeit schickte er eine Eilmeldung zum nächsten Rangerposten und bat um Schutz gegen die Gewalt des Mobs. Captain Arrington erhielt die Meldung und schickte eine Abteilung von Coleman nach San Saba, um die Ordnung aufrecht zu erhalten.

General Jones wurde informiert und befahl Lieutenant Reynolds in Junction City, mit seiner Kompanie nach San Saba zu marschieren, Kendall in Gewahrsam zu nehmen und Captain Arringtons Männer abzulösen. Es war wohl zwei Wochen nach Browns Tod, als Kompanie E in San Saba eintraf, doch Mr. Kendall hielt immer noch die Festung im Obergeschoss des Gerichtsgebäudes.

Bei der Ankunft von Reynolds' Kompanie, bat Kendall das Gericht um die Durchführung einer Voruntersuchung. Als das Gericht die dafür zuständigen Leute einberief, lehnte der Gefangene die Untersuchung ab und beantragte seine Überstellung ins Travis County Gefängnis nach Austin. Das Gericht erkannte die Vorbehalte gegen ihn und ordnete seine Überführung dorthin an.

Sowie der Transporttermin gekommen war, wurde für Mr. Kendall eine gemietete Kutsche vor den Eingang des Gerichtsgebäudes gestellt, wo sich eine große Menschenmenge eingefunden hatte, die den Gefangenen sehen wollte. Jim Brown, Sheriff des Lee County und Bruder von Bill Brown, saß auf seinem Pferd und hatte schwer bewaffnet zehn Schritt vor der Tür Stellung bezogen. Kurz bevor Mr. Kendall die Stufen des Gerichtsgebäudes hinabstieg, befahl Lieutenant Reynolds der Menschenmenge, von dessen besagter Mietkutsche auf mindestens fünfzig Schritte Abstand zurückzuweichen. Alle gehorchten sofort, mit Ausnahme von Sheriff Jim Brown, der völlig regungslos auf seinem Pferd saß. Der Lieutenant sah Brown eine Minute lang an, wandte sich dann an seine Ranger und befahl ihnen, die Gewehre zu ziehen und jeden auf fünfzig Yards Abstand zum Gerichtsgebäude zu bringen. Blitzartig zogen alle Ranger ihre Waffen, stiegen ab, und schoben die Menge zurück. Brown sagte zu Reynolds:

„Ich werde mit Ihnen nach Austin reiten."

„Wenn, dann in Handschellen. Gehen Sie zurück!"

Jim Brown, der mehrere Männer getötet hatte, wendete langsam sein Pferd und ritt davon. Er kannte den Mann nicht, mit dem er es zu tun gehabt hatte. Rechtsanwalt Kendall wurde ohne Zwischenfall nach Austin gebracht. Von der Anklage, Bill Brown ermordet zu haben, wurde er im Prozess freigesprochen.

Als wir Austin erreichten, begegnete Jim Brown Lieutenant Reynolds auf der Straße und entschuldigte sich für sein Benehmen in San Saba. Er sagte, er habe die feste Absicht gehabt, Kendall zu töten, wenn der zu seinem Wagen gegangen wäre, aber die Anwesenheit so vieler Ranger hätte ihn von seinem Vorhaben abgebracht. Lieutenant Reynold erklärte, dass er so etwas vorausgesehen und seine Männer instruiert hatte, Brown bei der ersten falschen Bewegung in Fetzen zu schießen.

Bald danach verlegte Lieutenant Reynolds‘ Kompanie E hinunter an den San Saba in einen schönen Pecanhain, ein idealer Platz für das Sommerlager, etwa zwei Meilen von der Stadt San Saba entfernt. Von dort aus ritten wir Streife überall in den Countys Llano, Lampasas, Burnet und San Saba und gingen unserer Lieblingstätigkeit nach, *böse Männer* einzufangen. Es war dieses Lager, von dem aus wir unseren berühmten Ritt nach Round Rock unternahmen, um uns um Sam Bass, den berüchtigten Eisenbahnräuber zu kümmern.

-o-

Sam Bass und seine Zugräuberbande

Sam Bass wurde in Indiana geboren, auf einer Farm in der Nähe von Mitchel, Lawrence County, am 21. Juli 1851. Er kam als Jugendlicher nach Texas und arbeitete für W. F. (Papa) Egan, Sheriff des Denton Countys, bis er erwachsen war. Immer noch ein beispielhafter, ehrenhafter junger Mann, gelangte Bass in den Besitz eines kleinen Rennponys, einer Fuchsstute. An Samstagabenden, wenn sich die meisten Jungs aus der Nachbarschaft in Denton trafen, war Bass mit seinem Pony bei Pferderennen ziemlich erfolgreich. Mr. Egan bemerkte bald, dass Sam anfing, seine Arbeit wegen seines Ponys zu vernachlässigen und, weil er nur zu gut wusste, wohin das führen würde, wies er Sam an, die Stute zu verkaufen. Bass zögerte, weil er das Tier liebte. Schließlich entwickelte sich die Angelegenheit so weit, dass ihn Mr. Egan vor die Wahl stellte, entweder das Pferd abzuschaffen, oder seinen Job aufzugeben. Daraufhin kündigte

Bass prompt und das war wohl der Wendepunkt in seinem Leben.

Bass verließ das Denton County im Frühling 1877 und zog nach San Antonio. Hier hatten sich viele Rindermänner eingefunden, um sich auf den Frühlingsviehtrieb nach Norden vorzubereiten. Joel Collins, der plante, eine Herde vom Uvalde County nach Deadwood, Dakota, zu treiben, stellte Bass als Cowboy ein. Nach sechs Monaten unterwegs, erreichte die Herde Deadwood und wurde verkauft und alle Cowboys wurden von Mr. Collins ausbezahlt.

In diesen Zeiten war Deadwood eine große, weitläufige Minenstadt. Abenteurer, Spieler, Bergmänner und Rinderleute, alle mischten sich dort. Obwohl Joel Collins sein Vieh auf Kredit gekauft hatte und den größeren Teil des Erlöses seinen befreundeten Geldgebern in Texas schuldete, verspielte er alles. Als er wieder nüchtern wurde und feststellte, dass das Geld weg war, hatte er nicht den moralischen Anstand, seinen Freunden und Gläubigern zu Hause unter die Augen zu treten. Er wurde Desperado und mit einer Bande aus seinen Cowboys hielt er mehrere Postkutschen in den Black Hills an und raubte sie aus. Diese Überfälle brachten Collins sehr wenig Beute, aber sie verhalfen Sam Bass zu seiner kriminellen Karriere.

Ende 1877 verließ Collins Deadwood und zog hinunter nach Ogallala, Nebraska, begleitet von Bass, Jack Davis, Jim Berry, Bill Heffridge und John Underwood, besser bekannt als Old Dad. Hier kam er auf die Idee, plante und führte einen der kühnsten Eisenbahnüberfälle aus, die jemals in den Vereinigten Staaten stattgefunden haben. Als alles vorbereitet war, hielten diese sechs Männer, schwer bewaffnet und maskiert, den Zug der Union Pacific bei Big Springs an, einer kleinen Haltestelle ein paar Meilen hinter Ogallala. Die Banditen enterten den Expresswagon und befahlen dem Kassenbeamten, den Safe zu öffnen. Letzterer erklärte, dass alle Türen des Safes ein Zeitschloss hätten und nur am Ende der Fahrt geöffnet werden könnten. Einer der Räuber fing an, den Kassenbeamten mit dem Sechsschüsser auf den Kopf zu schlagen und behauptete, er würde ihn töten, wenn der Safe nicht geöffnet würde. Bass, immer schon von freundlichem Naturell, bat den Komplizen aufzuhören, weil er glaube, dass der Kassenbeamte die Wahrheit sage. Gerade als die Räuber den Wagon ohne einen Cent verlassen wollten, bemerkte einer von ihnen drei stabile, kleine Kisten, die neben dem großen Safe übereinander gestapelt waren. Der neugierige Bandit nahm einen Kohlenpickel und schlug der oberen Kiste den Deckel ab. Zu seiner großen Freude und Entzückung hatte er 20.000 Dollar in glänzenden Goldstücken zum Vorschein gebracht! Die drei Kisten enthielten alle eine ähnlich hohe Summe, alle in 20-Dollar Goldmünzen, geprägt 1877. Nach der Plünderung dieser Kisten gingen die Räuber durch den Zug und erleichterten die Fahrgäste mit System um etwa 5.000 Dollar. Vor Tagesanbruch hatten die Banditen ihre Beute versteckt und kehrten nach Ogallala zurück. Sie lungerten mehrere Tage in der Stadt herum, während Eisenbahnoffizielle, United State Marshals und Sheriffsuchtrupps das Land nach den Zugräubern durchstöberten.

Während sie sich in Ogallala aufhielten, vor und nach dem Raub, besuchten Collins und seine Männer regelmäßig ein großes Kaufhaus. In diesem Kaufhaus arbeitete ein Büroangestellter namens Leech, der früher Express-Kassenbeamter bei der Union Pacific gewesen war und der mit den Offiziellen dieser Firma auf bestem Fuße stand. Selbstverständlich war der Eisenbahnraub das Stadtgespräch. Leech unterhielt sich mit Collins und seiner Gang über den Fall und die Banditen erklärten, sie würden bei der Jagd auf die Räuber helfen, vorausgesetzt, es wäre genug Geld für sie drin.

Der Verdacht von Leech war geweckt und er war davon überzeugt, dass Collins und seine Bande die wirklichen Räuber waren. Allerdings redete er mit niemandem über seine Meinung, sondern beobachtete die Männer seines Verdachts sorgfältig. Endlich kam Collins in das Warenhaus und nachdem er Kleidung und Proviant gekauft hatte, erzählte er Leech, dass er und seine Kumpel zurück nach Texas gehen und im folgenden Frühling mit einer neuen Rinderherde wieder nach hier unterwegs sein würden. Als Collins eine Tagesreise weit fort war, mietete Leech ein Pferd und folgte ihm. Er fand bald die Route, auf der die Verdächtigen ritten und am zweiten Tag traf er plötzlich auf sie, als sie an einer Farm am Straßenrand Halt gemacht hatten und Brot backten. Leech ritt vorüber ohne bemerkt zu werden und versteckte sich an der Straße. Nach einer kurzen Weile kamen Collins und seine Männer vorbei und Leech folgte ihnen, bis sie ihr Lager aufschlugen. Als es dunkel war kroch der Amateurdetektiv zu den Banditen, aber die waren Schlafen gegangen und er erfuhr nichts.

Den nächsten Tag nahm Leech die Fährte wieder auf. Er beobachtete die Gang, wie sie ins Nachtlager ging und kroch wieder bis auf wenige Yards an sie heran. Die Banditen hatten ein mächtiges Feuer angezündet und lachten und redeten. Bald breiteten sie eine Decke aus und zum großen Erstaunen des Zuschauers, holten sie Geldtaschen hervor und leerten auf die Decke sechzigtausend Dollar in Gold. In seinem Versteck hörte Leech, wie die Räuber über den Überfall sprachen. Sie sagten, sie glaubten nicht, dass sie irgendwer erkannt hätte oder verdächtigen würde und entschieden, dass es nun für sie das Beste sei, das Geld aufzuteilen, sich zu zweien zu trennen und ihrer Wege zu gehen. Die Münzen wurden in sechs Stapeln aufgehäuft und jeder Mann bekam 10.000 Dollar in 20-Dollar Goldmünzen. Es wurde weiterhin beschlossen, dass Collins und Bill Heffridge zusammen nach San Antonio gehen würden; Sam Bass und Jack Davis sollten ins Denton County gehen, während Jim Berry und Old Dad nach Hause, nach Mexico ,Missouri, zurückkehren sollten.

Sowie Leech das Geld gesehen und die Pläne der Räuber gehört hatte, schlich er zu seinem Pferd, stieg auf, und ritt Tag und Nacht um nach Ogallala zukommen. Er setzte die Eisenbahnoffiziellen über das, was er erfahren hatte in Kenntnis und gab die Namen, die Beschreibung und die Reiseziele der Banditen weiter. Diese Informationen wurden per Telegraph über Südnebraska, Kansas, das Indianerterritorium und Texas verbreitet. In der Fahndungsliste, die jeder Rangerkompanie zugesendet wurde, lautete die Beschreibung von Sam Bass:

„Fünfundzwanzig bis sechsundzwanzig Jahre alt, 5 Fuß 7 Inches groß, schwarzes Haar, dunkelbraune Augen, brauner Schnauzbart, große weiße Zähne, zeigt sie beim Sprechen; redet sehr wenig."

Einige Tage nachdem sich die Räuber getrennt hatten, ritten Joel Collins und Bill Heffridge in einen kleinen Ort in Kansas, der Buffalo Station hieß. Sie führten ein Packpony. Als sie von ihren müden Pferden abstiegen, ließen sie die Tiere im Schatten des Dorfladens stehen, gingen in das Geschäft und kauften verschiedene Sachen ein. Der Eisenbahnagent der Station hatte gesehen, wie die Fremden in den Ort geritten waren. Selbstverständlich war er angewiesen worden, nach den Zugräubern Ausschau zu halten. Er betrat den Dorfladen und nach einer Weile verwickelte er Collins in ein Gespräch. Während er redete, zog der Räuber ein Taschentuch aus seinem Mantel und ein Brief wurde darin sichtbar, auf dem sein Name stand. Der Agent war ein schlauer Mann. Er fragte Collins, ob er im Frühling nicht eine Rinderherde heraufgetrieben habe. Collins bestätigte das und schließlich, als Antwort auf eine direkte Frage, bejahte er, dass sein Name Joel Collins sei.

Fünf- oder sechshundert Yards außerhalb Buffalo Station kampierte ein Lieutenant der United States Army mit einem Trupp aus zehn Mann, der auf der Suche nach den Zugräubern war. Sobald Collins und Heffridge wieder auf den Pferden saßen und ihren Weg fortsetzten, rannte der Agent zum Biwak der Soldaten, zeigte auf die Banditen und erklärte:

„Dort reiten zwei von den Union Pacific Zugräubern!"

Der Armeeoffizier ließ seine Soldaten aufsitzen und verfolgte Collins und Heffridge. Als er die beiden Männer eingeholt hatte, erläuterte er ihnen, dass ihre Beschreibungen auf die von einigen Eisenbahnräubern passten, nach denen er fahndete und bestimmte, dass sie zur Identifikation mit ihm zurück zur Eisenbahnstation zu kommen hätten.

Collins lachte über den Gedanken und sagte, er und sein Kumpel wären Rinderleute auf dem Weg nach Hause, nach Texas. Sie kehrten widerstrebend um und ritten mit den Soldaten zurück. Nachdem sie einige hundert Yards zurückgelegt, hatten flüsterten die beiden Räuber miteinander. Plötzlich zogen sie ihre Revolver und versuchten, den Lieutenant und seine Truppe auf Abstand zu halten. Die Desperados wurden sofort erschossen. Beim Durchsuchen ihres Gepäcks fanden die Soldaten, eingebunden in die Beine eines Overalls, 20.000 Dollar in Gold, 1877 geprägt. Kein einziger Dollar des geraubten Geldes war ausgegeben worden und es gab keinen Zweifel über die Identität der Männer.

*

Nicht lange nach der Trennung der Räuber in Nebraska, erschien Jim Berry zu Hause in Mexico, Missouri. Sofort deponierte er eine Menge Geld auf der örtlichen Bank und wechselte 3.000 Golddollar ein, um liquide zu sein. Er erklärte den Besitz des Goldes damit, in den Black Hills eine Mine verkauft zu haben. Drei oder vier Tage später erfuhr der Sheriff des Countys von Berrys Bankdepot und verlangte von der Bank, das Gold des neuen Kunden in Augenschein nehmen zu dürfen. Sein Verdacht wurde zur Gewissheit, als er feststellte, dass Berry 20-Dollar Goldstücke aus dem Jahre 1877 deponiert hatte.

Noch in der selben Nacht durchsuchte der Sheriff mit einer Posse Berrys Haus, aber der Verdächtige war nicht da. Das Haus war mit Lebensmitteln gut versorgt und die Posse fand viele neugekaufte Kleidungsstücke. Kurz nach Tagesanbruch, während sie die Umgebung absuchten, hörte der Sheriff ein Pferd in einem Wald in der Nähe wiehern. Als er dem nachging, stieß er plötzlich auf Jim Berry, der auf einer Pritsche hockte. Berry entdeckte den Beamten etwa im selben Augenblick und versuchte durch Weglaufen zu entkommen. Auf ihn wurde geschossen und eine Kugel traf ihn ins Knie und zerschmetterte es fürchterlich. Er wurde zu sich nach Hause gebracht und erhielt die beste medizinische Versorgung, doch er bekam Wundbrand und starb daran in wenigen Tagen. Die meisten von seinen 10.000 Dollar wurden gefunden.

Old Dad hatte Berry offenbar irgendwo unterwegs verlassen. Er tauchte mit seinem unrechtmäßig erworbenen Geld endgültig unter und wurde nie gefasst.

*

Sam Bass und Jack Davis verkauften nach der Trennung in Nebraska ihre Ponys und kauften sich eine leichte, gefederte Kutsche und ein Paar Arbeitspferde. Sie legten die Goldstücke auf den Kutschenboden, warfen ihr Bettzeug und Kleidungsstücke darauf und so getarnt, reisten sie durch Kansas und das Indianerterritorium ins Denton County, Texas. Während ihrer Fahrt durch das Territorium, lagerten sie im Abstand von hundert Yards zu einer Kavallerieabteilung. Nach dem Abendessen besuchten sie das Armeebiwak und unterhielten sich mit den Kavalleristen bis zur Schlafenszeit. Die Soldaten erzählten, sie wären auf der Suche nach ein paar Zugräubern, die einen Zug der Union Pacific in Nebraska gestoppt hätten, nie im Leben einen Moment davon träumend, dass sie gerade mit zwei von ihnen Konversation machten. Die Soldaten erwähnten auch, dass, wie man hörte, zwei der Räuber in Kansas getötet worden seien.

Dieses Gerücht machte Bass und Davis vorsichtig und als sie im Denton County eintrafen, versteckten sie sich im Ulmengrund, bis Bass einige seiner Freunde ausfragen konnte. Bei einem Treffen mit ihnen erfuhr er, dass Namen und Beschreibung von jedem Zugräuber im Besitz der Gesetzeshüter waren; dass Collins, Heffridge und Berry getötet worden waren; und dass jeder Sheriff in Nordtexas nach Davis und ihm selbst Ausschau hielt. Davis bat Bass sofort, mit ihm nach Südamerika zu gehen, doch Bass lehnte ab, deswegen sagte Jack Davis *Auf Wiedersehen* zu Sam Bass und machte sich allein auf den Weg. Er wurde nie gefangen. Auf seinem Totenbett gestand Bass, einmal einen Brief von Jack Davis erhalten zu haben. Der kam aus New Orleans und Davis fordert ihn darin auf, dorthin zu kommen und ins Ledergeschäft einzusteigen.

Bass hatte Denton County zu Beginn des Frühlings als ehrenhafter, aufrichtiger junger Mann mit weißer Weste verlassen. Dadurch, dass er sich übler Gesellschaft anschloss, entwickelte er sich binnen weniger Monate zu einem der wagemutigsten Outlaws und Zugräuber dieser Zeit. Bevor er in Texas irgendein Verbrechen begangen hatte, unternahmen die Gesetzeshüter im Nordteil des Staates wiederholte Anstrengungen ihn zu fangen, wegen der hohen Belohnung, die von der Union Pacific und dem Expressdienst ausgesetzt worden war. Doch aufgrund der Beschaffenheit der Natur rund um Denton und der Freunde, die Bass so lange hatte, wie sein Gold reichte, hatten sie keinen Erfolg.

Bass' Geld zog bald mehrere Männer an, die zwar kühn, aber ohne Perspektive waren. Henry Underwood, ein jüngerer Bruder von Old Dad, Arkansas Johnson, Jim Murphy, Frank Jackson, Pipes, Herndon, Bill Collins, ein Cousin von Joel Collins und zwei oder drei weitere schlossen sich ihm im Ulmengrund an. Natürlich wurde Bass zum Anführer der Bande bestimmt. Das war nicht lange bevor der Verbrecherhäuptling seinen ersten Eisenbahnraub in Texas plante und durchführte: Bei Eagle Ford, einer kleinen Haltestelle an der Strecke der Texas Pacific Railroad, einige Meilen außerhalb Dallas.

In schneller Abfolge plünderten die Banditen zwei oder drei weitere Züge, den letzten an der Mesquite Station, zehn oder zwölf Meilen östlich von Dallas. Bei diesem Raub sicherten sie sich 3.000 Dollar. Sie stießen hier auf Widerstand, weil der Schaffner, obwohl nur mit einer kleinen Pistole bewaffnet, tapfer die Räuber bekämpfte und einen von ihnen ernsthaft verwundete.

Nun war wegen der wiederholten Überfälle der ganze Staat in Aufruhr. General Jones eilte nach Dallas und Denton, um die Lage zu überblicken und, es war seltsam, aber er veranlasste die Aufstellung einer Rangerkompanie in Dallas. Captain June Peak, einem sehr fähigen Offizier, wurde das Kommando übertragen. Ganz gleich wie tüchtig eine Kompanie aus Rekruten auch sein mag, es braucht Zeit und Ausbildung, um von ihnen Resultate zu erhalten und als diese grüne Kompanie gegen Bass ins Feld geworfen wurde, spielte der Räuberhauptmann mit ihnen wie ein Kind mit seinen Spielsachen. Die dreißig Ranger gerechnet und die Suchtrupps der unterschiedlichen Sheriffs, fahndeten wahrscheinlich hundert Mann nach der Bassbande.

Sam spielte mit allen Blinde-Kuh und, so wird gesagt, dehnte seine Streifzüge nie weiter nach Westen aus als ins Stephens County oder weiter nach Norden ins Wise County. Er hielt sich gewöhnlich in den Countys Dallas, Dentom oder Tarrant auf. Regelmäßig besuchte er nachts Fort Worth oder Dallas, ritt mit seinen Männern zu irgendwelchen abgelegenen Saloons, bekam überall Drinks und verduftete dann wieder. Schließlich, in einem Kampf am Salt Creek, Wise County, töteten Captain June Peak und seine Ranger Arkansas Johnson, den „Leutnant", dem Bass am meisten vertraute. Etwa zur selben Zeit als dieses Gefecht stattfand, verhafteten die Ranger Pipes, Herndon und Jim Murphy und trieben Bass und seine beiden verbliebenen Komplizen aus Nordtexas.

*

Nach dem Gefecht am Salt Creek waren also nur noch Sam Bass, Sebe Barnes und Frank Jackson von der einstmals so beeindruckenden Bande übrig. Diese Männer hatten von der Beute aus ihren drei Zugüberfällen in Nordtexas nichts mehr übrig und wurden von den Gesetzeshütern von allen Seiten so hart bedrängt, dass Bass widcrstrebend entschied, das Land zu verlassen und zu versuchen, nach Mexiko zu gehen. Durch einige vorgebliche Freunde von Bass, erfuhr General Jones, dass der vorhatte, sich abzusetzen.

Er trat mit Captain Peak und einigen anderen Offizieren an Jim Murphy heran, an einen derjenigen Männer aus Bass' Gang, die andernorts gefangengenommen worden waren, als das Gefecht am Salt Creek stattfand. Murphy erwartete seinen Prozess vor den bundesstaatlichen Gerichten wegen Eisenbahnraubes und General Jones und die anderen versprachen ihm, für seine Freilassung zu sorgen, wenn er Bass verraten würde. Murphy zögerte und sagte, sein früherer Boss sei freundlich zu seiner, Murphys, Familie gewesen und hätte ihr Geld gegeben und Lebensmittel und dass es undankbar sei, seinen Freund zu verraten. Der General erklärte, er verstünde Murphys Haltung vollkommen, aber Bass sei ein Outlaw, ein Schädling für das Land, der drauf und dran sei, den Staat zu verlassen und dann könne er ihm nicht mehr helfen. General Jones warnte Murphy, die Beweislage gegen ihn sei überwältigend und es sei sicher, dass er ins Bundesgefängnis kommen würde – wahrscheinlich lebenslänglich – und ermahnte ihn, doch an seine Frau und Kinder zu denken. Murphy knickte schließlich ein und stimmte zu, Bass und seine Bande bei der ersten Gelegenheit zu verraten.

Dem vereinbarten Plan entsprechend, sollte Murphy auf Kaution freikommen und wenn das Bundesgericht in Tyler, Texas, ein paar Wochen später zusammentrat, durfte er nicht erscheinen. Dann würde überall im Land verbreitet, dass Murphy die Kaution hätte verfallen lassen und sich Bass wieder angeschlossen hätte. Das wurde buchstabengetreu so ausgeführt.

Murphy ging zu Bass in den Ulmengrund im Denton County und war einverstanden, einen Zug oder eine Bank auszurauben und dann aus dem Land zu verschwinden. Einige von Bass' Freunden, denen Murphys Verhalten verdächtig vorkam, schrieben Sam, dass der ein doppeltes Spiel treibe und rieten ihm, den Verräter sofort zu töten. Bass konfrontierte Murphy sofort mit diesen Nachrichten und erinnerte ihn daran, wie großzügig er Murphys Familie sein Gold gegeben habe. Bass erklärte, er habe Jim nie angesprochen oder gar befohlen, sich der Bande anzuschließen und sagte, es sei ein niederträchtiger, gemeiner und undankbarer Trick, ihn zu verraten. Er verlangte von Murphy, wenn er noch etwas zu sagen hätte, solle er es schnell sagen. Barnes war der Meinung seines Bosses und befürwortete Murphys Tod.

Der Intrigant verneinte jede Absicht des Verrats an Bass und bot an, die Führung in irgendeinem, von ihm geplanten Raub, zu übernehmen und er wollte der erste sein, der den Expresswagon enterte oder über den Banktresen stieg. Bass war wütend und Barnes war es auch. Sie beschlossen, den Lügner jetzt gleich zu töten. Frank Jackson hatte bislang an dem Disput nicht teilgenommen, aber jetzt erklärte er, er kenne Murphy seit er ein kleiner Junge war (sie waren in der Tat Cousins), und er sei sicher, dass Murphy ehrlich sei und zu ihnen stehen und mit ihnen durch dick und dünn gehen würde. Bass war damit nicht zufrieden und bestand darauf, dass Murphy hier und jetzt getötet würde. Jackson sagte zu Bass und Barnes schließlich, dass sie Murphy nicht töten könnten, ohne zuerst ihn getötet zu haben. Obwohl der Jüngste der Gruppe – er war erst zweiundzwanzig – besaß Jackson großen Einfluss bei seinem Boss. Er war tapfer und wagemutig und Bass konnte damals nicht sehr gut ohne ihn zurechtkommen und so obsiegte sein Plädoyer und Murphy wurde verschont.

Die Banditen entschieden dann, das Land zu verlassen. Weil sie alle pleite waren, planten sie, irgendwo auf dem Weg nach Mexiko eine kleine Bank auszurauben und wenn sie sich auf diese Weise die benötigten Finanzen beschafft haben würden, wollten sie ihre Flucht bewerkstelligen.

Bass, Sebe Barnes, Frank Jackson und Jim Murphy verließen das Denton County früh im Juli 1878. Mit der üblichen Unverfrorenheit, gab sich Bass, nachdem er das Dallas County hinter sich gelassen hatte, keine Mühe sich zu verbergen, sondern benutzte die öffentliche Überlandstraße am helllichten Tag. Bass und Barnes misstrauten Murphy immer noch, ließen ihn zwar nie aus den Augen, weigerten sich aber, mit ihm zu reden oder sonst irgendwie mit ihm zu verkehren. Als Bass Waco erreichte, kampierte die Gruppe in der Umgebung der Stadt und blieb dort zwei oder drei Tage. Sie besuchten die Stadt jeden Tag, erkundeten die Lage und in einer Bank sahen sie viel Gold und Geld. Jackson war enthusiastisch und wollte sie gleich ausrauben. Bass, erfahrener und vorsichtiger, hielt das für ein zu waghalsiges Unternehmen, weil die Flucht durch bevölkerte Straßen in die Umgebung der Stadt zu weit war und deshalb lehnte er den Vorschlag ab.

In Waco betrat die Bande einen Saloon, um einen Drink zu nehmen. Bass legte ein 20-Dollar Goldstück auf den Tresen und bemerkte:

„Da gehen die letzten zwanzig vom Union Pacific Geld hin, und es ist mir verdammt wenig gut bekommen."

Als sie die Stadt verließen, stahlen die Räuber einem Farmer namens Billy Mounds eine gute Stute und nahmen die Hauptstraße nach Belton. Sie hatten nun kein Geld mehr und planten, die Bank in Round Rock, Williams County, zu überfallen.

General Jones war wegen der Bande nun doch beunruhigt. Von Jim Murphy kein Wort, seit er sich der Gang wieder angeschlossen hatte. Der wurde so eng überwacht, dass er keine Gelegenheit fand, mit den Behörden zu kommunizieren und es schien, als ob er gezwungen sein würde, am nächsten Raub gegen seinen Willen teilzunehmen.

In Belton verkaufte Sam das überzählige Pony, das seine Bande besaß, nachdem sie die Stute in Waco gestohlen hatte. Der Käufer verlangte eine Quittung, weil die Verkäufer fremd in der Gegend waren. Während Bass und Barnes in einem Kaufladen das geforderte Dokument ausstellten, nutzte Murphy die Gelegenheit, eine kurze Note an General Jones zu richten:

„Wir sind auf dem Weg nach Round Rock, um die Bank auszurauben. Seien Sie um Himmels Willen da, um das zu verhindern."

Da die Post an den Kaufladen angebaut war, gelang es dem Verräter, seinen Judasbrief abzuschicken, einen Augenblick bevor Bass wieder heraus auf die Straße kam. Die Bande setzte ihren Weg nach Round Rock fort und kampierte nahe dieser alten Stadt, die etwa eine Meile nördlich von New Round Rock liegt. Die Banditen kamen überein, drei oder vier Tage zu rasten und die Pferde zu füttern, bevor sie den Raub angingen. Dieser Aufschub war schicksalhaft, weil er General Jones die Zeit verschaffte, seine Ranger zu versammeln und den Angriff zurückzuschlagen.

*

Nachdem Major Jones zum Generaladjutanten von Texas gemacht worden war, veranlasste er die Stationierung einer kleinen Abteilung von vier oder fünf Rangern auf dem Gebiet der Hauptstadt [von Texas] in Austin. Diese Abteilung zog er jeweils aus den unterschiedlichen Kompanien an der Grenze. Jede

Einheit wurde ins Camp nach Austin abgeordnet und nach ungefähr sechs Wochen bis zwei Monaten von der entsprechenden Gruppe aus einer anderen Kompanie abgelöst. Wir werden gleich erfahren, dass dies weise Personalpolitik war, weil die Abteilung immer zur Verfügung stand und die Befehlskette war kurz, um die Männer rasch in jede Richtung per Eisenbahn oder zu Pferd zu schicken. Nebenbei, General Jones liebte seine Ranger und mochte es, sie um sich zu haben und sie täglich sehen zu können.

Zu der Zeit, über die ich gerade schreibe, waren im Lager zu Austin vier Mann der Kompanie E stationiert - Corporal Vernon Wilson und die Privates Dick Ware, Chris Connor und G. Harold. Der Corporal, ein Neffe von Gouverneur Coke und ein sehr gebildeter Mann, half General Jones als Verwaltungsmann in seinem Büro, gehörte aber zur Abteilung auf dem Hauptstadtgebiet, schlief im Lager und nahm dort seine Mahlzeiten ein.

Als General Jones Murphys Brief erhielt, staunte er über Bass' Dreistigkeit, sich fünfzehn oder zwanzig Meilen an die Hauptstadt des Staates Texas, an das oberste Hauptquartier des Grenzbataillons, heranzuwagen, um eine Bank zu überfallen. Der Brief war in Belton, Texas, geschrieben worden und in der Schreibstube des Generaladjutanten mit der letzten Post am Nachmittag eingetroffen. Die Rangerkompanie, die Round Rock am nächsten lag, war die von Lieutenant Reynolds, Kompanie E in San Saba, Entfernung einhundertfünfzehn Meilen. Es gab damals noch keine Telegraphenlinie nach San Saba. General Jones dachte nach Erhalt des Briefes ein paar Minuten nach und entwarf dann seinen Plan rasch. Er wandte sich an Corporal Wilson und erklärte ihm, dass Sam Bass und seine Bande in Round Rock wären oder bald sein würden, um die dortige Bank zu überfallen. Er befahl:

„Ich wünsche, dass Sie sich sofort aufmachen und Lieutenant Reynolds eine Order überbringen. Nach Lampasas sind es fünfundsechzig Meilen und Sie werden früh genug dort sein, um die Postkutsche von Lampasas nach San Saba noch zu erwischen. Schonen Sie weder sich, noch Ihr Pferd und schaffen Sie diese Befehle so schnell wie möglich zu Lieutenant Reynolds."

Corporal Wilson eilte in den Mietstall, sattelte sein Pferd und sprengte bei Einbruch der Dunkelheit auf seinem wilden Ritt hinaus aus Austin. Sein Pferd war frisch und dick und in keinerlei Verfassung für solch ein Rennen. Jedoch, den nächsten Morgen erreichte Wilson Lampasas bei Tagesanbruch und schaffte die Postkutsche nach San Saba - hatte dazu aber seinen kleinen, tapferen Grauen zu Tode geritten.

Von Lampasas nach San Saba waren es fünfzig Meilen und die Postkutsche, sie war klein, mit zwei Pferden bespannt, brauchte für die Reise den ganzen Tag. Sowie sie in der Stadt eingetroffen war, mietete Wilson ein Pferd und galoppierte die drei Meilen hinab zu Lieutenant Reynolds' Biwak und übergab seine Befehle.

*

Nachdem er Corporal Wilson zu Lieutenant Reynolds geschickt hatte, eilte General Jones zum Rangerlager auf Hauptstadtgebiet und befahl drei Rangern, Ware, Connor und Harold, nach Round Rock zu reiten, ihre Pferde in Highsmiths Mietstall unterzustellen und sich so lange bedeckt zu halten, bis er selbst am nächsten Morgen per Eisenbahn zu ihnen stoßen würde. Am nächsten Morgen fuhr General Jones nach Round Rock, begleitet von Morris Moore, einem ex-Ranger, der jetzt als Deputy Sheriff des Travis County Dienst tat. Am Ziel angekommen, ließ der General Deputy Sheriff Grimes vom Williamson County kommen und teilte ihm mit, dass man Bass in der Stadt erwarte, weil der vorhatte, hier die Bank auszurauben und dass eine Rangerstreife so bald wie möglich im Ort sein würde. Jones wies Grimes an, scharf auf Fremde zu achten, jedoch unter keinen Umständen einen Festnahmeversuch zu starten, bevor die Ranger da wären.

*

Ich erinnere mich an den heißen Juliabend, an dem Corporal Wilson mit den Befehlen in unser Lager kam. Die Kompanie hatte gerade zu Abend gegessen und die Pferde waren gefüttert und für die Nacht festgebunden. Wir wussten, das plötzliche Erscheinen des Corporals bedeutete, dass es um etwas außergewöhnlich Wichtiges ging. Bald kam Sergeant Nevill zu uns geeilt, um einen Trupp für eine sofortige Unternehmung abzustellen. Lieutenant Reynolds' Befehle waren knapp, aber treffend:

„Bass ist in Round Rock. Wir müssen Morgen so früh wie möglich dort sein. Stellen Sie einen Trupp aus acht Mann auf und zwar nehmen Sie die Männer mit den Pferden, die einen schnellen Ritt durchhalten können. Und melden Sie sich mit den Männern abmarschbereit in dreißig Minuten hier vor meinem Zelt."

First Sergeant C. L. Nevill, Second Sergeant Henry McGee, Second Corporal J. B. Gillett die Privates Abe Anglin, Dave Ligon, Bill Derrick und John R. und W. L. Banister wurden für den Trupp ausgesucht. Lieutenant Reynolds forderte zwei von unseren besten Packmulis an, die vor einen leichten, gefederten Mietwagen gespannt waren, weil er krank war und nicht in der Verfassung, die Strecke zu Pferd zurückzulegen. In dreißig Minuten ab dem Zeitpunkt, zu dem Corporal Wilson das Lager erreicht hatte, waren wir im Sattel, bewaffnet und abmarschbereit. Lieutenant Reynolds nahm in seinem Wagen Platz, warf ein paar Decken darauf und Corporal Wilson, der seit mehr als sechsunddreißig Stunden nicht geschlafen hatte, legte sich dazu, um ein wenig auszuruhen, während wir unterwegs waren. Wir verließen unser Camp am San Saba River bei Sonnenuntergang und ritten in scharfem Trab, manchmal in leichtem Galopp, die ganze Nacht hindurch.

Unser alter Freund und Kamerad, Jack Martin, damals Kaufmann in der kleinen Ortschaft Senterfitt, hörte uns in der Nacht vorbeikommen und meinte anderntags zu einigen seiner Kunden, dass die Hölle irgendwo ihre Schulden zu begleichen habe, weil die Ranger während der Nacht auf einem Eilmarsch an seinem Laden vorbeigeritten seien.

Die ersten Strahlen der aufgehenden Sonne schienen auf uns beim Übergang über den North Gabriel, fünfzehn Meilen südlich von Lampasas. Wir waren in jener kurzen Sommernacht fünfundsechzig Meilen geritten - wir hatten noch fünfundvierzig Meilen bis Round Rock vor uns. Wir rasteten am Gabriel zum Frühstücken: Brot, gebratener Schinkenspeck und schwarzer Kaffee. Lieutenant Reynolds hielt für uns Wache und wir brauchten dreißig Minuten für das Frühstück und waren wieder unterwegs. Eine heiße Julisonne stand nun über uns und bei unseren Pferden machten sich erste Auswirkungen des hinter uns liegenden, harten Nachtrittes bemerkbar. Wir hielten nicht mehr an, bis wir in der Umgebung von Old Round Rock zwischen ein und zwei Uhr nachmittags, am Freitag den neunzehnten Juli, angekommen waren. Der Lieutenant schickte uns an den Ufern des Brushy Creek ins Camp und fuhr nach New Round Rock, um sein Eintreffen General Jones zu melden.

*

Bass hatte entschieden, die Bank am Samstag, den zwanzigsten zu überfallen. Nachdem seine Bande im Lager am Freitagabend gegessen hatte, sattelten sie ihr Ponys und ritten in die Stadt, um einen letzten Blick auf die Bank zu werfen und den

Fluchtweg für nach dem Raub festzulegen. Als sie aus dem Lager ritten, gab Jim Murphy, der wusste, dass die Banditen jederzeit angegriffen werden konnten, vor, dass er in Old Round Rock an Mays Laden halten würde, um einen Scheffel Mais besorgen zu wollen, weil sie kein Pferdefutter mehr hatten. Bass, Barnes und Jackson ritten in die Stadt banden ihre Pferde in einer Allee hinter der Bank an, gingen am Gebäude vorbei und prägten sich die Örtlichkeiten ein. Dann schlenderten sie die Hauptstraße der Stadt hinauf und betraten Copprels Laden, um etwas Tabak zu kaufen. Als die drei Banditen im Laden verschwunden waren, sagte Deputy Sheriff Moore, der auf dem Bürgersteig bei Deputy Sheriff Grimes stand, er denke, einer der Neuankömmlinge habe einen Revolver.

„Ich gehe rein und sehe nach", antwortete Grimes. Als er sich Bass im Laden näherte und ihn untersuchen wollte, sagte er: „Ich glaube, Sie haben einen Revolver."

„Ja selbstverständlich habe ich einen Revolver", sagte Bass. Bei diesen Worten zogen die Räuber ihre Waffen und töteten Grimes beim Versuch, rückwärts durch die Tür zu flüchten. Er fiel tot auf den Bürgersteig. Sie drehten sich Moore zu und schossen ihm durch die Lunge, als der seine Waffe ziehen wollte.

Beim ersten Revolverschuss rannte Dick Ware, der nur ein paar Schritte entfernt im Frisörsalon gesessen und darauf gewartet hatte, dass er an die Reihe kam, auf die Straße und traf auf die drei Banditen, gerade als sie den Laden verließen. Bass und seine Männer sahen Ware auf sie zu rennen und feuerten auf ihn aus kurzer Distanz. Eine ihrer Kugeln traf einen Anbindepfosten sechs Inches neben seinem Kopf und Splitter spritzten ihm ins Gesicht. Dieser Angriff brachte Ware nicht für einen Moment zum Stehen. Er war Tapferkeit und Mut in Person und zögerte nie, auch die verzweifeltste Chance zu ergreifen, wenn die Situation das verlangte. Für ein paar Minuten kämpfte er allein gegen die Räuber. Vom Telegrafenamt kommend, stürzte sich General Jones ins Gefecht. Er war nur mit einem kleinen double-action Colt Revolver bewaffnet, nahm aber den Kampf auf. Connor und Harold waren nun da und beteiligten sich an der Schießerei. Der General sah, dass die Räuber zu Fuß waren und fast so nah, dass er sie verhaften konnte. Und so stürmte er auf sie ein und spornte seine Männer an, jede Muskelfaser anzustrengen, sie gefangen zu nehmen oder auszulöschen. Inzwischen hatte schon jeder Mann der Stadt, der sich eine Waffe besorgen konnte, in den Kampf eingegriffen.

Die Banditen hatten nun ihre Pferde erreicht und ihre kritische Lage erkennend, wehrten sie sich mit dem Mut der Verzweiflung. Wenn jemals ein Zugräuber Held genannt werden durfte, dann war Frank Jackson einer. Barnes war erschossen zu seinen Füßen zusammengebrochen und Bass war tödlich verwundet und konnte sich nicht mehr verteidigen oder auch nur sein Pferd besteigen, während es unausgesetzt aus jeder Ecke Geschosse hagelte. Mit heldenhaftem Mut hielt Jackson mit dem Revolver in der Rechten die Ranger auf, während seine Linke Bass' Pferd losband und ihm in den Sattel half. Dann sprang er auf sein eigenes Pferd und er und sein Boss galoppierten aus dem Rachen der Hölle selbst. Die Flucht durch Old Round Rock führte sie an Mays Laden vorbei und Jim Murphy stand in der Tür und sah sie auf ihrem Rennen gegen den Tod vorbeireiten. Der Verräter bemerkte, dass Jackson den bleichen und blutenden Bass im Sattel hielt.

Wenn Lieutenant Reynolds nur fünf Minuten früher nach Round Rock gekommen wäre, hätte er Bass und Jackson auf der Landstraße begegnen müssen. Bevor er die Stadt erreichte, kamen ihm Bürger- und Rangerpossen entgegen, die die Räuber verfolgten. Als die Flüchtigen zum Friedhof kamen, hielten sie lange genug an, dass Jackson eine Winchester aufnehmen konnte, die sie dort im Gras versteckt hatten; dann verließen sie die Straße und waren eine Zeit lang verschwunden.

Die Schlacht war nun beendet und das Spiel durch zwei übereifrige Deputys verdorben worden, die den Kampf zu früh vom Zaun gebrochen hatten, nachdem sie ausdrücklich ermahnt worden waren, vorsichtig zu sein. Natürlich hätten Moore und Grimes wissen müssen, dass es sich bei den drei Fremden um die Sam Bass Gang handelte.

Lieutenant Reynolds schickte Sergeant Nevill und seine Ranger früh am nächsten Morgen auf die Suche nach den flüchtigen Banditen. Nachdem wir eine Strecke in der Richtung, in der die Räuber zuletzt gesehen worden waren, zurückgelegt hatten, fanden wir einen Mann, der unter einer großen Eiche lag. Er sah dass wir Waffen trugen und als wir näherritten, rief er uns zu, nicht zu schießen und sagte, er sei Sam Bass, der Mann, den wir suchten.

*

Nachdem die Verbrecher am Vorabend in den Wald gekommen waren, wurde Bass durch den Blutverlust so krank und so schwach, dass er nicht mehr weiterkonnte. Jackson war vom Pferd gestiegen und wollte bei seinem Boss bleiben und erklärte, er würde es mit all ihren Verfolgern aufnehmen.

„Nein, Frank“, erwiderte Bass. „Ich bin erledigt.“

Der verwundete Anführer verlangte von seinem Freund, sein Pferd so nah wie möglich neben ihm anzubinden, damit er weiterkonnte, sollte er sich während der Nacht besser fühlen. Jackson gab schließlich nach, verließ Bass und sorgte für seine eigene Flucht.

Samstag Morgen, bei Tagesanbruch, stand Bass auf und ging zu einem Haus in der Nähe. Als er über den Hof wankte, kam eine Lady, die ihn blutüberströmt kommen sah, aus dem Gebäude und wollte davonlaufen, weil sie allein mit einem kleinen Dienstmädchen war. Bass erkannte, dass sie Angst hatte und rief ihr zu, dass sie stehenbleiben sollte; sagte, dass er für einen Schluck Wasser sterben würde und versprach, zu seinem Baum nicht weit weg zurückzukehren und sich hinzulegen, wenn er nur etwas Wasser bekäme. Sie ließ ihm eine große Tasse Wasser bringen, aber der arme Kerl war schon zu weit auf dem Weg ins Jenseits, um es zu trinken. Eine Stunde später entdeckten wir ihn unter seinem Baum. Er hatte eine Wunde mitten in seiner linken Hand und die Kugel hatte den Mittelfinger durchschlagen.

Seine tödliche Wunde hatte Bass von Dick Ware erhalten, der dazu einen langläufigen .45er Kaliber Colt Sechsschüsser benutzt hatte. Die Kugel von Wares Revolver traf Bass' Gürtel, zerschlug zwei Patronen und trat knapp über dem Hüftknochen in seinen Rücken ein. Das Geschoss pilzte fürchterlich auf, riss eine entsetzliche Wunde und zerfetzte die rechte Niere des Todgeweihten vollständig. Von dem Augenblick an, in dem er getroffen wurde, bis zu seinem Ende drei Tage danach, litt Bass unsägliche Schmerzen. Als er Freitagnacht auf der Erde lag, dort wo Jackson ihn zurückgelassen hatte, zerriss der verwundete Mann sein Unterhemd in mehr als hundert Stücke und wischte sich damit das Blut von seinem Körper.

Bass wurde nach Round Rock gebracht. Ihm wurde die beste medizinische Betreuung zuteil, er starb jedoch am folgenden Tag. Solange er noch ansprechbar war, appellierte General Jones an ihn, die Namen seiner Komplizen zu nennen, damit sie festgenommen werden könnten:

„Sam, Du hast auf dieser Welt so viel Böses getan und hast nur noch wenige Stunden zu leben. Jetzt, wo du die Chance hast, für den Staat etwas Gutes zu tun, bitte sag mir, wer deine Mittäter bei diesen Verstößen gegen die Gesetze deines Landes waren."

Sam antwortete, er könne seine Freunde nicht verraten und dass er genau so gut sterben könnte, wenn er sein Wissen für sich behielte.

Er wurde auf dem Friedhof von Old Round Rock begraben, wo ihm seine Schwester ein kleines Grabmal aufstellen ließ. Seine einfache Inschrift, die in späteren Jahren von Andenkenjägern zerstört wurde, lautete:

SAMUEL BASS

Geboren am 21. Juli 1851

Gestorben am 21. Juli 1878

Ein tapferer Mann ruht hier im Tode. Warum war er nicht ehrlich?

Sam Bass

Jim Murphy Sebe Barnes

Frank Jackson ging zurück ins Denton County und hing einige Zeit herum und hoffte auf eine Gelegenheit, den Verräter seines Bosses zu ermorden, jenen undankbaren Menschen, dessen Sache er persönlich so leidenschaftlich verfochten hatte. Jackson erklärte, wenn er Jim Murphy begegnete, dann würde er ihn töten, ihm den Kopf abschneiden und den in einem Jutesack davontragen.

Murphy kehrte nach Denton zurück, erfuhr aber, dass sich Jackson im Ulmengrund versteckt hielt und auf die Chance wartete, ihn umzulegen. Daraufhin bat er den Sheriff um die Erlaubnis, zu seinem Schutz im Gefängnis zu bleiben. Während er feige um das Gefängnis herumschlich, infizierte sich eines seiner Augen. Ein Arzt gab ihm eine Medizin, die er in das kranke Auge tröpfeln sollte, ermahnte ihn aber zugleich eindringlich, vorsichtig zu sein, weil die Flüssigkeit ein tödliches Gift sei. Murphy trank den gesamten Inhalt der Flasche und war in wenigen Stunden tot. Sein schlechtes Gewissen, ohne Zweifel, brachte ihn dazu, seinem Leben ein Ende zu setzen.

Die vier Männer, die das Round Rock Gefecht gegen Sam Bass und seine Bande austrugen, sind alle gestorben. Von den zehn Männern, die den langen Ritt vom San Saba nach Round Rock unternahmen, bin ich allein noch unter den Lebenden.

-o-

Ein Winter der Untätigkeit und eine Versetzung

Zum Ende des Jahres 1887 zog ein Viehhalter namens Dowdy von Südtexas fort und ließ sich im Ursprungsgebiet des Johnson‘s Fork, einem Quellfluß des Guadalupe River im Kerr County nieder. Seine Familie bestand aus seiner Frau, drei erwachsenen Töchtern, einem erwachsenen Sohn und einem jüngeren Sohn, zwölf oder vierzehn Jahre alt. Mr. Dowdy besaß drei- bis viertausend Schafe und ließ sie auf guten Hochlandweiden direkt oberhalb seines Heimes grasen.

Er schloss einen Vertrag über die Lieferung von Mais ab, damit er den Winter über versorgt war und als die erste Getreidefuhre auf der Ranch eintraf, gingen die drei Mädchen eine halbe Meile weit hinaus, dorthin, wo die Schafe weideten, um dort mit dem jüngeren Bruder zu bleiben, während die älteren zurückkehrten um den Mais abzumessen und in Empfang zu nehmen. Als jung Dowdy eine Stunde später zu den Schafen zurückkehrte, stellte er mit Entsetzen fest, dass seine drei Schwestern und sein kleiner Bruder von einer Bande umherstreifender Indianer massakriert worden waren. Nach den Spuren auf einem hohen Steilhang in der Nähe zu urteilen, waren die Schafe und ihre Hirten einige Zeit unter Beobachtung der Rothäute gewesen; als die den einzigen Mann weggehen sahen, stiegen sie herab zu den wehrlosen Mädchen und dem Jungen und töteten sie. Da sich damals keine Rangerkompanie im Umkreis von hundert Meilen im Kerr County aufhielt, sammelte sich rasch eine Truppe Grenzmänner und folgte den Mördern, doch nach beinahe zweihundert Meilen verlor der Suchtrupp die Spur im rauen Devils River Land.

Kerr County rief dann nach den Rangern und General Jones befahl Lieutenant Reynolds, sich dorthin zu begeben und für den Winter auf der Dowdy Ranch ins Camp zu gehen. Dieser niederträchtige Anschlag auf die Dowdyfamilie war der letzte Überfall, den Indianer im Kerr County verübten und vielleicht der herzzerreißendste. Wir hielten unsere Pferde in diesem Winter auf genau dem selben Landstück, auf dem die unglücklichen Mädchen und ihr Bruder getötet worden waren. Zu der Zeit, als sie ermordet worden waren, war der Boden vom Regen weich und matschig gewesen und noch Monate danach konnte man die Fußspuren der armen Mädchen sehen, wie sie davongelaufen waren, während die Indianer zu Pferd angriffen. Eine der jungen Frauen war fast vierhundert Yards weit gekommen, bevor sie eingeholt und voller Pfeile geschossen wurde. Die Mörder waren vermutlich Kickapoos und Lipans aus den Santa Rosa Bergen in Mexiko. Sie überfielen regelmäßig das südwestliche Texas, stahlen hunderte von Pferden und töteten viele Leute. Während die Ranger ihre Pferde auf dem Boden hüteten, auf dem die Dowdy Familie getötet worden war, errichteten sie ein acht oder zehn Fuß hohes Steinmonument auf der Stelle, wo die Opfer fielen.

Lieutenant Reynolds behielt in Abständen den Winter über Suchtrupps im Feld, doch Indianer schlagen niemals zwei Mal am selben Ort zu und der Winter 1878 - 1879 war der ruhigste, den ich als Ranger je verbracht habe. Kerr County war ziemlich gut von Outlaws gesäubert worden und wir machten in dieser Saison weniger Festnahmen, als jemals zuvor.

*

Die Ranger begegneten im Kerr County nur einem wirklich üblen Mann. Sein Name war Eli Wixon und er wurde in Osttexas wegen Mordes gesucht. Es war bekannt, dass er am Wahltag im November abstimmen würde, also schickte Lieutenant Reynolds Corporal Warren und die Privates Will Banister, Abe Anglin und Charles Ware, um ihn zu verhaften. Corporal Warren fand seinen Mann wie er zum Wählen ritt und sparte sich die Zeit, Wixon auseinanderzusetzen, warum er da war sondern befahl ihm, seinen Gürtel abzuschnallen und den Revolver fallenzulassen. Wixon zögerte und rief schließlich seine Freunde zu Hilfe, ihn vor den Rangern zu beschützen.

Die Menge kam zu seiner Befreiung herbei und für eine Weile sah es danach aus, als ob es Ärger gäbe. Wixon schmähte die Ranger nannte sie einen Haufen dreckiger Hunde und drohte, Warren zu erschießen. Corporal Warren war tapfer und resolut. Er erklärte Wixon, seine Beleidigungen würden zu nichts führen; die Ranger wären hier, um ihn festzunehmen und würden das tun. Der Corporal warnte die Bürger, unvorsichtig zu sein und es sich zu überlegen, ob sie das Gesetz brechen wollten und sagte, wenn sie etwas anfingen, wäre Wixon der erste Mann, der getötet würde.

Dann, während Banister, Anglin und Ware die Menge mit ihren Winchestern zurückhielten, entwaffnete Warren Wixon, fasste die Zügel seines Pferdes und führte ihn ohne weiteren Ärger fort. Lieutenant Reynolds riskierte bei Männern dieses Schlages nichts und sobald Wixon im Lager war, bekam er sogleich Handschellen angelegt und wurde gefesselt. Diese Maßnahme kaufte gewöhnlich den so genannten *üblen Kerlen* den Schneid ab und es wirkte wie ein Zauber bei unserem neuen Gefangenen.

*

Der Winter dauerte ohne besondere Ereignisse an und Lieutenant Reynolds wurde rastlos, weil er zu wenig zu tun hatte. Er sagte einmal über sich selbst, dass er nie die Geduld aufbrächte, im Camp zu sitzen und auf eine Indianerbande zu warten, die das Land überfallen würde damit er vielleicht eine

Verfolgungsjagd veranstalten könne. Action war das was er immer wollte und wenn er dazu verurteilt war, untätig im Camp zu hocken, lief er auf und ab, wie ein Zirkusbär an seiner Kette.

Als das Parlament früh 1879 zusammenrat, wurde bekannt, dass es schwierig werden würde, Haushaltsmittel für die Verteidigung der Grenze zu bewilligen. Seit unvordenklichen Zeiten gab es Elemente im texanischen Parlament, die gegen die Mittelzuteilung an die Ranger kämpften und dieses Mal kämpften jene Elemente gegen das Rangerbudget verbissener denn je. Die vor zwei Jahren bewilligte Zuteilung für die Grenzverteidigung war allmählich aufgebraucht und damit sie wenigstens so lange reichte, bis sicher war, wie das Parlament entscheiden würde, sah sich General Jones gezwungen, die Captains anzuweisen, drei Mann aus jeder Kompanie zu entlassen. Eine Woche darauf wurde eine ähnliche Order ausgegeben und dieses Procedere wurde beibehalten, bis das Bataillon auf beinahe die Hälfte der vormaligen Stärke geschrumpft war.

Lieutenant Reynolds war dazu verurteilt, untätig daneben zu sitzen und mit anzusehen, wie seine erfahrenen Ranger unter seinen Augen dahinschwanden und was er über diese kurzsichtigen Gesetzemacher zu sagen hatte, sähe gedruckt nicht gut aus.

*

Captain Pat Dolan war Kommandeur der Kompanie F, damals am Nueces River fünfundsiebzig Meilen südwestlich von Reynolds‘ Kompanie stationiert. Im März 1879 schrieb Dolan an Reynolds, dass eine große Bande Pferde- und Rinderdiebe gemeldet worden war, die in der Gegend der Devils River Quelle und entlang des Pecos ihr Unwesen trieb. Er wollte in dieses Gebiet eine einen Monat dauernde Patrouille führen, doch seit die Rangerkompanien so verkleinert worden waren, fühlte er sich nicht stark genug, gegen die Diebe zu operieren und zugleich eine Reserve im Lager zurückzulassen. Er bat deswegen Lieutenant, ihm zur Unterstützung eine Abteilung Ranger zu schicken. Ich war nun Second Sergeant und erhielt den Befehl, mich mit fünf Mann bei Captain Dolan zu einer dreiwöchigen Patrouille an den Devils River und den Pecos zu melden.

Ich meldete mich beim Kommandeur der Kompanie F und wir patrouillierten den Nueces River hinauf, wendeten uns dann nach Westen zum Beaver Lake an der Quelle des Devils River. Vom See aus ging es hinüber zum Johnson’s Run. Wir suchten die Gegend sorgfältig ab, fanden die gemeldeten Gesetzlosen allerdings nicht.

Eines Morgens, nachdem wir die Streife für den Tag begonnen hatten, ließ Captain Dolan das Kommando halt machen und ritt mit Private Robb los, um Wasser zu suchen. Nachdem er weg war, kam starker Nebel auf und hing den größten Teil des Tages über dem Land. Der Captain kam nicht wieder und Sergeant G. K. Chinn befahl seinen Leuten, ihre Waffen abzufeuern, um den Vermissten unsere Position mitzuteilen. Wir blieben bis abends in der Gegend und ritten dann zur Howard's Well [Quelle], einer Wasserstelle am Johnson's Run zurück.

Den folgenden Morgen ritten wir zu der Stelle, wo uns der Captain tags zuvor verlassen hatte. Die Luft war nun klar, die Sonne schien hell, doch wir konnten die verlorenen Männer nicht finden. Dolan war ein erfahrener Grenzmann und wir folgerten daraus, sobald er feststellte, dass er sich im Nebel verirrt hatte, würde er zu seinem Hauptquartier am Nueces zurückkehren, hundertfünfundzwanzig Meilen weit weg. Sergeant Chinn führte die Truppe deshalb zu diesem Camp und als wir ankamen, stellten wir fest, dass Captain Dolan und Private Rob schon vor uns angekommen waren. Sie waren durch übles Indianerland geritten mit nichts zu essen, außer Wildpret, das sie erbeutet hatten.

Ich führte meine Abteilung von Dolans Kompanie ohne Zwischenfälle zurück zu Kompanie E und erreichte unser Lager auf Dowdys Ranch in der letzten Märzwoche mit völlig abgerittenen Pferden. Wir hatten so etwas wie fünfhundert Meilen zurückgelegt, ohne irgendetwas zustande gebracht zu habe.

*

Gleich nachdem ich angekommen war, ging ich zum Zelt des Lieutenants, um meine Meldung zu machen. Ich wurde dort von First Sergeant C. L. Nevill empfangen, der mir mitteilte, dass Lieutenant Reynolds zurückgetreten war und die Kompanie verlassen hatte. Im ersten Moment dachte ich, der Sergeant würde nur Witze machen, aber als man mich davon überzeugt hatte, dass der Lieutenant wirklich gegangen war, erschütterte mich das über alle Maßen. Der Schlag kam für mich zu hart und zu unvermittelt und ich schäme mich nicht, heute, mit achtundsechzig Jahren zuzugeben, dass ich aus dem Lager schlich, mich ans Ufer des Guadalupe River setzte und wie ein Baby weinte. Es schien, als ob mein bester Freund auf Erden für immer gegangen war. Reynolds hatte mich von Coldwells Kompanie in seine eigene geholt, als ich immer noch ein Grünschnabel war. Sobald ich das Alter hatte, dass man mir eine Streife aus Männern anvertrauen konnte und die Stellen frei wurden, machte man mich zum Second Corporal, First Corporal und dann zum Second Sergeant. Ich bekam die besten Männer der Kompanie und wurde gegen die meistgesuchten Gesetzesbrecher und härtesten Kriminellen im Staat geschickt. Lieutenant Reynolds hatte mir jede Chance der Welt gegeben, mir einen eigenen Namen zu machen und nun war er gegangen. Ich fühlte den Verlust so schmerzlich.

Ich bin mir sicher, die Berichte in den Aktenstapeln in Austin würden mir recht geben, wenn ich sage, Reynolds war der größte Captain seiner Zeit; der Staat verlor einen Offizier von unerreichbarer Vollkommenheit, als „Mage" Reynolds sich ins Privatleben zurückzog.

Als er den Rangerdienst quittiert hatte, wählte er Lampasas zum Wohnsitz und diente diesem County als sein Sheriff über mehrere Amtsperioden.

*

Das Parlament bewilligte schließlich ein kleines Budget für die Grenzverteidigung. Sergeant Nevill bekam den Befehl, sich mit Kompanie E zur Reorganisation des Kommandos in Austin zu melden. Reynolds' Rücktritt zerbrach praktisch die Kompanie und obwohl Sergeant Nevill zum Lieutenant von Kompanie E ernannt wurde und später zum Captain und sich eine beneidenswerte Tatensammlung anlegte, war er von einem „Mage" Reynolds doch weiter als einen Weitschuss entfernt.

In Austin sicherten sich R. C. Ware und die Banisterjungs ihren Übertritt zu Captain Marshs Kompanie B, während die Carterjungs, Ben und Dock, C. R. Connor und Bill Derrick den Dienst quittierten und ins Privatleben gingen. Abe Anglin wurde Polizist in Austin. Henry Maltimore und ich wurden auf unseren Antrag in Lieutenant Baylors Company C versetzt, zum Dienst im El Paso County. Mit meiner Versetzung zu diesem Kommando war der Winter der Untätigkeit vorbei und ich würde bald einige aufregende Zeiten entlang des oberen Rio Grande erleben.

-o-

Der Salzseekrieg und ein langer Treck

Am Fuße der Guadalupe Berge, einhundert Meilen östlich El Paso, Texas, befinden sich mehrere große Salzlagerstätten, bekannt als *Die Salzseen*. Das Salz liegt auf öffentlichem Land. Hundert Jahre lang oder länger haben die Anwohner des Rio Grande im El Paso County und in Nordmexiko sich von den „Seen" Salz geholt, kostenlos, weil es niemanden gab, der bezahlt werden wollte, denn die Lagerstätten wurden von keinem Eigentümer beansprucht. Alles was man tun musste war, einen Wagen rückwärts an an den Rand des Sees zu fahren, ihn voll Salz zu schaufeln und wegzufahren.

Von San Elizario, etwas südöstlich von El Paso am Rio Grande, zu den Salzseen waren es neunzig Meilen und es gab auf der Wegstrecke nicht einen Tropfen Wasser. Die Straße, die seit langer Zeit von großen Wagenzügen benutzt wurde, war beinahe pfeilgerade und in gutem Zustand. Die Salzholer nahmen Wasser in Fässern zu einer Stelle mit, die etwa fünfundvierzig Meilen von San Elizario entfernt und als Halfway Station bekannt war. Hier rasteten sie und tränkten ihre Pferde und ließen die Hälfte ihres Wassers für den Rückweg dort. Sie fuhren dann weiter zu den Seen, beluden ihre Wagen und ließen die Gespanne ein oder zwei Tage ausruhen; auf der Rückreise hielten sie an der Halfway Station, um ihre Tiere zu tränken und die leeren Fässer oben auf die Salzladung zu werfen und ohne weiteren Stopp bis San Elizario durchzufahren.

Charley Howard zog nach seiner Ernennung als Richter des El Paso Distriktes in das alte Franklin, das jetzt als El Paso bekannt ist. Er sah in diesen Salzseen die Möglichkeit des Geldmachens und, wissend, dass es sich um öffentliches Land handelte, schrieb er an George B. Zimpelman, seinem Schwiegervater in Austin, er solle ein paar Landzertifikate kaufen und ihm schicken, damit er das Land mit den Salzlagerstätten in Besitz nehmen konnte. Sobald ihm das Land gehörte, verbot Richter Howard jedem, Salz von den Seen zu holen, ohne sich vorher von ihm die Erlaubnis geben zu lassen.

Die Mexikaner beiderseits des Rio Grande in der Nachbarschaft El Pasos waren ob dieser Anordnung höchst ungehalten. Ein Subunternehmer der Überlandpost zwischen El Paso und Fort Davis namens Luis Cardis, unterstützte die Mexikaner und erklärte ihnen, Howard hätte kein Recht, ihnen das Salzholen zu untersagen. Cardis war gebürtiger Italiener, der 1860 nach El Paso gekommen war und eine Mexikanerin geheiratet hatte. Er identifizierte sich mit dem Land und wurde als politische Führungsperson prominent. Er war Republikaner, während Howard Demokrat war. Cardis und Howard wurden bald erbitterte Feinde und im September 1878 wurde der Konflikt zwischen den beiden so akut, dass Howard seinen Gegner mit einer doppelläufigen Schrotflinte im Laden der Gebrüder S. Shulz in Franklin tötete. Das löste sofort die Auseinandersetzung aus, die als *Salzseekrieg* bekannt ist, denn die Mexikaner stießen Todesdrohungen gegen Howard aus.

Nachdem er Cardis getötet hatte, floh Richter Howard nach New Mexico und aus seiner selbstgewählten Verbannung in diesem Staat, verlangte er vom Gouverneur in Texas, Ranger nach El Paso zu schicken, um ihn und das Gericht, dessen Vorsitzender er war zu beschützen. Zu der Zeit gab es im Umkreis von fünfhundert Meilen um diese Stadt keine einzige Kompanie des Grenzbataillons. El Paso war mit der Kutsche siebenhundertfünfzig Meilen von San Antonio oder Austin entfernt und die Fahrt dauerte ungefähr sieben Tage und Nächte auf einer gefährlichen Strecke – eine ungewöhnlich harte Reise für jeden Passagier, der sie auf sich nahm.

Der Gouverneur von Texas schickte deshalb Major John B. Jones mit der Bahn von Austin nach Topeka, Kansas, und dann so weit westlich nach New Mexico, wie die Santa Fe Eisenbahn damals gebaut war und dann mit der Postkutsche hinunter nach El Paso. Major Jones traf in der alten Stadt Franklin unangekündigt und unerkannt ein. Er begab sich ins Hotel und erhielt die Informationen, die er benötigte. Dann stellte er sich den Autoritäten vor und machte sich sofort daran, eine Kompanie aus zwanzig Rangern aufzustellen und auszurüsten. John B. Tays, der Bruder des Vorsitzenden der Episcopalkirche dieses Distriktes, wurde zum Lieutenant des neuen Kommandos ernannt, das als Abordnung der Kompanie C geführt und in der alten Stadt San Elizario, fünfundzwanzig Meilen südöstlich El Paso stationiert wurde.

Bald nachdem diese Abordnung von Rangern autorisiert worden war, erschien Richter Howard in San Elizario und ersuchte um ihren Schutz. Kaum hatte sich herumgesprochen, dass Richter Howard zurück in Texas war, als die Rangerkompanie auch schon von einer Bande bewaffneter Mexikaner umzingelt war, zwei- oder dreihundert Mann, die die Herausgabe des Juristen forderte. Lieutenant Tays weigerte sich, Howard auszuliefern und der Kampf begann und dauerte, mit Unterbrechungen, zwei oder drei Tage. Sergeant Mattimore, als er den Innenhof der Gebäude, in dem die Ranger einquartiert waren, überqueren wollte, wurde von mexikanischen Scharfschützen niedergeschossen und getötet, die auf dem Dach einiger Lehmziegelgebäude in Schussweite der Quartiere in Stellung gegangen waren. Danach wurde ein amerikanischer

Bürger, ein gewisser Mr. Ellis, in der Nähe des Camps der Kompanie C getötet.

Nach mehreren Tagen halbherzigen Geplänkels, ersuchten die Anführer des Mobs unter der Parlamentärsflagge um eine Unterredung mit Lieutenant Tays. Der Lieutenant war schließlich einverstanden, sich mit zwei von ihnen zu treffen und während die Friedensverhandlungen im Gange waren, näherten sich den Gesprächsparteien bewaffnete Mexikaner, einer nach dem anderen, bis vierzig oder fünfzig Lieutenant Tays klammheimlich umzingelt hatten und ihn auf Gedeih und Verderb in ihren Gewahrsam nahmen. Der Mob forderte dann mutig die Kapitulation der Ranger, die Auslieferung Richter Howards und zwei anderer Amerikaner, Atkinson und McBride, Freunde des Richters, die Zuflucht bei ihnen gesucht hatten.

Es gibt keinen Zweifel darüber, dass die Mexikaner Lieutenant Tays einschüchterten, sobald er in ihren Händen war; wahrscheinlich bedrohten sie ihn mit dem Tode, es sei denn, ihre Forderungen würden erfüllt. Der Lieutenant kehrte mit dem Mob zur Rangerstellung zurück und sagte:

„Jungs, alles ist erledigt. Ihr müsst eure Waffen und Pferde herausgeben und Ihr werdet freien Abzug erhalten."

Die Ranger waren wütend wegen dieser Kapitulation, aber machtlos sich zu helfen, weil der Mob in Schwärmen von allen Seiten herangekommen war. Billy Marsh, einer der Jüngsten der Kompanie, war so aufgebracht, dass er seinen Kommandeur anschrie:

„Der einzige Unterschied zwischen Ihnen und einem Stinktier ist, dass das Stinktier einen weißen Streifen auf dem Rücken hat!"

Richter Howard, die Zeichen an der Wand erkennend [Metapher aus der Bibel], begann Hände zu schütteln und seinen Rangerfreunden Lebewohl zu sagen. Sobald sich die Mexikaner der Rangerwaffen bemächtigt hatten, stellten sie Richter Howard, McBride und Atkinson vor eine Adobemauer und erschossen sie. Anschließend banden einige Mexikaner einen Strick um den Hals von Richter Howard und, auf schnellen Ponys sitzend, schleiften sie ihn durch die Straßen von San Elizario, bis sie ihn schließlich in einen seichten Quelltümpel warfen. Dann gingen die Mexikaner auseinander, die meisten von ihnen überquerten den Rio Grande nach Mexiko.

Lieutenant Tays trat als Kommandeur der Ranger sofort zurück und Private Charles Ludwick wurde zum First Sergeant befördert und trug die Verantwortung für die Kompanie, bis der Gouverneur von Texas einen bevollmächtigten Offizier zur

Kommandoübernahme schicken konnte. Hätte Lieutenant Tays vierundzwanzig Stunden länger ausgehalten, etwas dass er leicht hätte tun können, wären ihm Blamage und Demütigung der Kapitulation von seiner Person und seiner Kompanie vor dem Mob aus Mexikanern erspart geblieben. John Ford fegte nämlich mit einer Truppe aus New Mexico Cowboys ins Tal des Rio Grande, um den belagerten Rangern binnen eines Tages Entsatz zu bringen. Als er vom Schicksal Howards, McBrides, Atkinsons, Ellis' und Sergeant Mattimores erfuhr, schoss er sich das Tal von San Elizario bis El Paso hinauf und hinunter und tötete mehrere bewaffnete Mexikaner, die er beschuldigte, Teil des Mobs gewesen zu sein, der die Amerikaner ermordet hatte.

Das heutige Bataillon der Texas Ranger wurde am 1. Mai 1874 aufgestellt und im gesamten halben Jahrhundert des Dienstes, war diese Kapitulation von Lieutenant Tays der einzige dunkle Fleck, der ihnen je angekreidet wurde.

Später, als ich in El Paso bei Lieutenant Baylor eintraf, unterhielt ich mich oft mit den Privates George Lloyd, Doc Shivers, Bill Rutherford und Santiago Cooper – alles Männer von Tays Kompanie. Die meisten von ihnen glaubten, dass Tays im Innersten feige war, während einige wenige glaubten, dass er lediglich einen Fehler begangen habe, als er der Unterredung mit dem Mob zustimmte und es zuließ, dass er festgesetzt und gezwungen wurde aufzugeben.

*

Die Bedingungen im El Paso County waren nun so schlecht, dass Lieutenant Baylor in den Distrikt befohlen wurde, um den Befehl über die Rangerkompanie zu übernehmen. Bevor er von seinem Wohnsitz in San Antonio abreiste, um sein Kommando anzutreten, wurde Lieutenant Baylor nach Austin bestellt und er führte dort eine lange Unterredung mit Gouverneur Roberts. Baylor wurde instruiert, so diplomatisch wie möglich vorzugehen, um die beiden Parteien zu versöhnen und den Salzseekrieg friedlich zu beenden. Der Gouverneur war der Ansicht, dass mehr oder weniger beide Seiten für den Konflikt verantwortlich waren; was geschehen war könne nicht ungeschehen gemacht werden und das Wiederherstellen der Ordnung sei nun das erste Ziel und habe Vorrang vor einer Strafexpedition gegen die Mitglieder des Mobs.

Am 28. Juli 1879, erreichten Private Henry Maltimore und ich, von Austin kommend, San Antonio und wir legten unseren Marschbefehl Lieutenant Baylor vor. Er eröffnete uns, dass er den zweiten August zum Tag des Abmarsches von San Antonio ins El Paso County bestimmt hatte. In seinem Lager am San Antonio River, im südlichen Teil der Stadt, teilte der Lieutenant die Männer für den Begleittrupp ein: Mich als Sergeant und die Privates Henry Maltimore, Dick Head, Gus Small, Gus Kimpkau und George Harold.

Früh morgens, am 2. August 1879, verließ unsere kleine Abteilung San Antonio und machte sich auf den langen Weg. Ein Fuhrwerk transportierte ein schweres, altmodisches Klavier und darauf lagen die Haushaltsgegenstände des Lieutenants. Im hinteren Teil des Wagens stand ein Käfig mit Kampfhühnern, vier Hennen und ein Hahn, weil Lieutenant Baylor sie als Delikatesse schätzte; an Hahnenkämpfen nahm er aber nie teil. Seine Familie bestand aus Mrs. Baylor, zwei Töchtern – Helen, vierzehn Jahre alt und Mary, ein fünfjähriges Kind – und Miss Kate Sydor, die Schwester von Mrs. Baylor. Die Kinder und die Damen reisten in einer großen Reisekutsche, die von einem Paar Maultieren gezogen wurde. Die Rationen der Männer und der Pferde wurden in einem mit zwei Mulis bespannten Wagen transportiert, während die Ranger vor der Kutsche und den Wagen ritten.

Zwei Männer, die in einem zweirädrigen Karren nach New Mexico wollten, baten uns um Erlaubnis, sich zu ihrem Schutz uns anschließen zu dürfen. Natürlich kamen wir mit der einzigartigen Zusammensetzung unseres Trecks nur langsam voran. So weit ich mich erinnern kann, war 1879 ein ziemlich trockenes Jahr, weil auf der Siebenhundert-Meilen-Reise kein Tropfen Regen fiel. Als wir Fort Clark im Kinney County hinter uns gebracht hatten und den Devils River erreichten, waren wir im wirklichen Grenzland und mussten damit rechnen, jederzeit von Indianern überfallen zu werden. Es war deshalb notwendig, ununterbrochen und streng Wache zu halten.

Wenn wir abends um unser Lagerfeuer saßen, unterhielt uns Lieutenant Baylor mit Geschichten aus den frühen Tagen an der Grenze.

Er wurde am 24. August 1832 in Fort Gibson im Land der Cherokee, heute der Staat Oklahoma, geboren. Sein Vater, John Walker Baylor, war Chirurg in der United States Army. Lieutenant Baylor war Soldat durch Ausbildung und Erbe. 1879 war er in seinem siebenundvierzigsten Lebensjahr und stand sechs Fuß zwei Inches da, das perfekte Exemplar eines zähen Grenzmannes. Er war hochgebildet, schrieb viel für Magazine und Zeitungen, redete flüssig und war ein sehr interessanter Gesprächspartner und Geschichtenerzähler. Er war weniger reserviert, als alle anderen Captains, unter denen ich je gedient hatte.

Er hatte an vielen Indianerkämpfen an der texanischen Grenze teilgenommen und Schilderungen einiger seiner Erlebnisse waren aufregend. Lieutenant Baylor war ein edelgesinnter, christlicher Gentleman und Mitglied der Episcopalkirche von Kindheit an. In all den Monaten, die ich bei ihm gedient habe, hörte ich ihn nie fluchen oder eine schmutzige Anekdote zum Besten geben. Er trank weder Whisky noch benutzte er Tabak. Hätte er eine Historie seiner Unternehmungen im Grenzland und eine Autobiographie verfasst, wären es zwei der außergewöhnlichsten und interessantesten Bücher, die je geschrieben wurden.

Ich besitze nicht die Sprachgewalt, um Lieutenant Baylors Tapferkeit zu beschreiben, weil er so tapfer war, wie es einem Mann nur möglich sein kann. Er dachte, jeder andere müsse ebenso sein und übersah, dass ein weißer Mann ein Feigling sein konnte. Er war weichherzig wie ein Kind und hörte sich jede Jammergeschichte an. Er nahm regelmäßig Männer in den Dienst auf, stand für ihre Ausrüstung gut und hatte dann oft die Rechnung aus der eigenen Tasche zu zahlen. Alle Männer waren für ihn gleichartig und er schrieb jeden ein, wenn eine Stelle in der Kompanie frei war. Das Ergebnis war, dass einige der schlimmsten San-Simon-Viehdiebe zur Einheit kamen und Ärger ohne Ende machten; ein oder zwei Mal mit beinahe tödlichem Ausgang.

Baylor sorgte sich nicht um die Disziplin in der Kompanie. Eine Streife aus zehn oder fünfzehn Mann zog sich auf dem Marsch manchmal eine Meile oder mehr auseinander. Für jemanden der im Bürgerkrieg ein Regiment befehligt hatte, sah eine Abteilung Texas Ranger ohne Zweifel klein und unbedeutend aus und so ließ er seine Männer ziemlich viel machen, was sie wollten. Für einen Mann wie mich, der durch die Schule von Kompanieführern wie Major Jones, Captain Coldwell, Captain Roberts und Lieutenant Reynolds gegangen war, die stets sorgsam auf Haltung und Benehmen ihrer Männer achteten, schien Baylors Methode selbstmörderisch. Es schien unausweichlich, dass wir einmal überrumpelt und in Stücke geschossen würden.

Eine andere Besonderheit dieses wundervollen Mannes war sein Desinteresse an der Zeit. Traf er auf eine Indianerfährte, nahm er sich Zeit und folgte der Spur bis zum Ausgangspunkt. Er sagte dann:

„Kein Grund zur Eile, Jungs. Wir werden sie nach einer Weile fangen."

Zum Beispiel waren der Postkutscher und seine Passagiere, die im Januar 1880 im Quitman Canyon getötet wurden, schon zwei Wochen tot, bevor der Lieutenant von einer Streife in die Guadalupe Mountains zurückkehrte. Sofort befahl er mir, eine Abteilung aus allen Männern, mit Ausnahme von dreien, die im Lager blieben, zusammenzustellen, ihnen zehn Tagesrationen auszureichen und die Männer früh am nächsten Morgen abmarschbereit zu haben. Ein Orderly- oder First Sergeant wird kaum jemals dazu eingeteilt, auf Streife zu gehen, außer er will es, doch der Lieutenant sagte:

„Sie hätten sich besser beeilt, Sergeant. Sie könnten wieder eine Chance bekommen, einen Indianer zu töten."

Es schien irrational zu glauben, er könne nach zwei Wochen die Verfolgung einer Indianerbande aufnehmen, sie einholen und die ganze Bande vernichten, aber er schaffte es. Gib Comanchen oder Kiowas einen Vorsprung von zwei Wochen und sie würden in Kanada sein, doch die Apachen sind langsam und die Herausforderungen, die man zu bewältigen hat, sind andere.

Baylor war einer der besten Schützen die ich je gesehen habe. Er erlegte mehr Wild, als beinahe die gesamte Kompanie zusammen. Als wir das erste Mal nach El Paso gingen, benutzte er ein Winchestergewehr, doch nach dem ersten Indianergefecht kam er zu dem Schluss, dass es zu leicht sei und tauschte es gegen ein .45-70er Springfield Sporting Gewehr aus. Er verwendete immer etwas, das er Ruhestöcke nannte; das waren zwei etwa drei Fuß lange Stäbe, kleinfingerdick. Die wurden vier oder fünf Inches unterhalb des einen Endes mit einem Wildlederriemen zusammengebunden. Beim Schießen setzte er sich in die Hocke und stellte die Stäbe eine Armlänge vor sich hin, die längeren Enden gespreizt wie ein Stativ. Sein Gewehr in die Gabel aufgelegt und er konnte vollkommen ruhig zielen und traf präzise auf weite Entfernungen. Er trug diese Ruhestöcke immer in der Hand und benutzte sie beim Reiten als Gerte. In diesen Tagen war ich gewöhnlich stolz auf meine Schießkünste mit meinem Winchesterkarabiner, aber ich musste bald feststellen, dass mich Lieutenant Baylor meilenweit abzog, wenn es darum ging, Wild auf weite Distanz zu töten. Ich verwendete Ruhestöcke nie, weil ich sie immer vergaß und schoss freihändig.

Ich kann die Beschreibung von Lieutenant Baylor nicht abschließen, ohne seine prächtige Ehefrau zu erwähnen, welche die lange, mühselige Reise von San Antonio nach El Paso mit uns unternahm. Sie hieß Sallie Garland Sydnor, geboren am 11. Februar 1842. Ihr Vater war Großhandelskaufmann in Galveston und zu dieser Zeit Bürgermeister dieser Stadt. Mrs. Baylor war eine sehr kultivierte Frau, hoch gebildet und eine Könnerin am Piano. Sofort gewann sie mit ihrem hellen, sonnigen Gemüt und mit ihrem freundlichen Herzen Freunde unter den Rangern.

*

Nachdem Pecan Springs am Devils River hinter uns lag, gab es keine Rinder-, Schafs-, oder Ziegenranch mehr, bis wir in Fort Stockton waren, zweihundert Meilen im Westen. Hier war nur weites, unbewohntes Land. Heutzutage ist alles eingezäunt und tausende von guten Rindern, Schafen und Ziegen weiden auf den Hügeln. Der Old Spanish Trail durchquerte als eine Art Straße den größten Teil dieses Gebietes und wenn man ihn heute befährt, wird man hunderten von Leuten in hochmotorisierten Autos genau dort begegnen, wo das Reisen vor vierzig Jahren für eine kleine Gruppe gut bewaffneter Männer gefährlich war. Während wir am Devils River flussaufwärts zogen, stellte ich fest, dass Lieutenant Baylor nicht nur ein guter Jäger war, sondern auch cin erstklassiger Fischer, denn er versorgte das ganze Lager mit schönen Barschen, manche waren so groß wie Untertassen. Vierzig Meilen westlich des Beaver Lake erreichten wir Howard‘s Well [Quelle] gelegen an Howard‘s Draw [Rinne] einem Zufluss des Pecos River. Hier sahen wir die Trümmer eines Wagenzugs, der von Indianern einige Monate zuvor angegriffen worden war. Alle Maultiere waren geraubt, die Fahrer getötet und der Treck aus sechzehn großen Fuhrwerken verbrannt worden. Hätten die selben Indianer unsere kleine Gruppe von sechzehn Männern, zwei Frauen und zwei Kindern überfallen, wären wir alle massakriert worden.

Endlich erreichten wir Fort Lancaster, einen aufgegebenen Regierungsvorposten am Ostufer des Live Oak Creek, knapp oberhalb der Stelle, wo sich dieser schöne Fluss in den Pecos ergießt. Hier kampierten wir und ruhten uns im Schatten der großen Lebenseichen mehrere Tage lang aus. Von diesem Lagerplatz aus wendeten wir uns nordwärts, den Pecos hinauf, einen der seltsamsten Flüsse in Texas. Zu dieser Zeit, bevor sein Wasser viel für die Bewässerung in New Mexico verwendet wurde, war der Pecos fast das ganze Jahr randvoll mit schlammiger, brackiger Brühe. Nicht breiter als dreißig oder vierzig fuß, ist er der Fluss mit den meisten Krümmungen auf der Welt und obwohl nur drei bis zehn Fuß tief, war er derart reißend und tückisch, dass es höchst schwierig war, ihn zu durchwaten. Jedoch hatte er eine wahrhafte Tugend; er war der beste Fluss von ganz Texas für beide: Blauen und Gelben Katzenwels, die er zwischen fünf und vierzig Pfund schwer hergab. Wir reisten mehrere Tage das Flussufer hinauf zum Ponton Übergang und wir schlemmten Fisch. An der Pontoon Crossing Poststation am Pecos erreichten wir die Überlandpoststrecke, die von San Antonio nach El Paso führte, über Fredericksburg, Fort Mason, Menard, Fort McKavett, Fort Concho, Fort Stockton und Fort Davis, dann westwärts bei Eagle Springs durch den Quitman Canyon, wo mehr Tragödien und schändliche Morde von den Indianern in Szene gesetzt wurden, als an irgendeiner anderen Stelle der Route.

Ben Fricklin war hier der Postmeister. Die Poststation bestand aus Adobeziegeln und war nach dem immer gleichen Plan errichtet. An jeder Seite des Einganges befand sich ein großer

Raum. Das Tor führte in eine überdachte Passage die zwischen den beiden Räumen hindurchführte. Hinter den Räumen befand sich der Corral, dessen Mauern sechs bis acht Fuß hoch und zwei Fuß dick waren, auch aus sonnengetrockneten Ziegelsteinen. Ein Raum wurde zum Kochen und Essen benutzt und der andere als Schlafquartier und Vorratsspeicher. Die Postgesellschaft versorgte den Posthalter mit Waren und der kochte für die Fahrgäste, wenn es welche gab, und berechnete ihnen fünfzig Cent die Mahlzeit. Das Geld durfte er zum Ausgleich für seine Aufwendungen behalten.

Wenn die Postkutsche in die Station rollte, schwang der Posthalter die Tore auf und die Gespanne, kleine spanische Mulis, rasten in den Corral. Einmal in der Umfriedung waren die Tiere friedfertig, aber auf der Landstraße gemein und so wild wie Hirsche. Die Postgesellschaft kaufte diese kleinen Maultiere in Mengen zu fünfzig oder hundert in Mexiko und verteilte sie entlang der Strecke. Die zierlichen Tiere waren ungezähmte Bronchos, direkt aus der freien Wildbahn. Sie wurden hochgebunden oder niedergebunden, je nach dem und mit Gewalt angeschirrt. Wenn sie vor die Postkutsche oder einen einfachen, offenen Wagen gespannt waren, wurden die Corraltore geöffnet und das Gespann hinausgelassen, um sich auszutoben. Die intelligenten Mulis lernten bald, dass alles was sie tun mussten, war von einer Station zur nächsten zu rennen und sie konnten zwischen den Haltestellen nicht zum Stehen gebracht werden, ganz egal was passierte. Wann immer sie ein Fuhrwerk oder einen Reiter erblickten, der sich auf der Straße näherte, scheuten sie um den Fremden herum und je härter der Fahrer sie an den Fahrleinen hielt, desto schneller wurden sie.

Bei unserer Abfahrt waren unsere Gespanne ziemlich ausgelaugt und oft ließ Lieutenant Baylor nur wenige Yards neben der Straße kampieren. Die spanischen Postmaultiere erblickten uns, gingen durch und rasten im Bogen um uns herum, während die Kutscher fluchten und uns alle schlechten Namen zuriefen, die sie über die Lippen brachten, weil wir es wagten, an der Straße zu lagern.

Wenn wir an einer Haltestelle kampierten, fand ich es amüsant, den Stationsarbeitern beim Einspannen dieser argwöhnischen kleinen Tiere zuzuschauen. Die Kutsche oder der Wagen wurde immer schon im Corral gedreht und nach der nächsten Station ausgerichtet und die Passagiere nahmen Platz, bevor die Maultiere eingespannt wurden. Wenn alles fertig war und das Gespann war angeschirrt, gab der Kutscher das Stichwort, der Posthalter schwang die Torflügel auf und die Postkutsche bretterte davon, als ob es um Leben und Tod ginge.

Man sollte diesen alten Postkutschern ein Denkmal irgendwo an dieser Überlandroute errichten, weil sie ganz sicher die Tapfersten der Tapferen waren. Es braucht einen Mann mit viel Nervenstärke und Kraft, um während der Indianerzeit die Postkutsche zu lenken und viele von ihnen wurden getötet. Im allerletzten Jahr, in dem die Postkutschenlinie betrieben wurde (1880), verloren mehrere Fahrer zwischen Fort Davis und El Paso ihr Leben. Mehrere kündigten der Postgesellschaft und traten Lieutenant Baylors Kompanie bei und aus allen wurden exzellente Ranger.

Ab Pontoon Crossing ging es direkt nach Westen auf der Postroute den Rest des Weges nach El Paso. In Fort Stockton, dem ersten Ort nach Fort Clark, wo Lebensmittel zu erhalten waren, kauften wir Proviant für uns und Futter für die Pferde. Fort Stockton war ein großer Militärposten und recht lebendig, besonders abends, wenn die Saloons und Spielhallen von Soldaten und privaten Geschäftsmännern gut besucht waren.

In Leon Holes, zehn Meilen westlich von Fort Stockton, verloren wir eine Woche, weil Mrs. Baylor plötzlich erkrankte.

Als wir zum Wild Rose Pass hinauffuhren, litten wir sehr an der Kälte, obwohl es erst der letzte Tag im August war. Da wir aus den Niederungen in höhere Lagen kamen, fühlten wir den Temperaturwechsel in der Nacht außerordentlich deutlich. Das war das erste kalte Wetter, das ich während eines Sommers erlebte.

Schließlich, am 12. September 1879, trafen wir zweiundvierzig Tage nach Abreise aus San Antonio, gesund und munter in der alten Stadt Ysleta, El Paso County, ein. Hier fanden wir neun Männer vor, den Rest von Lieutenant Tays' Rangerkompanie. Die ersten paar Tage nach unserer Ankunft verbrachten wir damit, ein Quartier für Lieutenant Baylors Familie zu suchen und die Kompanie zu reorganisieren. Sergeant Ludwick wurde auf eigenen Antrag entlassen und ich wurde First Sergeant, Tom Swilling Second Sergeant, John Seaborn First Corporal und George Lloyd Second Corporal. Die Kompanie war nun auf ihre Sollstärke von zwanzig Mann gebracht.

Vor dem Winter kaufte Lieutenant Baylor ein schönes Haus und fünfzehn oder zwanzig Acres Land von einem Mr. Blanchard. Die Ranger wurden komfortabel in ein paar Adobegebäuden mit guten Corrals untergebracht, nicht weit vom Wohnsitz des Lieutenants. Wir waren nun zum Abenteuer an der Grenze bereit.

*

Als wir Ysleta erreicht hatten, war der Salzseekrieg eingeschlafen und die Ordnung wiederhergestellt. Obwohl fast hundert Mexikaner von der El Paso Grand Jury angeklagt wurden, erhielt kein einziger je eine Strafe für den Mord an Richter Howard und seinen Begleitern. Beim Studium von Sergeant Ludwicks Akten, fand ich Haftbefehle für fünfzig oder mehr Mobteilnehmer. Die meisten Mörder waren zwar, unmittelbar nachdem sie die Amerikaner erschossen hatten, nach Mexiko geflüchtet, aber viele von ihnen waren inzwischen in die Vereinigten Staaten und in ihre Häuser entlang des Rio Grande zurückgekehrt.

Ich meldete die Haftbefehle Lieutenant Baylor und versicherte ihm, dass ich, mit Unterstützung einer starken Rangereinheit und einem schnellen Feldzug das Tal hinunter, wahrscheinlich die meisten Beschuldigten verhaften könne. Der Lieutenant erklärte, dass er Instruktionen von Gouverneur Roberts erhalten habe, extreme Vorsicht walten zu lassen und nicht noch mehr Ärger wegen Howards Tod heraufzubeschwören und, vor allen Dingen, keinen Rassenkrieg zwischen den mexikanischen Tätern und den weißen Leuten des Landes anzuzetteln. Er entschied deswegen, dass wir in dem nun erloschenen Salzseekrieg, besser keine weiteren Schritte unternehmen sollten. Selbstverständlich erwähnte ich ihm gegenüber die Angelegenheit nicht wieder.

Und nun, da der Salzseekrieg vorbei war, warteten neue und abenteuerliche Unternehmungen auf uns und in weniger als einem Monat nach unserem Eintreffen in Ysleta, gerieten wir in unser erstes Gefecht gegen die Apachen, einem Indianerstamm, dem ich zuvor noch nie in der Schlacht begegnet war.

-o-

Mein erster Kampf gegen Apachen

Am 5. Oktober 1879 um Mitternacht, übergab Pablo Mejia Lieutenant Baylor eine Note von Captain Gregorio Garcia aus San Elizario des Inhalts, dass eine Apachenbande das Lager von fünf Mexikanern überfallen und vier Männer getötet hätte. Die fünf waren damit beschäftigt gewesen, Heu für die Postkutschengesellschaft fünfzehn Meilen nördlich der La Quadra Station zu machen. Als First Sergeant erhielt ich sofort Befehl, für Lieutenant Baylor eine Abteilung von zehn Mann zusammenzustellen und ihnen fünf Tagesrationen ausreichen zu lassen. Ich wählte Second Sergeant Tom Swilling, die Privates Gus Small, George Lloyd, John Thomas, George Harold, Doc Shivers, Richard Head, Bill Rutherford und Juan Garcia für die Unternehmung und mich selbst als zehnten Mann. Ich benötigte eine Stunde, um die Leute zu wecken, die Rationen und Munition auszugeben und die zwei Mulis zu bepacken. So war es ein Uhr nachts, als wir schließlich Ysleta verließen.

Bei Tagesanbruch erreichten wir Hawkins Station, nahe der Stelle, wo heute Fabin's Station ist. Hier, so hatte man uns erklärt, würden wir den Überlebenden des furchtbaren Massakers antreffen. Wir ritten zum Eingang der Postkutschenherberge und mussten mehrmals anklopfen, bevor wir sicher waren, dass irgendjemand im Gebäude am Leben war. Schließlich wurde die Tür sehr vorsichtig etwa einen Inch weit geöffnet und ein Mexikaner lugte heraus. Lieutenant Baylor fragte ihn, ob er einer der *grameros* oder Heumacher sei.

„*Si, Senor*", antwortete der verschlafene Mexikaner.

Um einen Bericht vom Massaker gebeten, sagte der Eingeborene, es sei beinahe dunkel gewesen, als die Indianer, so fünfundzwanzig bis fünfzig, das Lager angriffen, dabei dermaßen entsetzlich brüllten, dass alle Fersengeld gaben und so schnell wie möglich in den Kreosotbüschen verschwanden. Der Sprecher sah seinen *probrecito papa* (armen Vater) laufen, die Indianer hinter ihm her, um ihn mit der Lanze zu erstechen und wusste, dass der Vater und die übrigen der Gruppe getötet worden waren. Nur er selbst war entkommen. Als er den tragischen Tod seines geliebten Papas beschrieb, rollten die Tränen über seine Wangen. Lieutenant Baylor tröstete den Weinenden so gut er konnte und fragte ihn, ob er die Ranger nicht zu dem überfallenen Lager führen wolle; er lehnte dankend ab, sagte, er müsse bleiben und dem Stationsinhaber dabei helfen, die Postmulis zu versorgen, aber er beschrieb uns den Weg zu der Ranch, auf der die Familien einiger der toten Männer lebten und wo wir einen Führer bekommen konnten.

Als wir auf der Ranch unterhalb Hawkins Station ankamen, ging die Sonne auf und wir hielten an, um nach einem Nachtritt von vierzig Meilen zu frühstücken. Die Leute auf der Ranch waren sehr verunsichert, als wir angeritten kamen, jedoch sehr erleichtert, nachdem sie uns als Ranger erkannt hatten. Sowie sie erfahren hatten, was unser Auftrag war, widmeten sie uns ihre ganze Aufmerksamkeit. Unter den ersten, der zu uns kam, war ein alter Mexikaner, der im Heucamp gewesen war, als es angegriffen wurde. Er lieferte eine entsetzliche Schilderung von dem Überfall. Sein Sohn war einer der *grameros* gewesen und als er ihn erwähnte, begannen die Tränen zu rinnen.

„*Ah, hijo de mi cara, Juan.* Ich werde ihn nie wieder sehen", lamentierte er. „Alle wurden umgebracht und ich allein kam davon!"

Lieutenant Baylor erklärte dem weinenden Vater dann, dass sein Sohn sehr viel am Leben war und dass wir gesehen hatten, wie er genau in dieser Nacht den Tod seines Vaters beweinte, von dem er dachte, dass er getötet worden war. Es stellte sich allmählich heraus, dass alle toten Männer lebten. Als das Lager überfallen worden war, rannten alle Mexikaner auseinander und die Apachen waren zu sehr damit beschäftigt die Vorräte zu plündern, um den Fliehenden nachzulaufen. Noch dazu, sollten diese Bauern kämpfen wollen, hatten die Indianer kein Verlangen danach, ihnen in den Busch zu folgen.

Ein heller, junger Mexikaner ritt mit uns zum Heumacherlager, das etwa sechs Meilen Richtung Comales lag, wo heute Don Juan Armendaris eine Rinderranch besitzt. Die Apachen hatten ein wahrhaftiges Durcheinander im Lager angerichtet. Sie hatten alle Tassen und Teller zerschmissen, Salz in den Zucker gekippt, dieses Gemisch ins Mehl und in die Bohnen und alles zusammen auf die Erde, weil die Säcke alles waren, was sie wollten. Sie hatten den Kaffeetopf zerschlagen, die Bratpfanne, den Kochtopf und mit einer Axt die Wasserfässer. Dann nahmen sie alle Decken mit und zogen westwärts ab, als ob sie in die Sierra Prieta wollten, aber nachdem sie eine Meile zurückgelegt hatten, führte die Fährte nach Süden. Wir stellten fest, dass die Rothäute von Norden über Las Cornudas gekommen waren und vermutlich von Fort Stanton, New Mexico, nach Mexiko auf Raubzug gingen. Sie befanden sich in einer wasserlosen Gegend und wollten zum Rio Grande, vierzehn Meilen im Süden. Als sie das Heumacherlager auf ihrem Weg entdeckten, griffen sie es an und feuerten auf die Grasschnitter. Die Mexikaner spritzten auseinander und flohen in die Dunkelheit, jeder von ihnen dachte, der einzige Überlebende zu sein und erzählte das so zu Hause, obwohl in Wirklichkeit kein einziges Leben verlorengegangen war.

Unser Führer ritt zurück, um die unterhalb liegenden Ranches zu alarmieren und wir folgten der Fährte die Hochebene hinab bis vor die mexikanische Stadt Guadalupe. Dort kreuzten wir die Postkutschen-Überlandroute in der Nähe der heutigen Rio Grande Station und fanden dort unseren Führer auf uns wartend. Er hatte die Fährte entdeckt und weil er fürchtete, die Indianer könnten weiter unten an der Straße im Hinterhalt liegen, hatte er unsere Ankunft abgewartet. Die Spur führte gradewegs zum Rio Grande und überquerte ihn etwa eine Meile westlich von Guadalupe. Anhand der Hufabdrücke der Ponys und Maultiere schätzte Lieutenant Baylor die Indianerbande auf fünfzehn bis zwanzig Mann stark. Wir hatten einige Schwierigkeiten, der Fährte zu folgen, sobald wir uns in der Flussniederung bewegten, weil es hier wilde Pferde und Rinder gab, aber ein paar von uns stiegen aus dem Sattel und arbeiteten die Fährte aus. Wir gingen über den Fluss und lagerten zu Mittag.

Lieutenant Baylor schickte Pablo Mejia in die Stadt, um den Präsidenten von Guadalupe darüber zu informieren, dass wir auf einer frischen Apachenspur waren, die vom Rio Grande nach Süden nach Mexiko hinein führte und Mejia sollte ihn um die Erlaubnis bitten, den Indianern in sein Land folgen zu dürfen. Der Bote kam bald zurück und meldete, dass sich der Präsident nicht allein darüber gefreut hatte, dass wir den Rothäuten auf den Fersen waren, sondern sich uns gerne mit allen Männern, die er auftreiben konnte, anschließen würde.

Gerade als wir über den Fluss gegangen waren, begegneten wir einem mexikanischen Hirten mit seiner Ziegenherde. Sowie er hörte, dass wir auf der Spur der Apachen waren, begann er aus Leibeskräften zu rufen und hatte bald die Ziegen soweit um sich versammelt, dass er sie in die Stadt treiben konnte - obwohl die Indianer schon in der vergangenen Nacht hier durchgezogen waren. Wir waren schnell wieder im Sattel und als wir in das Pueblo ritten, wurden wir von den Leuten freundlich begrüßt. Wir fanden gleich am Dorfrand eine Stute, welche die Apachen getötet und aus der sie die besten Steaks herausgeschnitten hatten.

Hinter Guadalupe ging die Spur nach Süden, folgte eng der Poststraße von Juarez nach Chihuahua. Nicht lange, nachdem wir die Stadt verlassen hatten, begegneten wir einem Kurier, der von der einundzwanzig Meilen entfernten Ranch Don Ramon Arrandas, San Marcos de Cantarica, kam und nach Guadalupe wollte. Er berichtete uns, dass die Apachen auf dieser Ranch einen Hirten getötet und vier Pferde und sechzehn Mulis der Postgesellschaft mitgenommen hätten. Wir eilten weiter und waren bei Sonnenuntergang in Cantarica, hatten achtundsiebzig Meilen seit ein Uhr nachts zurückgelegt. Beide, Mann und Pferd, waren rechtschaffen müde.

Auf der Ranch herrschte die Verwirrung schlechthin. Der mexikanische Hirte war in ein Leichentuch gehüllt, ein Kreuz lag auf seinem Kopf und mehrere kleine Kerzen standen brennend neben der Leiche. Viele Frauen mit schwarzen Schals auf den Köpfen saßen im Zimmer herum. Die Apachen, sechzehn gut bewaffnete und gut berittene Krieger, hatten ihr Opfer um die

Mittagszeit umgebracht und das Vieh in der Nähe der Ranch erbeutet.

Mexikanische Freiwillige aus Guadalupe und San Ignacio trafen nach und nach ein, bis unsere vereinigte Truppe fünfundzwanzig, sechsundzwanzig Reiter stark war. Jeder war aufgeregt bei dem Gedanken an ein Gefecht mit den Rothäuten, die für den Mord verantwortlich waren.

Begleitet von unseren freiwilligen Verbündeten, verließen wir die Ranch im Morgengrauen des folgenden Tages und nahmen sofort die Fährte auf. Sie setzte sich nach Süden fort, am Fuß der Armagora- oder Sierra Bentano Mountains entlang. Da die Mexikaner sich im Land auskannten, übernahmen sie die Führung und folgten der Fährte schnell. Ungefähr um elf Uhr morgens hielten die Fährtenleser an der Mündung des Canyon del Marranos, einem hässlichen, schwarzen Loch, das in die Berge geschnitten war und das schon ohne Unterstützung durch die Apachenkrieger grimmig und abweisend genug aussah. Als wir zu den Mexikanern aufgeschlossen hatten - wir ritten eine halbe Meile hinter ihnen - berieten sich Lieutenant Baylor und Captain Garcia kurz. Der Lieutenant wandte sich an mich und sagte, dass Captain Garcia behauptete, die Indianer lägen im Canyon zwischen den Felsen und er befahl mir, zwei Männer als Wache für die Pferde abzustellen, während wir zu Fuß in die Berge klettern und sie absuchen würden. Ich konnte mir beim besten Willen nicht vorstellen, dass eine Indianerbande, die nur einen Tag zuvor einen Mann getötet und alle Tiere der Poststation fortgetrieben hatte, nur dreißig Meilen weitergezogen sein und nun in diesem Canyon liegen und auf uns warten sollte.

„Sie kennen die Apachen nicht“, erklärte Lieutenant Baylor, als ich meine Gedanken äußerte. „Sie unterscheiden sich sehr von den Prairie Indianern, die zu verfolgen Sie gewöhnt sind. Diese Apachen lieben es, in die Felsen zu klettern und ihren Feinden aufzulauern.“

Beim Kriegsrat schlugen die Mexikaner vor, dass Lieutenant Baylor neun von seinen Männer und zehn von ihren Freiwilligen nehmen und der Fährte den Canyon hinauf folgen sollte. Doch der Lieutenant erklärte, dass dies niemals funktionieren würde, weil die Apachen dieses Vorgehen zweifellos vorhergesehen und sich in den Felsen verborgen hätten, von wo sie ihre Angreifer töten könnten, ohne sich selbst im mindesten zu exponieren. Er schlug vor, die Berge hinaufzusteigen, sich den Kamm entlang zu arbeiten und dann den Indianern hangab in den Rücken zu fallen und das war die Strategie, die schließlich angenommen wurde.

Die Mexikaner stiegen von den Pferden ab und die Bergflanke nach oben, etwa hundert Yards links von uns. Lieutenant Baylor und seine acht Ranger marschierten bei unseren Pferden in gerader Linie los und begannen mit dem Aufstieg. Unterwegs rupfte der Lieutenant Grasbüschel aus und steckte sie rund um seinen Hut ins Hutband, so dass sein Kopf wie ein Graspolster aussehen und Kopf und Körper tarnen würde, falls er sich flach auf die Erde legen müsste. Er riet uns, seinem Beispiel nachzueifern. Ich hatte mir aus meinen Satteltaschen etwas mexikanischen Käse mitgenommen und aß den, während wir sorglos den Berg hoch marschierten. Ehrlich, ich glaubte nicht, dass sich im Umkreis von hundert Meilen ein Indianer aufhielt, aber es dauerte nicht lange, bis ich meine Meinung ändern sollte. Plötzlich der laute Knall eines Gewehres und dann noch einer. Ich blickte nach oben, wo die Mexikaner hinter einem Felsband in Stellung gegangen waren und sah, wo eine Kugel den Stein getroffen hatte, einen Fuß über ihren Köpfen. Ich hatte keinen Appetit mehr auf Käse. Ich warf das, was ich an Käse in der Hand hatte, weg und spuckte den Käse, den ich in meinem Mund hatte aus.

Die Apachenkrieger, hoch in den Felsen über uns, wendeten nun ihr Interesse unserem kleinen Rangertrupp zu und feuerten fünfundzwanzig oder dreißig Schüsse in unsere Mitte. Eine dieser großkalibrigen Kugeln pfiff derart nah an meinem Kopf vorbei, dass sie sich anhörte wie eine fliegende Ente, die mit fünfzig oder sechzig Meilen die Stunde flussabwärts flog. Lieutenant Baylor befahl uns den sofortigen Angriff.

Während ich den Berg hinaufrannte, war ich etwas vor den Jungs. Wir kamen an eine Steinbank, drei, vier Fuß hoch. Ich sprang schnell hinauf, doch bevor ich mich aufrichten konnte, erhob sich ein Indianer hinter einem Felsblock vor mir, fünfzehn bis zwanzig Yards, und feuerte direkt auf mich. Das Geschoss traf eine kleine Yucca drei Fuß vor mir und die Blätter flogen mir nur so in Mund und Gesicht. Ich dachte, ich wäre getroffen, aber es waren nur Blätter, kein Blut, was ich mir mit der linken Hand aus dem Mund wischte. Ich drehte den Kopf und rief den Jungs zu aufzupassen, aber die Warnung war überflüssig – sie lagen schon hinter der Steinbank in Deckung.

Im selben Augenblick, in dem ich den Kopf drehte, riss mir der zweite Schuss des Apachen die gesamte Frontpartie meines Hutrandes ab. Ich sah, wie der Krieger wieder eine Patrone in sein Gewehr schob und brachte meine Winchester schnell gegen ihn in Anschlag. Als er sah, dass ich gleich auf ihn schießen würde, wechselte er seine Position und zeigte mir nun seine Seite. Wir schossen beide im selben Augenblick. Meine Kugel traf die Rothaut knapp über der Hüfte, ging geradewegs durch den Körper und brach ihm die untere Wirbelsäule und tötete ihn fast auf der Stelle. Er war ein stattlicher Mann, vermutlich sechs Fuß groß und sein Gesicht war rot und blau bemalt. Er hatte ein altes Winchestergewehr mit Achtkantlauf benutzt und er hatte einen alten Hemdsärmel bei sich, an einem Ende zugeschnürt, mit zweihundertfünfzig Winchesterpatronen darin.

Einige Indianer, fünfzig Yards über uns, fingen nun an, unsere Stellung unter Feuer zu nehmen, deshalb ging ich hinter der Felsbank in Deckung. Fünfzehn, zwanzig Yards links von uns und ein wenig weiter den Berg hinauf, lag Lieutenant Baylor gedeckt hinter einigen Felsbrocken. Er hob den Kopf sachte über seine Brustwehr für einen heimlichen Blick auf die Indianer und diese scharfäugigen Krieger sahen ihn; ein gut gezielter Schuss fetzte Gras vom Hut. Wäre die Kugel sechs Inches tiefer eingeschlagen, hätte sie ihn voll ins Gesicht getroffen.

„Verflucht, dieser Indianer“, rief Baylor und zog den Kopf ein. „Wenn ich eine Schrotflinte hätte, würde ich hochrennen und direkt auf ihn drauf springen.“

Der Lieutenant war jetzt wütend und befahl eine Attacke. Die Jungs zögerten und George Harold, ein alter Scout sagte:

„Lieutenant, wenn wir hier aus der Deckung und den Berg hinaufgehen, werden uns die Indianer fünfundsiebzig Yards da oben versteckt hinter den Felsen alle töten.“

„Ja, ich nehme an, Sie haben recht; die werden nur schwer aus ihrem Versteck zu werfen sein“, entgegnete Baylor.

Die Apachen besaßen offenbar jede Menge Munition, weil sie den ganzen Tag ungezieltes Störfeuer aufrecht erhielten. Da sie erkannt hatten, dass wir ihnen nicht in die Falle gehen würden, richteten sie ihre Aufmerksamkeit auf unsere Pferde. Obwohl die Tiere vier- oder fünfhundert Yards vom Fuß des Berges entfernt waren, töteten sie Sergeant Swillings Pferd. Die Kugel ging knapp hinter den Schultern durch den ganzen Körper. Als es schwankte und taumelte, begann Swilling zu klagen, weil ihn der Horror aller Westmänner packte – zu Fuß gehen zu müssen. John Thomas jedoch brachte ihn wieder zum Lachen, indem er sagte:

„Sergeant, Sie sollten besser mal abwarten, ob Sie überhaupt wieder ins Camp zurückmüssen.“

Wir konnten beobachten, wie die Geschosse rund um die Pferde in den Staub schlugen und wie die Wache das Feuer erwiderte. Lieutenant Baylor schickte jetzt einen Mann zu den Wachen, mit der Order, die Pferde außer Schussweite zu bringen.

Im Laufe des Nachmittages bewegten sich die Apachen höher hinauf, Richtung Bergrücken und dabei zeigte sich ein Indianer zu sehr. Die Mexikaner zu unserer Linken entdeckten ihn und töteten ihn mit einem gut gezielten Schuss. Der Krieger fiel auf eine einsehbare Stelle, wo er buchstäblich in Stücke geschossen wurde.

Wir waren den ganzen Tag ohne Wasser und als die Nacht kam, entschieden Lieutenant Baylor und Captain Garcia, dass es nutzlos sei, den Kampf noch länger fortzusetzen, so zogen wir Richtung unserer Pferde ab. Nachdem wir die Tiere erreicht hatten, konnten wir die Indianer immer noch unsere Stellungen beschießen hören. Wir hätten womöglich ihre Pferde durch einen Überfall erbeuten können, doch dazu hätten wir die Bergflanke hinunter gehen und einen tiefen Canyon durchqueren müssen, wo wir gezwungen gewesen wären, unseren Weg langsam und sorgfältig zu wählen, unter dem ununterbrochenen Kreuzfeuer der versteckten Scharfschützen und weder Baylor noch Garcia waren der Meinung, dass die Pferde die zu bringenden Opfer rechtfertigten.

Weil die nächstgelegene Wasserstelle dreißig Meilen entfernt war, und unsere Männer und Pferde müde und durstig, ritten wir zurück zur Ranch unseres gastfreundlichen Freundes Don Ramon Arranda, wo unsere Pferde gefüttert wurden und wir uns an frischer Milch und Käse laben durften. Auf dem Rückweg nach Guadalupe wurden wir sehr freundlich von Mr. Maximo Arranda unterhalten, einem Zollbeamten aus San Elizario und Bruder von Don Ramon.

Wir erreichten unser Hauptquartier bei Ysleta nach fünf Tagen Abwesenheit und einer zurückgelegten Strecke von zweihundertundzweiundzwanzig Meilen ohne Verluste, abgesehen von ein paar Schrammen vom Klettern in den Bergen und Sergeant Swillings Pferd.

Dieses erste Scharmützel mit den Apachen aber, war nur ein Vorspiel ganz anderer Expeditionen gegen diesen Stamm und wir sollten bald dem Napoleon der Apachen heiß auf der Spur sein – Victorio.

-o-

Ungefähr einen Monat nach unserem ersten Kampf gegen Apachen im November 1879, verließ Häuptling Victorio die Mescalero Reservation mit einer Gruppe von einhundertfünfundzwanzig Kriegern und einhundert Frauen und Kindern und zog südwärts nach Mexiko auf Raubzug. Dieser Häuptling war vermutlich der beste General, den der Apachenstamm jemals hervorgebracht hat. Er war ein weit besserer Captain, als es Geronimo je gewesen ist und fähig, eine viel größere Streitmacht zu befehligen. Sein Stellvertreter in der Befehlshierarchie war Nana, ebenfalls ein sehr patenter Offizier.

Victorio kannte jeden Fuß des Landes und wusste deswegen, wo man Holz, Wasser, Gras und Wild im Überfluss fand, also nahm er sich Zeit und als er von New Mexico hinab in die Provinz Chihuahua gelangte, machte er zuerst am Santa Maria halt. Die Gegend um diesen Fluss ist sehr gebirgig, besonders nach Süden zu und hier konnte er Zuflucht finden, im Falle, dass ihn mexikanische Soldaten attackieren würden. Von dieser Seite drohte damals jedoch wenig Gefahr, weil das Land dünn besiedelt war. Ackerbau und Viehzucht gab es in der Nachbarschaft der kleinen Städte.

Nach und nach bewegte sich Häuptling Victorio, von Nordwesten kommend, hinunter in die Candelaria Mountains. Hier durfte er frisches Weideland für seine große Pferdeherde erwarten und war in der Nähe der San-Jose-Siedlung, die Don Mariano Saminiego gehörte. Hier konnte er auch die öffentliche Straße zwischen Chihuahua und El Paso del Norte, dem heutigen Juarez [Stadt am mexikanischen Ufer des Rio Grande, gegenüber El Paso], beobachten.

Eine Tragödie, sehr traurig und herzzerreißend, war Folge dieses Zuges der Indianer. Victorio lagerte bei den großen Wasserbecken an der Nordseite und fast auf dem Gipfel der Candelaria Mountains, wo ihm wunderbares Land für sein Vieh und viel Wild und Holz zur Verfügung standen. Von diesen, beinahe unzugänglichen Bergspitzen konnte er zwanzig oder dreißig Meilen in jede Richtung sehen und jede Bewegung von Reisenden oder feindlichen Truppen beobachten. Der erfahrene Häuptling schickte nun eine kleine Gruppe Indianer gegen die kleine Niederlassung San Jose. Dort stahlen die Indianer eine Herde Mexikanerponys und eilten zurück zu ihrem Lager. Die Stadtbewohner entdeckten den Verlust ihrer Ponys, untersuchten die Fährte und lasen heraus, dass es sich bei der Räuberbande nur um wenige Indianer handelte. Eine Kompanie der vornehmsten Bürger von San Jose unter dem Kommando von Don Jose Rodriguez und verstärkt durch Freiwillige aus der kleinen Ortschaft Carbajal, machte sich auf, die Indianer zu finden und die gestohlenen Pferde zurückzuholen. Der kleine Trupp, fünfzehn Mann, ritt zur Nordflanke der Berge und stieß auf die Fährte von Victorios Bande auf einem alten, ausgetretenen Pfad, der von Indianern benutzt wurde, die vom Santa Maria River zu den Candelaria Mountains zogen. Dieser Weg wand sich zwischen zwei felsigen Bergspitzen hindurch, senkte sich dann die Hänge hinab in die Ebene zwischen ihnen und den Candelarias und endete schließlich an den großen Wasserbecken.

Von seiner Position auf den hohen Berggipfeln, hatte Victorio die kleine Gruppe der Mexikaner entdeckt, lange bevor sie auf seine Fährte stoßen würden und weil er wusste, dass sie sich niemals in die Candelarias trauten, wenn sie erst die Breite seiner Spur gesehen hätten, schickte er vierzig oder fünfzig seiner Krieger, um dort einen Hinterhalt zu legen, wo der Indianerpfad auf dem Pass zwischen den beiden Bergspitzen verlief. Er muss selbst bei den Kriegern gewesen sein, weil das Ganze gekonnt geplant und umgesetzt wurde.

Auf der Nordseite des Pfades gab es nur ein paar Felsblöcke, doch auf der Südseite waren die Hügel sehr durchbrochen und stiegen in rauen, übereinander getürmten Gesteinsschichten an. Die Apachen verbargen sich beiderseits des Passes in den Felsen und warteten auf ihre Opfer. Am siebten November ritten die Mexikaner in den engen Hohlweg und sobald sie sich im Pass zwischen den im Hinterhalt liegenden Indianern befanden, feuerte die Apachengruppe nördlich des Pfades eine Salve auf sie. Die Mexikaner machten daraufhin, dass sie in die Felsen auf der Südseite kamen, als die Rothäute oben in den Klippen das Feuer auf sie eröffneten. In dieser Todesfalle gefangen, wurde die gesamte Truppe massakriert.

Als ich eine Zeit später das Gelände beging, kam ich an eine Stelle, wo ein Mexikaner in einer Felsspalte Schutz gesucht hatte, aus der heraus er jeden, der von Osten oder Westen auf ihn zukam, beschießen konnte. Er war auch von den Indianern in den Felsen über ihm nicht auszumachen, jedoch waren seine Beine für die Krieger auf der Nordseite ungedeckt und sie hatten sie ihm buchstäblich bis hinauf zu den Knien abgeschossen. Auch fand ich sieben tote Mexikaner in einer schmalen Rinne und auf einer niedrigen Anhöhe über ihnen entdeckte ich den Schlupfwinkel eines einzigen Indianers, der auf die kleine Gruppe siebenundzwanzig Schüsse abgegeben hatte, bis alle getötet waren, denn so viele Patronenhülsen Kaliber .45-70 zählte ich auf einem Haufen. Praktisch alle Pferde der Mexikaner waren getötet worden. Einige der Tiere waren an Spanische Palmlilien gebunden worden und wenn getroffen, rannten sie noch so weit wie ihr Strick lang war, bevor sie zu Boden stürzten. Einige der Pferdekörper rollten hinab in den tiefen Canyon, bis sie auf dem Grund von dem ankamen, was wir den *Canoa de la Muerte* (Canyon des Todes) nennen und die Indianer entfernten keinen Sattel oder Strick von den toten Pferden.

Als die Kompanie der Mexikaner nicht mehr zurückkehrte, verursachte das in der kleinen Stadt Carbajal große Sorge und Aufregung. Da sich, wie man annahm, nur eine kleine Bande Apachen auf Pferdediebstahl in den Candelarias aufhielt, meldete sich eine weitere Gruppe aus vierzehn Mann freiwillig, um hinzureiten und nachzusehen, was aus ihren Freunden und Verwandten geworden war. Don Jose Mario Rodriguez wurde zum Anführer auserkoren und die kleine Truppe nahm die Fährte ihrer Kameraden mit traurigen Vorahnungen auf. Von seinen Wachttürmen in den Candelarias aus, sah Victorio den Rettungstrupp und bereitete dessen Vernichtung vor.

Die Spuren deuteten darauf hin, dass der zweite Trupp in genau die selbe, tödliche Falle getappt war wie der erste, nur dass sich die Männer beim Kämpfen weiter verteilt hatten und viele von ihnen auf dem südlichen Abhang der Hügel getötet worden waren. Zwei hatten versucht, auf Pferden zu fliehen, wurden aber verfolgt und getötet. Ich fand einen dieser Unglücklichen auf offener Ebene, ungefähr sechshundert Yards vor den Hügeln. Die Indianer hatten ihn umzingelt und er sah ein, dass Entkommen unmöglich war, stieg vom Pferd, band es an eine Spanische Palmlilie und lieferte einen guten Kampf. Ich fand dreißig oder vierzig Patronenhülsen dort, wo er gefallen war. Sein Pony war getötet worden und die Palmlilie zu Stücken geschossen. Die Apachen hatten ihm die rechte Hand abgeschnitten und sein Gewehr, Sechsschüsser, Sattel und Zaumzeug mitgenommen.

Als keine der beiden Gruppen zurückkam, dann herrschte wirklich Sorge in der Stadt Carbajal, denn neunundzwanzig ihrer bedeutendsten Bürger waren gegangen, um nie mehr wiederzukehren. Ehefrauen, Mütter und der Herzensschatz beklagten den Verlust ihrer geliebten Menschen. Ein Melder wurde nach El Paso del Norte geschickt und die Bürger begannen eine Strafexpedition zu organisieren, baten Saragosa, Tres Jacales, Guadalupe und San Ignacio um deren Unterstützungskontingente. Diese Städte reagierten schnell und bald waren einhundert Mexikaner für den Feldzug bereit.

Eine Note wurde an Lieutenant Baylor in Ysleta geschickt und die Ranger aufgefordert, sich der Truppe anzuschließen. Baylor stimmte bereitwillig zu, die Mexikaner zu begleiten, weil er wusste, dass es nur eine Frage der Zeit war, bis Victorio wieder auf unserer Seite des Rio Grande morden und rauben würde. Eine Abordnung von Kompanie C hatte in einem Gefecht gegen Apachen in Mexiko gestanden und die Mexikaner hegten für uns sehr große Sympathien.

Lieutenant Baylors Abteilung von zehn Rangern überquerte den Rio Grande bei Saragosa, einer Kleinstadt gegenüber von Ysleta, und schlossen sich den Mexikanern unter Senor Ramos an. Wir marschierten zur Ranch von Don Ynocente Ochoa und warteten, bis die Freiwilligen der anderen Städte bei Salamayuca Springs eintrafen. Als sie dort waren, ritten die Ranger hin und unser vereinigtes Kommando wuchs auf einhundertzehn Mann.

Nachdem sie ihre Streitmacht organisiert hatten, schickten die Mexikaner Senor Ramos, um Lieutenant Baylor darüber zu informieren, dass sie Baylor, in Anbetracht seiner Erfahrung als Soldat und als Kompliment für die Ranger, dazu ausersehen hatten, das Oberkommando über die gesamte Truppe zu übernehmen. Der Lieutenant dankte dem Boten, entgegnete jedoch, dass die Kampagne auf mexikanischem Boden stattfände, um Mexikaner zu retten oder zu begraben und dass es angemessener wäre, einem ihrer eigenen Männer den Oberbefehl anzutragen und dass er selbst mit Freuden unter jedem Kommandeur dienen würde, den man auswählte. Senor Ramos kam kurz darauf wieder und informierte Lieutenant Baylor darüber, dass die Mexikaner Don Francisco Escajeda aus Guadalupe als Oberbefehlshaber und Lieutenant Baylor als Zweiten Kommandierenden bestimmt hätten.

Diese Lösung der Führungsfrage gefiel uns, da es bei den Mexikanern einen Umstand gab, der möglicherweise zum Bruch des Bündnisses geführt hätte. Old Chico Barelo, der Kazike des Pueblos und Anführer des Mobs, der Richter Howard, Ellis, Atkinson und McBride in San Elizario getötet hatte, war Teilnehmer der Expedition und wir hatten von unserem Hauptquartier in Ysleta Haftbefehle für ihn und viele andere; aber wir gaben dem alten Kerl zu verstehen, dass wir jetzt gegen einen gemeinsamen Feind kämpften und in Eintracht zusammenarbeiten sollten. Wir taten das um so lieber, weil wir erfahren hatten, dass, nachdem Richter Howard und die anderen tot waren, der Mob alle Ranger, die sich in dem alten Adobehaus verbarrikadiert hatten, ermorden wollte, von diesem Vorhaben aber durch Old Chico abgebracht wurde, der erklärte, die Ranger könnten nur über seine Leiche getötet werden.

Wir ließen einen Wagen auf der Ochoa Ranch zurück und nahmen drei gekochte Tagesrationen mit und noch mehr für den Fall einer Belagerung und brachen nachts auf, um Victorios Späher darüber im Dunkeln zu lassen. Don Francisco Escajeda und Lieutenant Baylor setzten sich an die Spitze der Kolonne. Ich folgte mit acht Rangern in Indianerreihe, jeder Ranger mit einem Mexikaner an seiner Seite. Sie zeigten damit, dass sie uns als Freiwillige in mexikanischen Diensten ansahen. Wir ritten über die anstrengende Sandstraße bis jenseits Salamayuca und schickten Späher voraus, um die Apachen auszumachen, falls möglich. Bevor wir die Candelarias erreichten, hielten wir hinter einigen Bergen, um ihren Bericht abzuwarten, doch hatten sie nichts Bestimmtes herausgefunden. Es war eine bitterkalte Nacht und ein paar von uns machten in den tief eingeschnittenen Arroyos Feuer.

Wir bewegten uns weiter auf die Berge nördlich der Candelarias zu, erreichten sie früh am nächsten Morgen und fanden hier eine breite, frische Fährte, etwa zwei Tage alt, die in Richtung des Santa-Maria-Sees wies. Aus Furcht vor einer möglichen Kriegslist, teilten wir unsere Männer auf. Eine Gruppe nahm die Höhe südlich der Fährte, wo das Massaker stattgefunden hatte, während sich die anderen nach rechts wandten.

Es war bald offensichtlich, dass sich die gesamte Apachenbande abgesetzt hatte und dass für uns nichts anderes blieb, als die traurige Pflicht, die Körper der toten Mexikaner zu bergen, um sie zu bestatten. Die Männer des zweiten oder des Rettungstrupps hatten die Leichen ihrer Verwandten, die im ersten Hinterhalt getötet worden waren, gefunden, sie zusammengetragen und dann in eine große Felsspalte gebracht. Wie eine Katze die mit der Maus spielt, bevor sie sie tötet, hatten dic Indianer die Mexikaner die ganze Zeit beobachtet. Als diese begannen, die Toten mit Steinen zu bedecken, eröffneten die Indianer das Feuer auf die mit der Bestattung beschäftigten Mexikaner und töteten sie bis auf den letzten Mann.

Die traurigste Szene, deren Zeuge ich je wurde, bot sich, als wir die Körper der ermordeten Männer zusammentrugen. Jedes Mal, wenn ein geliebter Freund, Bruder oder Vater erkannt wurde, erhob sich tiefes Wehklagen und ich bezweifle, dass im gesamten Kommando ein Auge ohne Tränen blieb, ob von einem Mexikaner oder Texaner.

Während die engen Verwandten nach denen suchten, die sich beim Versuch zu fliehen zerstreut hatten, zogen wir südwärts zum großen Wasserbecken in den Candelarias. Der Anstieg erfolgte über einen gewundenen Pfad auf der abschüssigen Bergflanke auf die Felsbank wo sich das Becken befand, eines der größten im Westen. Das Wasser, das von den Höhen herabfloss, und große Felsbrocken, die in das Becken stürzten, hatten in die massive Felsbank ein tiefes Loch gegraben, in dem das Wasser zurückgehalten wurde. Wenn auch für Victorios Tross von dreihundert Tieren und zweihundert oder mehr Indianern das Wasser von Nutzen war, brauchte es unsere Einheit auch und hätte schwerlich darauf verzichten können.

Wir schickten Späher nach links und rechts, um sicher zu gehen, dass uns keine Falle gestellt worden war, weil der gerissene alte Häuptling, nachdem er seine Frauen und Kinder fortgeschickt hätte, seine Krieger in den rauen Felsen, die sich hoch über dem Wasserbecken türmten, versteckt haben und alle die sich unterhalb davon aufhielten, abschlachten lassen konnte.

Wir blieben den ganzen Tag und die Nacht an dieser Stelle. Es war der malerischste Platz, den ich je gesehen habe. Wir Ranger bummelten durch das verlassene Indianerlager und fanden viele der mexikanischen Sättel. Sie waren in den Felsen versteckt worden und dazu mehrere Hüte, keiner ohne Einschusslöcher. Wir entdeckten auch zwei Winchestergewehre, die während des Kampfes Treffer erhalten und als unbrauchbar zurückgelassen worden waren. Die Apachen hatten in diesem Lager mehr als fünfundsiebzig Pferde und Maultiere getötet und gegessen.

Ich folgte einem eingeebneten, ziemlich ausgetretenen Fußweg auf die höchste Spitze der Candelaria- oder Candlemountains, die nach der kerzenähnlichen Silhouette der Felsnadeln benannt sind, die von den Höhen himmelwärts schießen. Die Candelaria liegen in einer offenen Ebene fünfzig Meilen südlich El Paso, Texas, und bieten von ihrem Gipfel einen der grandiosesten Fernblicke in Nordmexiko. Nach Süden kann man San Jose und Carbajal sehen, Richtung Norden die Berge bei El Paso del Norte; Richtung Westen sind die Berge am Santa Maria River und Lake Guzman gut in Sicht, während sich im Osten die Sierra Bentanos erhebt, scheinbar nur wenige Meilen entfernt. Auf diesem Gipfel hatte Victorio ständig Späher auf Ausguck und es wäre für eine Truppe unmöglich gewesen, sich zu nähern, ohne von diesen scharfäugigen Posten gesehen zu werden.

Alle geborgenen Leichen wurden in einer Felsspalte der Berge bestattet, in denen sie getötet worden waren. Alle befanden sich in gut erhaltenem Zustand, was der sauberen, kalten Bergluft zu verdanken war. Es ist eine merkwürdige Tatsache, aber eine, die außer Frage steht, dass nämlich kein wildes Tier oder Raubvogel die Leiche eines Mexikaners anrührt. Diese Toten waren beinahe zwei Wochen auf der Erde gelegen und unversehrt. Wenn es Indianer, Neger oder Amerikaner gewesen wären, hätten sich die Kojoten, Bussarde und Krähen schon am ersten Tag und der ersten Nacht über sie hergemacht.

Nichts von Interesse ereignete sich auf unserem Rückweg. Die Ranger, wie gewöhnlich, hatten ihre drei Tagesrationen schon im ersten Biwak verzehrt und das Brot war ihnen ausgegangen, aber unsere mexikanischen Verbündeten teilten mit uns. Don Ynocente Ochoas Majordomus oder Ranchboss hatte uns so viel frisches Rindfleisch wie wir essen konnten gegeben und für die Kampagne einen Vorrat an *came seco* (Rinderdörrfleisch). Um uns zu empfangen, waren die Einwohner von Carrizal in Kompaniestärke vor der Stadt erschienen und traurig begleiteten wir sie zurück zu den Witwen der tapferen Männer, die in diesem vermutlich größten Gemetzel gefallen waren, das Victorios Bande je angerichtet hat. Die Bürger von Galena zählten zwar fast so viele unglückliche Opfer, aber es waren Hu und Geronimo, von denen die massakriert wurden.

Alle Männer aus Saragosa begaben sich in die Kirche, um Dankgebete für die sichere Heimkehr zu sprechen. Männer, Frauen und Kinder riefen uns ihr *Gracias, Senores* zu, als wir Ranger durch ihren Ort ritten. Wir kamen sicher in unseren Adobequartieren in Ysleta an und nach dem Schlafen unter freiem Himmel schätzten wir sie.

Tückische Krieger, ein treuer Hund und ein Mord

In der letzten Hälfte des Januars 1880, erschienen zwei Bergbauingenieure mit Namen Andrews und Wiswall aus Denver, Colorado, im Rangerlager in Ysleta. Sie hatten einen neuen Ambulanzwagen, gezogen von zwei guten Pferden und führten ein schönes Sattelpony mit. Sie waren zum Kampieren gut ausgerüstet und besaßen den schönsten, großen, schwarzen Schäferhund, den ich je gesehen habe. Andrews trug ein Springfield- und Wiswall ein Sharps Sporting Gewehr und außer diesen Gewehren hatten sie Schrotflinten und Sechsschüsser.

Diese Bergmänner wollten hundert Packesel kaufen und nachdem sie im Tal des Rio Grande nicht gefunden hatten, wonach sie suchten, beschlossen sie, wegen der Packtiere ins obere Pecostal in die Nähe von Eddy oder Roswell, New Mexico, zu gehen. Sie fragten Lieutenant Baylor nach der besten Route dorthin. Er riet ihnen, die Überlandstrecke der Postkutsche bis Fort Davis zu fahren, danach nach Toyah Creek und weiter den Pecos hinauf. Aber die Ingenieure dachten, dass dies ein zu großer Umweg wäre und beschlossen, über die alte, aufgegebene Butterfield Postkutschenstrecke zu reisen, die über Hueco Tanks, Alamo Springs, Cornudas Mountain, Crow Flat und Guadalupe Mountain und dann zum Pecos River führte. Lieutenant Baylor warnte die Männer, dass dies eine sehr gefährliche Route sei, ohne einen lebenden weißen Mann zwischen Ysleta und dem Pecos River, mehr als hundertfünfzig Meilen Entfernung und die ganze Strecke durch Indianerland.

Nichtsdestoweniger suchten sich Andrews und Wiswall diese letztere Route aus und am dritten Tag nach der Abfahrt aus unserem Lager, erreichten sie die alte, verlassene Postkutschenstation in Crow Flat um die Mittagszeit. Die stand in einer offenen Landschaft und man konnte von dort meilenweit in jede Richtung schauen. Ein kalter Nordwind blies. Deshalb, um davor Schutz zu suchen, fuhren die beiden Männer zwischen die Mauern der alten Station, banden ihre Pferde und das Pony los und hobbelten sie und waren bald eifrig dabei, Brot zu backen, Schinkenspeck zu braten und Kaffee zu kochen und dachten nicht im Traum daran, dass ein Indianer in der Gegend sein könnte, obwohl sie dringend ermahnt worden waren, danach Ausschau zu halten. Wie alle Männer, die durch dieses Land zogen, hatten auch die beiden Bergleute einen Appetit wie die Coyoten und waren bald völlig darin vertieft, ihre Rationen in ihre Mägen zu stauen. Unbeachtet grasten die Pferde drei- oder vierhundert Yards außerhalb der Station und die zwei Männer schreckten plötzlich auf, Geschrei und Pferdegetrappel. Im Hochsehen erkannten sie zehn oder zwölf Indianer, die ihnen die gehobbelten Pferde wegtrieben.

Die zwei weißen Männer schnappten sich ihre Gewehre und spurteten mit Höchstgeschwindigkeit hinter den Dieben her. Beide waren Westmänner und gute Schützen und sie hofften, wenn sie mit ihren Weitschussgewehren das Feuer eröffneten, dass sie dann nahe genug an die Indianer herankommen und sie daran hindern könnten, den Pferden die Hobbelfesseln abzunehmen. Doch waren die Tiere ungefähr so schnell, als wären ihre Vorderbeine nicht zusammengebunden. Diese Tatsache war den Rangern geläufig. Sie hobbelten die Pferde und banden sie zusätzlich seitlich aneinander und sogar dann waren ihre Tiere, wenn sie durchgingen, so schnell wie die Wachen laufen konnten.

Apachen braucht man über Pferdediebstahl nichts zu erzählen – sie sind schon ewig Meister dieser Kunst. Während einige Indianer anhielten und gegen Andrews und Wiswall kämpften, trieben die anderen die Pferde weg und entkamen mit ihnen. Die zwei Bergmänner kehrten ins Camp zurück und fühlten sich sehr niedergeschlagen, wirklich sehr.

Sie hielten Kriegsrat und sie waren sich unschlüssig, welche Richtung sie nun einschlagen sollten. Hundert Meilen zurück nach El Paso zu wandern und Proviant, Decken und Wasser zu schleppen, war kein Spaziergang; auf der anderen Seite waren es wahrscheinlich fünfundsiebzig Meilen bis zum Pecos. Sie entschieden sich schließlich, für den kürzesten Weg zur nächsten Möglichkeit, Hilfe zu bekommen, der sich wie immer als der längste herausstellen sollte. Sie beschlossen, bis abends innerhalb der heimeligen Lehmwände der alten Poststation zu bleiben. Um den Schein zu wahren, bastelten sie zwei Wächterpuppen und stellten sie auf Posten. Sie fürchteten aber keine abendliche Attacke, besonders deswegen nicht, weil sie einen Hund hatten, der aufpasste.

Sie verließen die Station, sobald es dunkel war. Shep, der Hund, wollte mit ihnen gehen, doch die Männer legten einen Sack Mais und eine Speckseite unter den Ambulanzwagen und gaben ihm zu verstehen, dass er das bewachen sollte. Dann brachen sie auf und folgten der alten Postkutschenstrecke auf einer fürchterlichen Straße aus tiefem Sand. Bei Tagesanbruch waren sie in der Nähe des Guadalupe Peak und da sie etwa fünfundzwanzig Meilen zu Fuß zurückgelegt hatten, waren sie gehörig ausgelaugt.

Die Postkutschenstraße biegt hier nach rechts und windet sich allmählich um den Berg herum, um auf die Hochebene zu führen. Sie beschreibt fast einen Kreis bis zur nächsten Wasserstelle, Pine Springs, aber es gibt auch einen alten Indianerpfad steil hinauf bis zu einem Canyon und dann geradewegs hindurch. Weil Andrews und Wiswall zu Fuß waren und jede Abkürzung nahmen, benutzten sie diesen Pfad. Es war spät am Tag, als der Pfad einen engen Knick machte und sie voll in das Blickfeld eines ihnen entgegenkommenden Indianerdorfes auf Wanderschaft gerieten. Die Rothäute waren nur dreihundert Yards weg und entdeckten die weißen Männer sofort.

Unter solchen Umständen mussten die zwei Fußgänger schnell denken und sofort handeln. Sie konnten nicht darauf hoffen, durch Weglaufen zu entkommen, weil die meisten Indianer auf ihren Pferden saßen. Glücklicherweise befand sich südlich des Pfades ein markanter Zuckerhutberg und dorthin rannten Andrews und Wiswall so schnell es nur ging. Auf dem Gipfel bauten sie hastig eine Brustwehr aus losen Steinen und sobald die Indianer in Sicht kamen, eröffneten sie das Feuer. Die Indianer erwiderten es, stellten aber bald fest, dass sie ihre Munition verschwendeten und hörten auf zu schießen. Die Belagerten, argwöhnisch mit einer Kriegslist rechnend, hielten scharf Ausschau und entdeckten bald, dass die Indianer auf ihre Barrikade zu krochen. Dabei schoben sie Felsbrocken vor sich her, um ihre Körper zu schützen. Die zwei Männer lagen ganz ruhig, einer auf jeder Bergseite, und warteten auf die Gelegenheit, einen Wilden zu töten.

Der Aufpasser an der Westseite, wo man im schwindenden Licht der untergehenden Sonne immer noch gut sehen konnte, bemerkte einen schwarzen Haarschopf, der sich vorsichtig über einen vorrückenden Stein hob. Er feuerte sofort. Der Kopf verschwand und der Brocken polterte den Berg hinab und die zwei weißen Männer rannten ihm, über den verwundeten Indianer hinweg, nach. Zum Glück waren die meisten Angreifer auf der östlichen Bergflanke, weil sie davon überzeugt waren, dass die Männer versuchen würden, in diese Richtung zu flüchten. Bevor die staunenden Apachen begriffen hatten, was vor sich ging, waren die Männer, rennend wie alte Schwarzwedelhirsche, schon außer Hörweite und die freundliche Nacht breitete ihren dunklen Mantel über sie. Als gute Waldläufer hatten sie kein Problem, wieder die Richtung nach Crow Flat zu bestimmen.

Erschöpft und müde, nachdem sie fünfzig Meilen zu Fuß hinter sich gebracht hatten, ohne den kleinsten Augenblick Schlaf seit sechsunddreißig Stunden, kamen sie an die alte Posthaltestelle und fanden ihre Wächterpuppen noch an Ort und Stelle und den treuen Schäferhund auf seinem Posten. Er war über die Rückkehr seiner Herrchen außer sich vor Freude.

Hier waren sie verhältnismäßig sicher, weil sie Wasser hatten und Proviant und die Mauern der Station, fünf Fuß hoch oder höher, würden ihnen Deckung geben. Da kein Versuch unternommen worden war, den Hund zu töten oder den Krankenwagen auszuplündern, glaubten die Bergmänner erleichtert, dass die Indianer, nachdem die ihnen die Pferde gestohlen hatten, weiter auf ihrem Weg zur Mescalero Agentur in der Nähe von Tularosa waren. Die Poststation stand an der Fernstraße dieser mörderischen, diebischen Strolche, die ohne Unterbrechung Texas und Chihuahua überfielen. Im Zuge dieser Überfälle hatten sie einen tiefen Pfad ausgetreten, der von Crow Flat, oder Cow Springs, wie manche es nennen, nach Norden Richtung Sacramento Mountains führt.

Nachdem die Flüchtlinge gerastet hatten, beschlossen sie nach Einbruch der Dunkelheit nach Ysleta aufzubrechen. Der Fünfzig-Meilen-Marsch durch unwegsames Gelände, hatte ihre Schuhe sehr stark abgenutzt und so nahmen sie Jutesäcke, um ihre roten und blutenden Füße zu verbinden. Nachdem sie Shep wieder seine Befehle erteilt hatten, wendeten sie sich schweren Herzens den Cornudas Mountains zu, wo die nächste Postkutschenstation in fünfundzwanzig Meilen Entfernung stand und ohne einen Tropfen Wasser auf der Strecke. Sie waren so müde und fußkrank, dass sie die Cornudas nicht vor dem Frühabend des nächsten Tages erreichten. Hier versteckten sie sich zwischen den Felsen in einem schattigen Winkel, wo sie kühles Wasser und süße Ruhe fanden. Nach mehreren Tagen Rast, schleppten die zwei Männer ihre ausgelaugten Körper, mehr tot als lebendig, nach Ysleta und ins Rangerlager.

*

Lieutenant Baylor befahl mir, acht Ranger zu nehmen und mit zwei Maultieren nach Crow Flat vorzurücken und den Ambulanzwagen, den Andrews und Wiswall dort gelassen hatten, herzubringen. Am ersten Tag kamen wir bis zu den Hueco Tanks, 30 Meilen nordöstlich El Paso. Hueco ist Spanisch für Becken und in früheren Tagen buchstabierten es die Durchzügler Waco. Viele wilde Abenteuer hat es an diesen Wasserbassins gegeben - Kämpfe zwischen Mexikanern und Apachen. Während des Goldrausches ging an ihnen die Hauptroute der Immigranten nach Kalifornien vorbei. Auch hier besaß die Überlandstrecke der Post eine Haltestelle. Die Namen von Marcy, General Lee und tausender anderer, kann man auf die Felsen geschrieben sehen. Selbst die Indianer haben viele ursprüngliche Bilder darauf gemalt, von denen eines geradezu künstlerisch ist. Es stellt eine riesenhafte Klapperschlange dar, auf dem Felsen unter der Höhle neben dem Stationsgebäude an der Ostseite von Hueco.

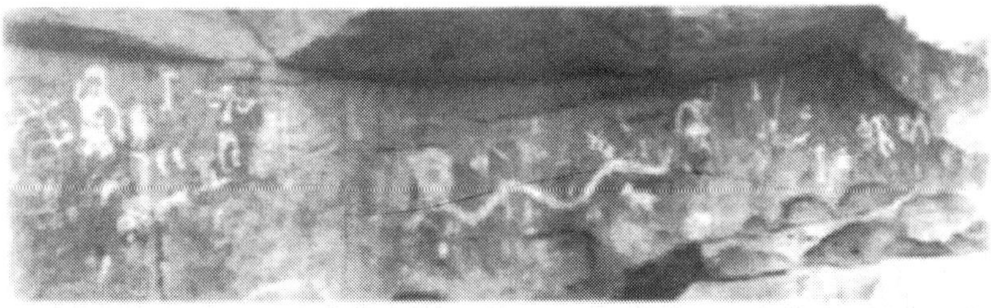

Hueco Tanks, indianische Felsenmalereien

Viele Male, wenn ich auf Streife in den Sacramento und Guadalupe Mountains war, habe ich über Nacht an den Huecos biwakiert. Manchmal war das ganze Wasser der Becken von den Reisenden verbraucht worden, aber es gab immer genug kühles Regenwasser fünfundzwanzig Fuß oberhalb der Hauptbecken. Oft habe ich mein ganzes Kommando mit Wasser versorgt, indem ich den Berg zu diesen versteckten Wasserlöchern hochgeklettert bin und mit Stiefeln und Hüten daraus Wasser geschöpft und es auf die flachen, dachförmigen Felsen gegossen habe, so dass es in die Becken darunter rann. Die Stadt El Paso, so wurde mir gesagt, besitzt heute eine schöne, ebene Straße in diese historischen Berge und viele ihrer Einwohner machen gerne einen Ausflug dort hin.

Unser nächster Halt war bei den Alamos, jenseits der schönen Ebenen, in denen es damals vor Antilopen nur so wimmelte. Man konnte sehen, wie sie davonsprangen und mit ihrem raschen Farbenwechsel aussahen wie ein Schwarm weißer Vögel. Hier fanden wir einige Indianerspuren auf der Fläche oberhalb der Quellen, aber erst in den Cornudas trafen wir wieder auf alte Apachenspuren. Diese Cornudas sind eine fremdartige Anhäufung von dunklen Granitfelsen, die mitten aus der Ebene in den Himmel ragen, Zeugen einer Eruption in einem vergangenen Erdzeitalter. Das war die Lieblingswasserstelle der Tularosa Agentur Indianer auf dem Weg zu ihren Überfällen nach Texas und Mexiko.

Von den Cornudas nach Crow Flat ist es eine lange, gleichförmige Strecke von fünfundzwanzig Meilen und als wir in der Nacht ankamen, wurden wir prompt vom treuen Wachtposten, dem guten Shep herausgefordert. Doch obgleich wir Fremde waren, schien uns der Hund als Amerikaner und Freunde zu erkennen. Er war wild vor Freude, bellte und vollführte eine Rolle nach der anderen. Das treue Tier war hier fast fünfzehn Tage alleine gewesen. Die Speckseite war aufgefressen und der Sack Mais sehr zur Neige gegangen. Wir Ranger waren so froh, als hätten wir einen Menschen gerettet. Der Hund hatte die Mauerkronen der alten Station perfekt glatt gewetzt, während er von oben herab die umherschleichenden Koyoten auf Distanz gehalten hatte. Die Spuren der letzteren fanden sich dicht um die Station herum, aber mit Unterstützung der Wächterpuppen hatte Shep die Festung gehalten. Wir fanden alles so vor, wie die Eigentümer es verlassen hatten.

Wie es meine Aufgabe war, ging ich das Gelände ab, wo die Apachen und Andrews und Wiswall ihre Schießerei um die Pferde hatten. Neben einer alten Yucca fand ich die Stelle, wo ein Indianer Deckung gesucht oder zumindest versucht hatte, sich zu verbergen und las ein paar Winchester .44 Patronenhülsen auf.

Wir nahmen den Ambulanzwagen mit und kehrten ohne Zwischenfall ins Lager zurück und hatten zweihundert Meilen in einer Woche zurückgelegt. Mr. Andrews beschenkte Lieutenant Baylor mit einem schönen Springfieldgewehr. Ich weiß nicht, ob Andrews oder Wiswall noch leben, doch diesem mexikanischen Schäferhund sollte ein Monument errichtet werden mit der Inschrift: TREUE.

*

Im Frühling 1880 legten zwei Freimaurer, Morton und Brown, auf ihrem Weg von Fort Craig, New Mexico, nach San Antonio, Texas, einen Zwischenstopp in unserem Hauptquartier in Ysleta ein. Sie hatten etwas von einigen Frachtfuhrwerken in San Elizario gehört, die bald nach San Antonio zurückfahren würden und wollten unbedingt die Reise gemeinsam mit ihnen machen. Diese Männer verbrachten zwei oder drei Tage im Rangercamp und schienen sehr nette Kerle und angenehme Gesprächspartner zu sein. Einem von ihnen, Mr. Morton, gehörte einer der schönsten Revolver, die ich je gesehen habe. Er hatte einen Perlmuttgriff und war versilbert. Unsere Jungs versuchten, ihm den abzuhandeln, doch Morton wollte sich nicht von der Waffe trennen.

Nachdem die zwei Männer drei oder vier Tage unser Lager verlassen hatten, wurde Lieutenant Baylor zugetragen, dass man zwei Männer in der Nähe von San Elizario tot aufgefunden hatte. Der Lieutenant schickte mich mit drei Rangern zum Nachforschen. In San Elizario erfuhren wir, dass die Leichen auf Collins Schafsranch waren, vier Meilen außerhalb der Stadt. Als wir dort ankamen, stellten wir zu unserer Überraschung und unserem Entsetzen fest, dass die toten Männer Morton und Brown waren, die unser Lager nur wenige Tage vorher putzmunter verlassen hatten. Es wurde vermutet, dass sie für die Nacht auf der Schafsranch kampiert hatten und mit schweren Mesquiteknüppeln totgeschlagen worden waren. Sie waren schon zwei oder drei Tage tot und entkleidet worden, die Körper zum Teil von Coyoten gefressen.

Auf dem Weg zu seiner Schafsranch hatte Mr. Collins die toten Mr. Morton und Brown gefunden, seine Schäfer waren weg und seine Herde in der Gegend verstreut. Mr. Collins nannte die Namen der Hirten und sie klangen wie Santiago Esquibel und Manuel Molina. Nachdem sie ihren unglücklichen Opfern das Gehirn aus den Schädeln geschlagen hatten, fledderten die Mexikaner die Leichen und machten sich davon, wohin, war zunächst unbekannt.

Weil die Mörder zu Fuß und schon drei oder vier Tage unterwegs waren, fand ich nur mit großen Schwierigkeiten ihre Fährte, auch weil freilaufende Rinder die hier häufigen Geisblattpflanzen abweideten und die Spuren dabei zerstört hatten. Es gab eine Anzahl kleiner Siedlungen und mehrere kleine Pueblos am Fluss, deshalb war mir klar, wenn ich den Spuren der Mexikaner nicht schnell folgte, würde ich nie herausfinden, wohin sie gegangen waren, also nutzte ich den Rest des Tages, um die Spur vom Lager der Toten aus zu verfolgen. Wir mussten sie zu Fuß verfolgen und unsere Pferde führen. Manchmal brauchten wir eine Stunde für eine Meile.

Am nächsten Tag schaffte ich nur zehn Meilen auf der Fährte, aber ich hatte die Generalrichtung herausgefunden. Ich schlief in der Nacht am Ufer des Rio Grande und wechselte am Morgen nach Mexiko und entdeckte, dass die Mörder flussabwärts gegangen waren, in die Richtung Guadalupe. Ich verließ nun die Fährte und eilte in diese kleine mexikanische Stadt. Als ich um eine enge Biegung ritt, befand ich mich plötzlich auf der Hauptstraße von Guadalupe und fast der erste Mann, den ich auf der Straße stehen sah, war ein Mexikaner, Mortons Revolver mit dem Perlmuttkolben umgeschnallt.

Ich ließ zwei meiner Männer zurück, um den Verdächtigen zu beobachten, eilte ins Büro des Präsidenten von Guadalupe, erläuterte meinen Auftrag und erklärte ihm, dass ich einen der beiden, des Mordes an Morton und Brown Verdächtigen, in den Straßen seiner Stadt gesehen hatte. Ich bat darum, dass der Verdächtige verhaftet würde. Der Beamte behandelte mich sehr herzlich und hatte bald einige Polizisten herbeirufen lassen, die mit mir gehen sollten. Die fanden die zwei verdächtigten Mexikaner, nahmen sie fest und steckten sie ins Gefängnis. Die

Gefangenen gaben zu, Collins Schafhirten zu sein und sagten, ihre Namen seien Molina und Esquibel aber, selbstverständlich, verneinten sie, irgendetwas über den Tod von Morton und Brown zu wissen. Alle meine Ranger erkannten den Revolver, der den Mexikanern abgenommen worden war, als die Waffe, die Mr. Morton gehört hatte. Die mexikanischen Beamten meldeten dem Alcalde [Bürgermeister], oder Stadtpräsidenten, dass die Verdächtigen in Arrest saßen. Letzterer fragte mich, ob ich irgendwelche Papiere für sie hätte. Ich erklärte, dass ich keine hätte, weil zu dem Zeitpunkt, da ich mein Camp in Ysleta verließ, wir noch nicht wussten, von welcher Art der Mord war oder wie die Namen der darin Verwickelten lauteten. Ich behauptete, dass ich sicher sei, die eingesperrten Männer hätten den Mord begangen und dass ich zurück nach Ysleta eilen würde, um die entsprechenden Papiere für die Auslieferung der Gefangenen zu beschaffen. Der Alcalde versprach, die Verdächtigen in Haft zu halten, bis die zur Überstellung erforderlichen Papiere vorlägen.

Von Guadalupe nach Ysleta sind es etwa fünfzig oder sechzig Meilen. Ich fühlte, dass der Fall wichtig war und während meine Männer fußkrank und müde waren, ritten wir die ganze Nacht hindurch auf einer sandigen Straße und waren am folgenden Morgen um neun Uhr im Camp. Lieutenant Baylor erschien sofort vor dem Friedensrichter in Ysleta und reichte die Mordanklage gegen Manuel Molina und Santiago Esquibel ein, bekam die Haftbefehle für ihre Festnahme und eilte selbst nach El Paso, überquerte den Fluss nach El Paso del Norte und legte die Haftbefehle den dortigen Beamten vor. Er bat darum, ihm die bis zum Antrag auf Auslieferung in Guadalupe festgehaltenen Mörder herbringen und übergeben zu lassen.

Binnen einer Woche mussten wir erfahren, sehr zu unserem Missfallen, dass die zwei Mörder befreit worden waren, mit dem dringenden Rat zu verduften. Ich bezweifle, dass die Haftbefehle jemals zum Alcalde nach Guadalupe geschickt worden sind. Ein grauenhafterer Mord als der an Morton und Brown wurde am Rio Grande nie begangen und die Mörder kamen ungeschoren davon. Diese Misshandlung der Gerechtigkeit nagte in meinem Gedächtnis und folgerichtig brachte sie mich dazu, das Gesetz in die eigene Hand zu nehmen, als ich es wieder mit einem mexikanischen Mörder zu tun bekam.

-o-

Victorio wird ein guter Indianer

Sobald die Regenfälle des Sommers 1880 begonnen hatten und es grünes Gras und Wasser in Mengen gab, nahm unser Victorio seine Überfälle wieder auf. Er erschien am Lake Guzman, Mexiko, dann zog er nach Osten zum Boracho Pass, unmittelbar südlich des Rio Grande. Der Apachenhäuptling wurde dann auf dem Weg in die Eagle Mountains, Texas, gemeldet. Die mexikanische Regierung teilte diese Information General Grierson in Fort Davis, Texas, mit und Lieutenant Baylor wurde um Mitarbeit gebeten, bei der Kampagne zur Auslöschung dieses mit allen Wassern gewaschenen Mescalero.

Sowie General Grierson diese Informationen erhalten hatte, setzte er unverzüglich seine Kavallerie nach Eagle Springs in Marsch und am 2. August 1880 verließ Baylor sein Lager in Ysleta mit mir und dreizehn Rangern, ausgerüstet für eine zweiwöchige Unternehmung. Am vierten August erreichte unsere kleine Truppe Fort Quitman, achtzig Meilen von El Paso den Rio Grande flussabwärts und Lieutenant Baylor erstattete General Grierson Meldung per Telegraph. Die Nachrichtenübermittlung wurde unterbrochen, weil die Apachen die Drähte zwischen dem Bass Canyon und Van Horns Well durchtrennt hatten, aber vorher hatte Baylor vom General mittels Telegramm die Order erhalten, Richtung Eagle Springs zu patrouillieren, bis seine Abteilung zur United States Kavallerie stoßen würde. Wir mussten sorgfältig nach Indianerfährten Ausschau halten, entdeckten jedoch keine, bis wir das Achtzehn-Meilen-Wasserloch erreichten, wo General Griersons Truppe ein Gefecht gegen Victorio gehabt hatte.

Von hier waren die Indianer südwärts gezogen und hatten die Eagle Mountains umgangen. Also blieben wir auf der Straße jenseits des Bass Canyons und stellten fest, dass die Apachen die Straße gekreuzt, den Telegraphendraht niedergezogen, ein langes Stück davon fortgeschafft und die Isolatoren zerstört hatten. Außerdem hatten sie einige Masten zwei oder drei Meilen weit fortschleift und sie in ihrer Fährte liegen gelassen. Den Spuren nach, besaßen sie einhundertachtzig bis zweihundert Tiere. Nachdem sie die Telegraphenlinie zerstört hatten, zogen die Angreifer schließlich nach Norden, Richtung Carrizo Mountains.

In Van Horn erfuhr Lieutenant Baylor nichts über General Grierson oder seine Marschbewegungen. Daraufhin nahmen wir die Fährte des Generals auf, die nach Norden führte und holten ihn in seinem Biwak bei Rattlesnake Springs nach etwa sechzig Meilen ein. Hier schlossen wir uns der Kompanie K und Captain Nolans Kompanie an, beide waren von der Zehnten Kavallerie.

Die Kavallerie biwakierte bei Carrizo Springs und unsere Scouts fanden am nächsten Tag Victorios Fährte, die nach Süden führte, in die Richtung der Apache-Becken. Wir verließen das Biwak in der Abenddämmerung, ritten die ganze Nacht durch und trafen am nächsten Morgen auf die Fährte der Rothäute an der Postkutschenstraße, wo General Grierson gekämpft hatte. Die Indianer hatten die Straße überquert, kehrten aber später zu ihr zurück und folgten ihr Richtung Fort Quitman.

*

Die Überlandpostgesellschaft unterhielt eine Station in Fort Quitman, einem aufgegebenen Militärposten im Grenzland am Nordufer des Rio Grande, achtzig oder neunzig Meilen östlich El Paso, Texas. Am 9. August 1880 fuhr der Postkutscher Ed Walde von dort ab, mit General Byrnes, einem Armeeoffizier im Ruhestand auf dem hinteren Sitz der Kutsche. Die Kutsche, gezogen von zwei schnell dahinrasenden, kleinen spanischen Maultieren, bewegte sich das Tal hinab und fuhr in den Canyon, eine kastenförmige Durchfahrt mit hohen Bergen an beiden Seiten - ein Ort wie geschaffen für einen indianischen Hinterhalt. Walde befand sich schon ein Stück in diesem Pass, als er nach einer engen Straßenbiegung plötzlich auf unseren Victorio und seine Bande von einhundert Kriegern stieß. Die indianische Vorhut feuerte sofort auf die Kutsche und mit der ersten Salve wurde General Byrnes tödlich verwundet, eine Kugel traf ihn in die Brust und eine zweite drang durch seinen Oberschenkel. Walde wendete sein Gespann so schnell er konnte und während die Leiche des Generals halb aus der Kutsche hing, legte er einen Blitzstart zurück zur Station hin. Die Apachen folgten der Kutsche über vier oder fünf Meilen und versuchten sie zu überholen, nur, die kleinen Mulis vergrößerten den Abstand, hängten sie ab und hatten das Rennen gewonnen, als sie im Schutz der Adobemauern der Poststation anlangten.

Es war ein Wunder, dass Walde auf dem Kutschbock sitzend, ohne einen Kratzer davongekommen war und dass beide Mulis unverletzt blieben. Im alten Fort Quitman untersuchte ich die kleine Postkutsche mit Leinwandverdeck und fand sie buchstäblich in Stücke geschossen. Ich sah eine Stelle, wo eine Kugel die weiße Plane gestreift und einen ein Fuß langen, blauen Strich gezeichnet hatte, bevor sie durch das Verdeck ging. Drei Speichen der Räder waren entzwei geschossen und ich zählte fünfzehn bis zwanzig Treffer, die steckengeblieben waren oder die Kutsche durchschlagen hatten. Lieutenant Baylor und seine Ranger beerdigten General Byrnes neben Fort Quitman und schossen eine Salve Salut über seinem Grab. Anschließend schloss sich Walde Lieutenant Baylors Einheit an und wurde ein hervorragender Ranger. Von ihm habe ich die Einzelheiten des Gefechtes, das zum Tod des Generals führte.

*

Unterwegs überfielen die Apachen Jesus Cotas Ranch, töteten seinen Cowboy und trieben einhundertvierzig Rinder weg. Beim Flussübergang blieben vierzig von den Tieren im Treibsand stecken. Die herzlosen Indianer fielen über das unglückliche Vieh her und schnitten Fleischbatzen aus den lebenden Tieren. Viele der misshandelten Tiere waren noch am Leben, als wir sie fanden. Die Rothäute, mit ihrem kranken Sinn für Humor, leisteten sich einen grausamen Spaß mit dem ermordeten Cowboy. Er war dabei, etwas Talg auszukochen, als er überrascht und ermordet wurde. Die Mörder stießen seinen Kopf in den zerlassenen Talg, um ihn zum schmierigen Mexikaner zu machen!

*

Nach dem Scharmützel bei Quitman, gingen Victorio und seine Bande nach Mexiko und waren einstweilen in Sicherheit, weil es den Truppen der Vereinigten Staaten verboten war, dieses Land bei der Verfolgung von Indianern zu betreten, obwohl die Verhandlungen darüber, solche Verfolgungen zu erlauben, zwischen den beiden Regierungen gerade im Gange waren. Allein waren wir Ranger kein Gegner für Victorios hundert Krieger, also kehrten wir ins Camp zurück.

Victorio allerdings, blieb in Mexiko nicht untätig. Er überfiel Don Saminiegos San Jose Ranch und stahl einhundertundsiebzehn Pferde und Maultiere und tötete daneben zwei mexikanische Cowboys. Don Ramon Arranda, Captain der mexikanischen Freiwilligen, lud die Ranger nach Mexiko ein, um mit ihm bei der Vernichtung der Apachen zu kooperieren. Daher ging Lieutenant Baylor am 17. September 1880 mit dreizehn Rangern, mich eingeschlossen, nach Mexiko und marschierte nach San Marcos de Cantarica, Don Arrandas Ranch. Hier schlossen sich Freiwillige aus den mexikanischen Städten Guadalupe, San Ignacio, Tres Jacales, El Paso del Norte und aus den texanischen Städten Ysleta, Socorro und San

Elizario an, was unsere kombinierten Kräfte auf mehr als hundert Mann brachte.

Am Abend des neunzehnten kreuzten wir eine Indianerfährte südlich der Itancheria Mountains, konnten jedoch die Anzahl der Rothäute nicht herauslesen, weil es zu dunkel war und die Spuren vom Regen verwischt worden waren. In der selben Nacht sahen wir indianische Signalfeuer im Osten der Arranda Ranch. Am nächsten Morgen kundschaftete ich mit einer Abteilung aus fünf Rangern und zehn mexikanischen Freiwilligen in der Richtung der Feuer, hatte aber keine Zeit, mich den Feuerstellen zu nähern, weil ich den Befehl erhielt, die Rancheria Mountains zu nehmen und zu halten, ehe Victorio und seine Bande sie erreichen würden.

In Lucero, der ersten Postkutschenstation, wurde berichtet, dass die Apachen im Umkreis von einer Legua [ca. 4 km] um Carrizal seien. Wir ritten die Nacht hindurch mit unseren Rangern und dreiundsiebzig Freiwilligen, stellten aber fest, dass die Indianer fort waren und da ein schwerer Regen die Fährte ausgelöscht hatte, wendeten wir uns ostwärts, Richtung El Cobre Mountains. Hier nahmen wir die Spur wieder auf und folgten ihr bis zum Abend. Unterwegs fanden wir einige freilaufende Pferde Saminigos. Die Marodeure zogen nun nach Westen zu einigen Wasserbecken und wir kehrten zu den Candelarias zurück, wo Victorios gesamte Gruppe die Chihuahua Postkutschenstraße gekreuzt hatte. Danach marschierten wir zurück nach San Jose und gingen ins Biwak, um das Eintreffen von General Joaquin Terrazas zu erwarten.

Der mexikanische General erschien am dritten Oktober mit zweihundert Kavalleristen und einhundert Infanteristen. Dieser General, ein Mitglied einer wohlbekannten Familie aus Chihuahua, war mehr als sechs Fuß groß, sehr dunkel und ein unverbesserlicher Raucher von Zigaretten. Er benutzte vier milchweiße Pferde, ritt eines, während seine Burschen drei führten. Seine Kavalleristen, gut bewaffnet mit Remington Revolvern und Karabinern, waren nett uniformiert und saßen auf dunklen Tieren jedweder Größe. Die Infanteristen waren Indianer aus dem Inneren Mexikos. Sie hatten Wildledersandalen an den Füßen und waren mit Remingtonmusketen bewaffnet. Jeder Soldat trug zwei Patronengurte mit einhundert Schuss Munition.

Ich war vom geringen Umfang des Gepäcks und der Rationen beeindruckt, welche diese Infanteristen trugen. Auf dem Marsch hatte jeder Mann eine kleine Leinentasche, die ungefähr ein Quart [ca. 1 Liter] gemahlenen und getrockneten Mais enthielt, der mit etwas Zucker gesüßt war und ein Esslöffel dieser Mischung in einer großen Tasse Wasser verrührt, gab eine gute Mahlzeit.

Natürlich, wenn sie in einer Rindergegend waren, wurden sie mit viel Rindfleisch versorgt, doch auf dem Marsch hatten sie nur diese kleine Tasche mit Mais. Das Fehlen von Gepäck und Rationen versetzte sie in die Lage, schnell und sofort zu manövrieren. Die Infanterie hatte keine Schwierigkeiten auf dem Marsch mit der Kavallerie Schritt zu halten und in buschbewachsenem Gelände konnten sie sich schneller als die Reiter bewegen.

Mit den dreihundert Soldaten von General Terraza und unseren hundert Freiwilligen konnten wir Victorio etwa vierhundert Mann entgegenstellen. Von San Jose marschierte die kombinierte Streitmacht nach Rebosadero Springs, zwanzig Meilen südlich von El Chaparro an der neuen Chihuahua Postkutschenstraße. Dort rasteten wir zwei Tage und marschierten dann zum Boracho Pass, wo die Apachen gelagert hatten, nachdem sie General Byrnes umgebracht und Jesus Cotas Vieh gestohlen hatten. Wir kreuzten ihre Fährte zwanzig Meilen westlich des Passes und bildeten unsere Schlachtlinie, weil wir annahmen, dass wir sie dort, an den Wasserbecken lagernd, finden würden. Sie erschienen nicht und so kampierten wir am Pass und warteten auf Versorgung.

Als die Versorgungsfuhrwerke eintrafen, schickte General Terrazas einen Orderly Sergeant zu Lieutenant Baylor und lud ihn ein, seine Männer kommen zu lassen und zehn Tagesrationen zu fassen. Während ich in Hemdsärmeln neben dem Wagen stand, stahl einer der mexikanischen Soldaten ein gutes Jagdmesser von meinem Gürtel, das ich über zehntausend Meilen weit an der Grenze getragen hatte. Ich entdeckte den Verlust beinahe sofort und meldete ihn Lieutenant Baylor, der wiederum ihn General Terrazas mitteilte. Der General hieß seine Captains sofort ihre jeweiligen Kompanien zu formieren und jeder Soldat im Camp wurde durchsucht, das Messer jedoch nicht gefunden. Der Dieb hatte es vermutlich im Gras versteckt. Die mexikanischen Freiwilligen blieben bis nach der Niederlage Victorios bei General Terrazas und einer von ihnen erzählte mir danach, dass er einen Mexikaner beobachtet hätte, wie der mit dem Messer Apachen skalpierte. Ein Jahr später ritt ein Kurier von General Terrazas ins Rangercamp bei Ysleta und überreichte Lieutenant Baylor, damals schon Captain, die vermisste Waffe sowie eine Note des Inhalts, dass Terrazas glücklich sei, das Messer zurückzugeben und er teilte mit, dass der Dieb bestraft worden sei.

*

Während wir in Boracho waren, schlossen sich uns an: Lieutenant Shaffer, die Neunte United States Kavallerie (Neger), Lieutenant Manney, Captain Parker und fünfundsechzig Apachenscouts. Die letzteren waren Geronimos Chiricahuas, die später ihre Reservation verließen und Tod und Zerstörung nach Arizona, New Mexico und Mexiko brachten. Von Anfang an betrachtete General Terrazas diese indianischen Verbündeten mit Misstrauen. Nachdem wir von Boracho nach Südosten etwa fünfundsiebzig Meilen Richtung Los Pinos Mountains patrouilliert hatten, bog Victorios Fährte nach Südwesten, nach Chihuahua ab. General Terrazas rief Captain Parker und die Lieutenants Baylor, Shaffer und Manney in sein Lager und informierte sie darüber, dass er glaube, weil die Fährte nach ihrer Kehrtwende wieder in den Staat Chihuahua weise und sich somit von der Heimat der Amerikaner entferne, sei es nun das Beste für sie, nach Hause zurückzugehen. Ich war bei der Konferenz anwesend und ich sah sofort meine Chance auf einen Kampf gegen Victorio dahinschwinden. Aber es gab nichts anderes, als Befehlen zu gehorchen, zu packen und zu verschwinden.

*

Während wir hinter Victorios Bande her waren, traf ich viele Offiziere der Vereinigten Staaten und am Lagerfeuer diskutierten wir oft über den alten Häuptling. Die Soldaten stimmten alle in der Meinung überein, dass Victorio für einen unwissenden Indianer ein großes militärisches Genie an den Tag legte und Major McGonnigal behauptete, dass er, mit der einzigen Ausnahme von Häuptling Crazy Horse von den Sioux, dass er Victorio für den größten indianischen General halte, der je auf dem amerikanischen Kontinent erschienen sei. Bei der Verfolgung dieses gewieften, alten Apachen, nahm ich fünfundzwanzig oder mehr seiner Lager in Augenschein. Er war sehr darauf bedacht, die Stellen nach strategischen Gesichtspunkten auszuwählen und seine Brustwehren waren sehr gekonnt angeordnet und gebaut. Auch wenn er nur eine Stunde lagerte, ließ er diese Verteidigungswerke errichten. Er hatte mehr als zweihundert Kämpfe ausgefochten, aber sein letzter stand nun unmittelbar bevor.

Am ersten nächsten Morgen, nachdem die Truppen der Vereinigten Staaten, die Apachenscouts und die Texas Ranger abgezogen waren, meldeten General Terrazas Kundschafter ihm, dass sich Victorio mit seiner ganzen Anhängerschaft in den Tres Castillos, einer kleinen, felsigen Hügelgruppe etwa fünfundzwanzig Meilen südwestlich der Los Pinos Mountains, im Lager befände. Sofort setzte General Terrazas seine Kolonne dorthin in Marsch. Gefangene erzählten später, dass Victorios Späher ihm die Anwesenheit der mexikanischen Kavallerie früh am Tag gemeldet hatten und danach Stunde um Stunde die Bewegungen des anrückenden Feindes.

Victorio hatte seinen Kriegshäuptling Nana und fünfzig seiner besten jungen Krieger auf Überfall fortgeschickt, so blieben ihm in seinem Lager um die hundert Kämpfer, einige von ihnen sehr alte Männer. Da waren neunundsiebzig Frauen und Kinder und etwa fünfhundert Pferde und Maultiere und bisher unternahm der bemerkenswerte alte Indianer keinen Schritt zur Flucht.

Am Abend war General Terrazas bis vor das Apachenlager vorgerückt, schloss die Hügel ein, so gut er konnte und wartete mit dem Angriff auf den Feind bis zum Morgen. Während der Nacht desertierten zwölf Krieger Victorios mit vier Frauen und vier Kindern und machten sich auf den Weg zurück zu den Eagle Mountains in Texas. Hier begingen sie viele Raubüberfälle, bis sie drei Monate später von den Lieutenants Baylor und Nevill in den Diablo Mountains ausgelöscht wurden.

Früh am nächsten Morgen bestieg Victorio ein weißes Pferd und während er für seine Krieger einige Anweisungen traf, um dem erwarteten Angriff des Feindes zu begegnen, exponierte er sich unnötigerweise. Die Mexikaner feuerten auf weite Distanz eine Salve und zwei Geschosse durchschlugen seinen Körper. Er fiel von seinem Pferd, tot – zuletzt ein guter Indianer.

Der Verlust Victorios und die Abwesenheit von Nana demoralisierten die Apachen und ein entschlossener Sturmangriff General Terrazas endete mit dem vollständigen Sieg der Mexikaner. Achtundsiebzig Indianerkrieger wurden getötet und achtundneunzig Frauen und Kinder wurden gefangengenommen bei Verlusten von nur zwei Gefallenen und einigen Verwundeten.

Der Sieg bedeckte General Terrazas mit Ruhm. Die mexikanische Regierung hörte nie damit auf, ihn mit Ehrungen zu überschütten und übereignete ihm mehrere tausend Acres Land im Staat Chihuahua. Der General war über den Ausgang der Schlacht so euphorisch, dass er einem Kurier auf einem schnellen Pferd befahl, Lieutenant Baylor einzuholen und die guten Neuigkeiten zu melden. Der Bote erreichte uns im Camp bei Fort Quitman. Jeder Ranger in der Patrouille war ernstlich sauer und enttäuscht, weil er den großen Kampf nur um zwei Tage verpasst hatte, nachdem er mit General Terrazas beinahe einen Monat marschiert war.

Gefangengenommene Apachenfrauen nach der Schlacht von Tres Castillos

Die gefangenen Frauen und Kinder wurden nach Süden nach Mexiko City geschickt, in ein Klima, das ihrer Natur überhaupt nicht entsprach. Hier starben sie alle in wenigen Jahren. Als Nana von Victorios Tod und der Gefangennahme der Frauen und Kinder erfuhr, floh er mit seinen fünfzig Kriegern in die Sierra Madre Mountains im Staat Sonora. Dort schloss er sich den den Kriegern Geronimos an und massakrierte mehr Leute, als irgendeine andere kleine Bande von Indianern auf der Welt. Nana ergab sich mit seinem neuen Häuptling General Lawton 1886 und wurde von unserer Regierung nach Florida verbracht, wo er auch starb.

Bei unserer Ankunft im Camp in Ysleta fand Lieutenant Baylor seine Beförderung zum Captain vor. Captain Neal Coldwell war zum Quartiermeister des Bataillons ernannt worden, seine Kompanie wurde aufgelöst und ihr Buchstabenkennzeichen A auf unsere Kompanie übertragen.

Zwar hatten wir den Kampf gegen Victorio verpasst, doch dauerte es nicht lange, bis wir die Aufgabe erhielten, die Bande der zwölf Krieger zu verfolgen, die ihren Häuptling in der Nacht vor der Schlacht in den Tres Castillos im Stich gelassen hatten. Allerdings mussten wir zuerst unsere Kompanie von vielen unerwünschten Rekruten säubern, die nach und nach aufgenommen worden waren. Dies erledigt, waren wir bereit, unseren Krieg gegen die Indianer wieder aufzunehmen.

-o-

Einige unerwünschte Rekruten

In der zweiten Jahreshälfte 1880 erschienen zwei gut berittene und gut bewaffnete Männer im Rangercamp von Ysleta und erboten sich Captain Baylor, in die Kompanieliste eingetragen zu werden. Nachdem er die Bewerber recht lange befragt hatte, akzeptierte er sie und vereidigte sie für den Dienst. Einer gab seinen Namen mit John (Red) Holcomb an und der andere mit James Stallings. Wir kannten sie nicht und beide waren Gesetzlose, die den Rangern beigetreten waren, um deren Stärken und Vorgehensmethoden kennenzulernen. Holcomb war ein Viehdieb aus dem San Simon Valley, Arizona, einer Gegend, die lange bekannt war als Rückzugsgebiet für Outlaws und Mörder und er lebte unter einem angenommenen Namen. Stallings hatte einen Mann im Hamilton County, Texas, angeschossen und wurde wegen versuchten Totschlages gesucht.

Diese beiden Rekruten traten den Dienst an, unmittelbar bevor wir zu unserer Kampagne gegen Victorio nach Mexiko aufbrachen und waren auf jener langen Unternehmung bei uns. Obwohl der eine aus Texas kam und der andere aus Arizona, klebten beide aneinander und waren offensichtlich miteinander vertraut. Stallings war noch nicht lange in der Kompanie, bevor er sich als Unruhestifter zu erkennen gab.

Als Orderly Sergeant war es meine Pflicht, den Dienstplan für die Kompanie zu führen. Oben auf der Liste beginnend und die Namen nach dem Rotationsprinzip nennend, las ich jeden Morgen die Wache für den Tag vor. Wir hatten einen Mexikaner, Juan Garcia, in der Kompanie, der immer in der Gegend des Rio Grande gelebt hatte. Captain Baylor hatte ihn als Ranger eingeschrieben, damit er über ihn als Führer verfügen konnte, weil sich Garcia im größten Teil des Gebietes auskannte, in dem wir zu patrouillieren hatten. Es ergab sich, dass Jim Stallings und Garcia zur selben Wache des Tages eingeteilt wurden. Das beleidigte Stallings außerordentlich und er äußerte einigen Jungs gegenüber, dass ich ihn zur gemeinsamen Wache mit einem Mexikaner eingeteilt hätte, nur um ihn zu kränken und er würde mir eine verdammt gute Tracht Prügel verabreichen. Die Jungs rieten ihm, das besser nicht zu versuchen. Ich sah zwar, dass er sauer war, aber ich erfuhr erst Monate später den Grund.

Nach unserer Rückkehr von der Monatspatrouille in Mexiko erhielt Captain Baylor eine neue Fahndungsliste vom Generaladjutanten und als ich die Seiten überflog, fiel mein Blick auf die Liste der Gesuchten im Hamilton County, Texas. Fast an erster Stelle stand darauf der Name von James Stallings mit Alter und Beschreibung. Ich machte Captain Baylor darauf aufmerksam, dass Stallings gesucht wurde. Baylor fragte mich, was ihm vorgeworfen würde und ich antwortete: Versuchter Totschlag.

„Naja, kann ja sein, dass der verdammte Kerl den Tod verdient hatte“, erwiderte der Captain. „Stallings sieht mir nach einem guten Ranger aus und ich brauche ihn.“

Nicht viele Tage danach hörte ich lautes Fluchen in unserem Lager und ging nachsehen. Ich fand Stallings mit gespanntem Revolver in der Hand am Bett eines Rangers namens Tom Landers. Stallings beschimpfte Landers. Ich erkannte, dass Stallings getrunken hatte und überredete ihn schließlich, seinen Revolver wegzunehmen und zu Bett zu gehen. Den nächsten Morgen informierte ich Captain Baylor über den Zwischenfall und gab ihm zu verstehen, wenn wir uns mit Stallings nichts einfallen ließen, würde er wahrscheinlich jemanden töten. Der Captain schien nicht geneigt, sich diese Ansicht zu eigen zu machen. In der Tat glaube ich sogar, dass Captain Baylor einen Mann mochte, der etwas „on the prod“ [hitzköpfig, rauflustig] war, wie die Cowboys über einen Kerl oder eine Kuh zu sagen pflegten, die kämpfen wollten.

John Holcomb fand bald das über die Ranger heraus, was er wissen wollte und fürchtend, dass er entlarvt würde, bat er Captain Baylor um seine Entlassung. Nachdem er sie erhalten hatte, wählte er sich El Paso als seinen Aufenthaltsort.

Nicht viel später, an einem Morgen beim Frühstück, während die zwanzig Ranger an einem langen Tisch saßen, hatte Jim Stallings einen Streit mit John Thomas, der ihm am Tisch gegenüber saß und schnell wie der Blitz goss er Thomas eine Tasse kochenden Kaffees ins Gesicht. Beide Männer sprangen auf die Füße und zogen ihre Revolver, doch bevor sie ein Wettschießen in Szene setzen konnten, wurden sie von den an beiden Tischseiten sitzenden Jungs gepackt. Ich ging sofort zu Captain Baylor und erklärte ihm, dass etwas unternommen werden müsse. Er schien nun ernstlich aufgebracht und sagte:

„Sergeant, nehmen Sie Stallings fest, entwaffnen Sie ihn und legen sie ihm Handschellen an. Ich schicke ihn dorthin zurück, wohin er gehört.“

Ich führte den Befehl sofort aus und Captain Baylor schrieb an den Sheriff des Hamilton Countys, wegen des Gefangenen herzukommen. Ins Hamilton County sind es von El Paso siebenhundert Meilen mit der Postkutsche und ein Brief benötigte eine Woche. Damals gab es in Ysleta kein Gefängnis, so blieb uns nichts anderes übrig, als diesen gefährlichen Mann in unserem Lager festzuhalten.

Stallings war schlau und ein ausgezeichneter Menschenkenner. Manchmal nahmen wir ihm die Handschellen und Fußfesseln ab, damit er sich ein wenig bewegen konnte. Schließlich war ein Ranger namens Potter mit Stallings‘ Bewachung an der Reihe. Potter war von irgendwo aus dem Norden in unsere Gegend gekommen und Captain Baylor hatte ihn eingeschrieben. Er verstand wenig vom Reiten und noch viel weniger davon, wie man mit Schusswaffen umging. Stallings bat Potter, mit ihm in den Corral zu gehen. Diese Umfriedung war aus etwa fünf Fuß hohen Adobemauern gebaut. Es war fast dunkel und der Häftling schlenderte entspannt in den Pferch, Potter folgte ihm dichtauf, die Winchester in der Hand. Plötzlich setzte Stallings mit einem Flankensprung über die Mauer und rannte, auf der anderen Seite gelandet, auch schon davon. Potter fing an, auf den Flüchtigen zu schießen, was alle Jungs aus dem Lager holte. Stallings hatte nur etwa hundert Yards zurückzulegen, um den Rio Grande zu erreichen und bevor irgendetwas dagegen unternommen werden konnte, war er in Mexiko in Sicherheit. Er jauchzte den Jungs ein *Auf Wiedersehen* zu, als er das jenseitige Ufer erreicht hatte.

Captain Baylor war wegen der Flucht des Gefangenen außer sich und entfernte Potter prompt aus dem Dienst und mich tadelte er dafür, dass Stallings nicht die ganze Zeit gefesselt blieb.

Wir hatten zwar den Mann verloren, aber uns blieben sein Pferd, Sattel, Zaumzeug und seine Waffen. Stallings ging sofort nach Juarez und traf sich dort mit John Holcomb. Der Flüchtige übergab seinem Kumpel eine schriftliche Aufforderung an Captain Baylor, das Pferd, den Sattel und den Revolver herauszugeben und Holcomb besaß die Unverfrorenheit, nach Ysleta zu kommen und diese Aufforderung zu präsentieren. Er kam mittags in unserem Quartier an, während die Pferde alle im Corral standen. Zum Zeitpunkt seines Eintreffens war ich zufällig bei Captain Baylor zu Hause. Private George Lloyd kam herüber zum Anwesen des Captains und meldete mir:

„Sergeant, John Holcomb ist drüben im Camp mit einer Anweisung von Jim Stallings wegen seinem Pferd und seiner Ausrüstung."

„Gillett, gehen Sie hinüber und verhaften Sie Holcomb und legen Sie ihn in Eisen und ich werde sehen, ob ich herausfinden kann, wo er gesucht wird." befahl Captain Baylor, der mitgehört hatte, was Lloyd sagte.

Holcomb, der gesehen hatte, wie Lloyd in Captain Baylors Haus gegangen war, wurde misstrauisch, sprang auf sein Pferd und preschte im Galopp davon, Richtung El Paso. Ich bestimmte drei Männer, die mit mir kommen sollten, um ihn zu fangen, doch bis wir unsere Pferde gesattelt und uns bewaffnet hatten, war er außer Sicht. Wir erreichten mit Tempo die Straße und nachdem wir zwei oder drei Meilen geritten waren und Leute unterwegs befragt hatten, war ich davon überzeugt, dass Holcomb, bald nachdem er aus dem Lager geritten war, die Straße wieder verlassen hatte und auf dem Weg nach Mexiko war. Deswegen kehrte ich um, Richtung Camp und folgte dabei dem Flussufer.

Wir hatten vielleicht eine Meile auf unserem Heimweg hinter uns, als wir Holcomb bemerkten, der uns flussaufwärts entgegenkam. Er war etwa vierhundert Yards weg und hatte uns im selben Augenblick entdeckt, wie wir ihn. Schnell wendete er sein Pferd und brach Richtung Fluss aus. Wo er ihn erreichte, war das Ufer zehn Fuß hoch, doch er zögerte keine Sekunde und beide, Mann und Pferd, stürzten kopfüber in den Rio Grande. Die drei Männer, die ich bei mir hatte, hängten mich ab und als sie die Stelle erreichten, wo der Flüchtige ins Wasser gesprungen war, sahen sie, wie er rasch auf die mexikanische Seite zu schwamm und sie begannen, auf ihn zu schießen. Ich galoppierte hinzu und befahl, das Feuer einzustellen und erklärte, sie sollten

Holcomb nicht töten, weil er sich schwimmend im Wasser befand und wehrlos war. Genau in dem Moment bekam er Grund unter den Füßen und ich forderte ihn auf zurückzukommen, oder ich würde auf ihn schießen.

„Ich komme, wenn du dafür sorgst, dass die Jungs mich nicht umbringen“, rief er zurück.

Ich verlangte, dass er schnell wieder ins tiefe Wasser ging, was er tat, und er schwamm wieder auf die amerikanische Seite. Er war in Hemdsärmeln und hatte seinen Hut verloren. Sein Pferd war inzwischen auch über den Fluss auf unsere Seite zurückgekehrt.

Wir saßen alle auf und machten uns auf den Weg ins Camp, zwei Ranger ritten mit Holcomb vorweg. Ich hatte den Häftling nicht durchsucht, weil er in seinem Hemd war. Als wir dahinritten griff er in seine Hemdbrust, zog einen .45er Revolver heraus und - übergab ihn an einen der Jungs mit den Worten:

„Erzählt dem Sergeant nicht, dass ich den hatte.“

Die Ranger im Lager gaben ihm etwas Trockenes zum Anziehen und etwas zu Essen, danach legten sie ihn in Ketten und stellten ihn unter Bewachung. Captain Baylor ging nach El Paso, überquerte den Fluss Richtung Juarez und ließ Stallings verhaften. In zwei Tagen hatten wir ihn im Camp wieder und ketteten ihn an Holcomb. Der Captain schrieb dann an das Bell County, Texas, wie er gehört hätte, würde dort John Holcomb wegen Mordes gesucht.

Holcomb besaß ein gutes Pferd und gab es einem Rechtsanwalt in El Paso, damit der ihn aus seinen Schwierigkeiten herausholte. Selbstverständlich hatten wir keinen Haftbefehl für Holcomb und Richter Blacker ordnete an, ihm unseren Gefangenen vorzuführen. Der Countyanwalt unternahm alles, damit Holcomb in Haft blieb, während sein Rechtsanwalt alles tat, um ihn frei zu bekommen. Der Richter entschied schließlich, er würde Holcomb eine Woche lang festhalten und wenn die Beamten während dieser Frist keine Beweise gegen ihn beibrächten, würde er seine Freilassung anordnen.

Es war fast dunkel als wir El Paso verließen und unseren Rückweg nach Ysleta antraten, zwölf Meilen weit. Holcomb war, wie auch immer, an zwei oder drei Glas Whisky gekommen und spürte den Alkohol. Ich hatte einen Ranger bei mir, der das Pferd des Gefangenen führte. Die Straße zurück zum Lager folgte dem Rio Grande ziemlich eng und auf der gesamten Strecke war die Gegend sehr reich an Gestrüpp.

Sobald wir El Paso hinter uns gelassen hatten, setzte sich Holcomb im Damensitz auf sein Pferd, hielt den Sattelknauf mit einer Hand und mit der anderen den Hinterzwiesel des Sattels, die ganze Zeit mit Blickrichtung Rio Grande und Mexiko. Ich befahl ihm, sich richtig in den Sattel zu setzen, aber er wies das mit einem Fluch zurück. Wir ritten im Galopp und weil ich fürchtete, er würde von seinem Pferd springen und versuchen, im Gestrüpp zu entkommen, nahm ich meinen Revolver in die Hand und verbarg ihn hinter meinem Bein. Obwohl Holcomb die Kapuze seines Mantels über seinen Kopf gezogen hatte, bemerkte er den Revolver und setzte zu einer Schimpftirade an, erklärte, ich hätte einen gespannten Revolver in der Hand und lechze geradezu nach der Chance, ihn zu töten. Ich sagte ihm, aufgrund seines Verhaltens müsse ich damit rechnen, dass er auf die Chance warte, vom Pferd zu springen und davonzulaufen und ich sei darauf vorbereitet, diesen Schritt zu verhindern. Wir erreichten sicher das Lager und ketteten Holcomb an Stallings.

Diese Männer, obwohl Gefangene, waren quicklebendig und lachten und redeten die ganze Zeit. Holcomb spielte recht gut Violine. Wir behielten die zwei Verdächtigen mehrere Tage fest und schließlich, eines Nachts, kam einer der Ranger in meine Stube und sagte:

„Sergeant, ich glaube, irgendetwas stimmt mit diesen Gefangenen nicht. Die machen einen Hallo, singen und spielen Fidel.“

Ich war mit meiner Monatsmeldung beschäftigt und wies ihn an, ein scharfes Auge auf sie zu haben und bevor ich Dienstschluss machte, würde ich kommen und nach ihnen sehen. Als ich das machte, fand ich heraus, dass Stallings, während Holcomb Geige spielte, ihre Handschellen durchgesägt hatte. Sie lachten als ich das entdeckte und sagten, sobald die Jungs alle schlafen gegangen wären, hätten sie vorgehabt, den Packsattel, den sie als Sitz benutzten, der Wache auf den Kopf zu schlagen und abzuhauen. Wir konnten keine Beweise gegen Holcomb herbeischaffen und der Richter ordnete seine Freilassung an.

Während seiner Haft, schwor Holcomb mir und Staatsanwalt Neal Rache. Mr. Neal hörte von der Drohung, begegnete Holcomb später in den Straßen von El Paso, zog einen kleinen Derringer aus der Jackentasche und schoss Holcomb in den Bauch. Holcomb fiel zu Boden und bettelte um sein Leben. Er war nicht schwer verletzt; sobald er wiederhergestellt war, ließ er El Paso hinter sich und ging nach Deming, New Mexico, wo er eine Rinderherde stahl. Er trieb die gestohlene Herde in das Bergarbeiterlager beim Lake Valley und verkaufte sie da. Während er im Saloon trank und seine Geige spielte, erschien der Eigentümer der Herde mit einer Flinte und füllte ihn mit Bockschroten. Als Holcomb fiel, hörte man ihn ausrufen:

„Oh Jungs, zum Schluss haben sie mich erwischt!“

Jim Stallings wurde nach Fort Davis geschickt und ins Gefängnis gesteckt, aus dem er und ein halbes Dutzend anderer Krimineller ausbrachen.

*

Ein Mann namens John Scott kam zu Captain Baylor und erzählte eine herzerweichende Geschichte und bat um Aufnahme in den Dienst. Captain Baylor schrieb den Bewerber ein und stattete ihn aus mit einem Pferd, Sattel und Zaumzeug und bewaffnete ihn mit Gewehr und Revolver und bürgte für die gesamte Ausrüstung. Scott war noch keine zwei Monate im Dienst, als er desertierte. Ich erhielt den Befehl, mir zwei Mann zu nehmen, ihm zu folgen und ihn zurückzubringen. Ich holte ihn im Buschland an der Grenze zu New Mexico ein und bevor ich ihm befehlen konnte anzuhalten, sprang er aus dem Sattel, ging hinter seinem Pferd in Deckung und eröffnete mit seiner Winchester das Feuer auf uns. Wir schossen zurück und töteten sein Pferd. Daraufhin legte er sein Gewehr nieder und gab auf. Wir fanden heraus, dass er in El Paso Halt gemacht und sich eine Flasche Whisky beschafft hatte. Er war ziemlich betrunken, als wir ihn einholten, andernfalls hätte er den Kampf gegen drei Ranger wohl nicht aufgenommen.

Captain Baylor nahm ihm den Sattel ab, Gewehr und Sechsschüsser und warf ihn aus dem Lager, musste aber 75 Dollar für das Pferd bezahlen, das wir erschossen hatten.

Ein anderer Mann, er hieß Chipman, desertierte von unserer Kompanie und stahl unten in Socorro einigen Mexikanern ein paar Pferde. Die folgten der Fährte in der Richtung der Hueco Becken, wo sie nach Westen bog und die Höhenlagen der Berge westlich El Paso überquerte. Die Verfolger holten Chipman mit den gestohlenen Pferden an der Grenze zu New Mexico ein. Der Dieb lieferte einen verbissenen Kampf und tötete zwei Mexikaner, wurde selbst aber ebenfalls getötet.

Captain Baylor hatte dem Deserteur einen Suchtrupp hinterhergeschickt, doch die Mexikaner bekamen ihn zuerst und der Kampf fand statt, bevor unsere Männer hinzukamen. Jedenfalls begruben sie Chipmans Leiche wo er gefallen war. Dieser Mann war ein guter Ranger gewesen und wir waren schockiert, als wir erfuhren, dass er sieben Ponys gestohlen und versucht hatte, sich mit ihnen allein aus dem Staub zu machen.

Noch ein weiterer Simon-Valley-Viehdieb, Jack Bond, ließ sich in die Kompanieliste eintragen. Zu der Zeit, als er dem Kommando beitrat, trieb eine Bande seiner Berufskollegen in der strauchbestandenen Gegend, achtzehn Meilen oberhalb El Paso, ihr Unwesen. Ich tat mein Bestes, um die Bande zu zerschlagen und ritt Streife um Streife den Fluss hinauf, jedoch ohne Erfolg. Schließlich kam Captain Baylor dahinter, dass Bond und ein zweiter Ranger, Len Peterson, die Diebe über die Bewegungen der Ranger auf dem Laufenden hielten. Der Captain entließ diese Männer aus der Kompanie und binnen zehn Tagen hatte ich Frank Stevenson, den Kopf der Bande, festgenommen und das Diebesnest ausgeräuchert. Stevenson wurde später für fünfzehn Jahre ins Zuchthaus geschickt. Bond und Peterson gingen nach El Paso, wo sie Bürgermeister McCoffins schönes Paar Kutschpferde stahlen und nach New Mexico flüchteten. In der Folge wurde Bond, beim Versuch ihn festzunehmen, von Deputy Sheriff Dan Tucker in Deming getötet.

Captain Roberts, Captain Coldwell oder Lieutenant Reynolds hätten niemals einen derartigen Haufen Gauner in ihre Kompanien gelassen, weil sie darauf bestanden, etwas über den Mann zu wissen, bevor sie ihn einschrieben. Allerdings gibt es Entlastungsgründe für Baylor in der Zeit, als er am Rio Grande stationiert war. Es war weit bis zu den Zentren der Besiedlung und gute Männer waren schwer zu finden. Dazu kam, obendrein, es sah danach aus, als ob sich alle Kriminellen aus Texas nach New Mexico und Arizona verzogen hätten, von wo sie leicht zurück in die westlichste Ecke von Texas nach Ysleta kommen und sich den Texas Rangern anschließen konnten. Wie Captain Baylor Männer einschätzte war liberal: Alles sah so lange gut aus, bis etwas anderes bewiesen war. Wenn eine Stelle in der Kompanie frei war, konnte sie jeder Mann besetzen; was ihm an Ausrüstung fehlte, wurde ihm vom Captain besorgt und vom ersten Dreimonatssold des Mannes abgezogen. Allerdings musste Baylor die Rechnung meistens selbst begleichen. Der Captain hatte es auch gerne, wenn seine Kompanie volle Stärke aufwies und das machte es leicht, seinem Kommando beizutreten.

In all den Jahren, in denen ich bei Captain Baylor war, erlebte ich nie, dass er einen Unteroffizier auf Streife gegen Indianer schickte. Er kommandierte immer selbst und nahm stets jeden Mann aus dem Lager mit, bis auf einen, den er als Wache zurückließ, weil er auf dem Schlachtfeld gerne so stark wie möglich war.

Captain Baylor war persönlich wenig daran interessiert, Rinderdiebe zu verfolgen, Pferdediebe, Mörder und per

Haftbefehl Gesuchte. Er überließ die Erledigung seiner Arbeit fast zur Gänze mir. Manchmal hatten wir im Lager gleichzeitig sechs oder acht Kriminelle in Ketten, doch der Captain erschien nie, um nach ihnen zu sehen, weil er es nicht ertragen konnte, wenn jemand in Schwierigkeiten war. Seine offene, freundliche Persönlichkeit machte ihn bei den Mexikanern beliebt - von El Paso, das Tal des Rio Grande hinunter bis nach Quitman. Sie waren alle seine *compadres* und brachten ihm regelmäßig Wildpret, Ziegenfleisch und Schaf. Wenn es in ihrer Macht stand, erwiesen sie ihm immer jede Art von Gefälligkeit.

-o-

Der letzte Kampf zwischen Rangern und Apachen

Trotz des großen Sieges General Terrazas bei Tres Castillos, hatte er nicht alle Apachen vernichtet, die bei Victorio gewesen waren. Nana und fünfzig Krieger waren entkommen und schlossen sich schließlich Geronimo und dessen Feldzug aus Mord und Zerstörung an. In der Nacht vor der Schlacht, in der Victorio getötet und seine Kriegertruppe zerschlagen worden waren, ließen zwölf Krieger mit vier Frauen und vier Kindern den alten Häuptling im Stich und machten sich auf in die rauen Berge, die den Rio Grande in der Umgebung von Eagle Springs begleiten. Sofort begann diese Bande mit einer Serie von Plünderungen und Morden, die ohne Beispiel war, wenn man bedenkt, um welch kleine Gruppe es sich handelte.

Die kleine Apachenbande erschien bald bei Paso Vejo und eröffnete ihre Reihe von Überfällen mit einem Angriff auf Lieutenant Mills und seine Kavallerie. Der Paso Vejo ist ein Einschnitt in den Bergen, der sich parallel zum Rio Grande von den Eagle Mountains im Westen bis zu Brites Ranch im Osten hinzieht und liegt zehn oder zwölf Meilen westlich der heutigen, kleinen Ortschaft Valentine, Texas.

Der Stamm der Puebloindianer lebte bei der alten Stadt Ysleta, El Paso County, Texas, seit mehr als dreihundert Jahren.

Sie waren immer Freunde der Amerikaner gewesen und Erbfeinde der Apachen. Es war daher bei den United States Truppen in Fort Davis üblich, während der Indianerwirren im Grenzland die Pueblos als Führer einzustellen.

1881 waren Bernado und Simon Olgin, zwei Brüder, die Oberhäuptlinge dieses Stammes. Bernado war der ältere und man sah es ihm an. Beide Häuptlinge waren in der üblichen Indianertracht gekleidet, trugen Moccasins und Wildlederleggins und ihr langes, schwarzes Haar geflochten den Rücken herabhängend. Simon war ein sehr gut aussehender Indianer und er wurde von General Grierson, mit vier anderen seines Stammes, alles seine Neffen, während der unruhigen Zeiten zwischen 1880 - 1881 eingestellt.

Simon und seine vier Gehilfen waren eingeteilt, mit Lieutenant Mills, dem Kommandeur einer Abteilung der Zehnten Kavallerie (Farbige), unten am Rio Grande zu patrouillieren. Auf dem Anmarsch erreichte die Truppe am frühen Abend den Paso Vejo und nachdem sie zu Abend gegessen hatten, riet Simon Olgin dem Lieutenant, das Biwak hinaus auf die offene Ebene, drei oder vier Meilen nördlich des Passes zu verlegen, wo sie vor Angriffen sicher seien. Olgin sagte, wegen des guten Wassers und dem schönen Gras sei der Paso ein bevorzugter Lagerplatz derjenigen Indianer, die nach Mexiko wollten oder von dort zurückkämen und falls eine dieser Gruppen den Pass in der Nacht erreichte und ihn von Soldaten besetzt vorfand, würden sie bei Tagesanbruch angreifen und vermutlich einige von ihnen töten.

Lieutenant Mills, frisch von West Point [U.S. Militärakademie], erwiderte, dass er keine Angst vor Indianern habe und gab keine Weisung, das Lager zu verlegen. Gerade als Olgin seine Prophezeiung verkündet hatte, erreichte in der Nacht die kleine

Bande von zwanzig Apachen den Pass und versteckte sich zwischen den Felsen.

Am nächsten Morgen frühstückten die Soldaten, bepackten ihre Maultiere und standen neben ihren Pferden. Sie warteten auf den Befehl zum Aufsitzen, als plötzlich aus kurzer Distanz eine Salve abgefeuert wurde und die Kugeln mitten in sie hinein hagelten. Weitere Salven folgten schnell aufeinander. Mit der allerersten wurde dieser große, alte Indianer Simon Olgin getötet, zusammen mit fünf oder sechs Mann der Negerkavallerie. Daraufhin floh der Rest der Soldaten. Die vier Pueblokundschafter jedoch sprangen hinter Felsen und kämpften, bis sie die Apachen vertrieben hatten. Damit bewahrten sie die Leichen ihres Onkels und die der Soldaten davor, in die Hände der Angreifer zu fallen und verstümmelt zu werden.

Im Paso Vejo zurückgeschlagen, tauchten die zwanzig Apachen als nächstes an der Überlandpostkutschenstraße im Bass Canyon auf, einem Einschnitt in den Bergen etwa zwölf bis vierzehn Meilen westlich Van Horn. Hier lauerten sie einem Auswanderertreck auf, der auf dem Weg nach New Mexico war. Mit den ersten Schüssen der Indianer sprang eine Frau, Mrs. Graham, die zu Fuß neben einem Wagen herging, auf die Deichsel und griff nach einer Winchester, wurde jedoch tödlich getroffen. Ein Mann namens Grant wurde in dem Augenblick getötet, als sich Mr. Graham den Oberschenkel brach.

Vom Bass Canyon aus wendeten sich die Indianer nach Süden, umgingen die östlichen Ausläufer der Eagle Mountains und waren bald wieder in Mexiko, wo man sie eine Zeit lang aus den Augen verlor.

*

Den nächsten Auftritt hatte die Bande bei Ojo Caliente, das sind heiße Quellen am Rio Grande südwestlich der Eagle Mountains. Ein Captain der Kavallerie, Kommandierender von ein paar Truppen Farbiger bei Fort Quitman, teilte einen Sergeant und sieben Mann dazu ein, den Fluss hinunter bis zum Bosque [Auwald] Bonita zu patrouillieren und insbesondere scharf auf Indianerspuren zu achten, in einer Woche wieder im Camp zu sein und Meldung zu machen. Die Patrouille wurde durchgeführt und auf dem Rückmarsch biwakierten die Soldaten über Nacht bei Ojo Caliente. Am andern Morgen bei Tagesanbruch trafen sie Anstalten, das Frühstück zu kochen, als die Apachen über sie herfielen und alle beim ersten Ansturm töteten, bis auf einen. Dem einzigen Überlebenden gelang die Flucht zu Fuß und nach zwei Tagen ohne Nahrung in den Bergen, schaffte er es endlich ins Lager und erstattete dem Captain Meldung. Die Indianer hatten die Abteilung offenbar schon am Vorabend des Angriffs ausgemacht und das Morgengrauen abgewartet, um ihre Opfer zu massakrieren. Die Rothäute erbeuteten die ganze Ausrüstung und das Gepäck der Opfer, einschließlich sieben Pferde und zwei Packmulis. Bevor sie ihren Zug fortsetzten, nahmen sie sechs eiserne Haltestäbe, jeder etwa zwanzig Inches lang - die Soldaten verwendeten sie, um ihre Pferde daran festzubinden - trieben einen durch jede Soldatenleiche und nagelten sie fest auf die Erde. Die erbeuteten Tiere wurden geschlachtet und gegessen, denn die der Soldaten waren gut genährt, während die meisten Ponys und kleinen Maultiere der Apachen durch den andauernden Gebrauch in den Bergen ausgezehrt waren.

*

Ungefähr zwei Monate nach dem Massaker an den Soldaten, fielen die Krieger über die Postkutsche im Quitman Canyon her und töteten Morgan, den Kutscher und seinen Passagier, einen Spieler namens Crenshaw. Sie versteckten die Leichen so, dass sie nie gefunden wurden. Die Nachrichten von diesem Postkutschenraubmord waren so widersprüchlich und der Eindruck so stark, dass der Kutscher und der Fahrgast selbst die Postkutsche ausgeraubt und Indianerspuren gelegt hatten, um den Verdacht von sich abzulenken, dass Captain Baylor es für das Beste hielt, hinunter zum Canyon zu gehen und die Sache selbst zu untersuchen. Dementsprechend bildete er eine Abteilung aus vierzehn Privates und einem Corporal und mit zehn Tagesrationen auf zwei Packmaultieren verließ er Ysleta am sechzehnten Januar. Wenn möglich, wollte er feststellen, ob die Postkutsche ausgeraubt wurde und Indianer oder weiße Männer den Kutscher und den Fahrgast getötet hatten und er wollte die Täter bestrafen, sofern er sie erwischte. Um während seiner Abwesenheit Unordnung und Gewalt niederzuhalten, ließ Captain Baylor mich mit drei Mann in unserem Quartier in Ysleta zurück.

In Quitman stellte Captain Baylor fest, dass die Fährte der Postkutschenräuber nach Süden, Richtung Ojo Caliente wies und da die Vorberge der Quitman Mountains sehr unwegsam waren, marschierte er am Nordufer des Rio Grande flussab, bis er sich ziemlich sicher war, dass er Spuren der Marodeure in der Gegend finden würde. Etwa fünfundzwanzig Meilen unterhalb Quitman stieß er auf die Hufabdrücke eines frisch beschlagenen Maultiers, auf die von zwei unbeschlagenen Ponys und von zwei unbeschlagenen Maultieren und im Abstand von fünfzig Yards um die Spuren fand er einen Glacéhandschuh, von dem man annahm, dass er Crenshaw gehört hatte.

Die Fährte führte nun den Fluss abwärts und überquerte ihn hinüber nach Mexiko, wo die Indianerbande das erste Mal lagerte. Captain Baylor folgte und fand tags darauf das zweite Lager am Fuße der Vorberge der Los Pinos Mountains, wo er General Terrazas gegen Ende des vergangenen Jahres verlassen hatte. Hier zerstreuten sich alle Zweifel, ob man auf der Spur von Indianern war, als die Ranger ein geschlachtetes Pferd fanden und ein altes Paar Moccasins. Darüber hinaus lag das Lager nach Art der Indianer auf einem hohen, kahlen Hügel. Am selben Tag stieß Captain Baylor auf ein weiteres Lager und ein totes Muli und auf der Fährte wurde ein Stiefelschaft gefunden, der wiedererkannt wurde und Morgan, dem Kutscher gehört hatte. Hier war, auch, die Fährte von einigen fünfzehn oder zwanzig Mulis und Ponys, recht frisch, die aus der Richtung der Candelaria Mountains gekommen waren und eine kleine Fährte von drei Maultieren die zum Rio Grande wies. Die Ranger passierten einige sehr raue, tiefe Canyons und kampierten am Südufer des Rio Grande und dies war ihre zweite Nacht in Mexiko.

Am folgenden Morgen ging die Spur wieder über die Grenze nach Texas. Beim Vormarsch auf Major Carpenters altes Biwak im Bosque Bonita fand die Patrouille ein Lager, wo die Indianer offenbar Vorräte versteckt hatten, doch Captain Baylor verweilte hier nur kurz und rückte ein paar Meilen flussabwärts vor, als er feststellte, dass die Apachen schnurstracks zu den Eagle Mountains weitergezogen waren. Aus Sorge, von den Indianern gesehen zu werden, war sich der Captain unsicher, ob er die Ebene zwischen den Eagle Mountains und dem Rio Grande bei Tag überqueren sollte, da jedoch die Fährte mehrere Tage alt war, ging er das Risiko entdeckt zu werden ein. Er kampierte im Abstand von drei, vier Meilen vom Gebirge und nahm bei Tagesanbruch die Fährte wieder auf, die einen Canyon hoch zwischen die Bergspitzen führte.

Unvermittelt stieß er auf ein Lager, das am Morgen verlassen worden war und das völlig überstürzt, weil die Indianer Decken, Wildleder und viele andere, für sie nützliche Gegenstände, liegenließen. Sie hatten im Lager zwei Pferde geschlachtet und das Fleisch aufgeschichtet und ein Muli, dessen Blut sie in Blechgefäßen aufgefangen hatten. Die Zunge des Mulis kochte über einem Feuer und alles deutete darauf hin, dass die Rothäute einen feuchtfröhlichen Kriegstanz vollführt hatten, weil die

Ranger einen Fünf-Gallonen-Krug [1 Gallone ca. 3,8 Liter] mit Mescal fanden und eine im Boden versenkte Pferdehaut, die noch einmal fünfzehn oder zwanzig Gallonen mehr enthielt. Sie fanden auch das Gegenstück zu Morgans Stiefelschaft und eine Tasche, die aus den Beinen von Crenshaws Hose gefertigt war, sowie Expressgut, Postkarten und andere Dinge aus der Postkutsche.

Die Nacht zuvor war bitterkalt gewesen und der Boden war hartgefroren, so dass die Ranger die Fährte nicht ausmachen konnten, obwohl sie die Berge in allen Richtungen absuchten und die drei Puebloindianer, Bernado Olgin, Domingo Olgin und Aniceto Duran jeden Fußbreit Boden in Augenschein nahmen. Die Truppe ritt nun wieder Richtung Mexiko, um die Westflanke der Eagle Mountains herum nach Eagle Springs, um in der Gegenrichtung die Fährte zu suchen.

Bei Eagle Spring, wie es ein glücklicher Zufall wollte, erfuhr Captain Baylor, dass Lieutenant Nevill und neun Mann gerade nach Quitman aufgebrochen waren, um ihn zu suchen. Sobald Lieutenant Nevill nach Eagle Springs zurückgekehrt war, informierte er Baylor, dass er die Fährte sechs Meilen im Osten gesehen habe und dass sie zu den Carrizo Quellen oder den Diablo Mountains führte.

Captain Baylors Verpflegung war erschöpft und Lieutenant Nevill hatte nur Vorräte, die für die vereinten Kräfte fünf Tage lang reichten, doch die zwei Kommandeure gingen davon aus, binnen dieser Zeitspanne entweder die Indianer zu erwischen oder die Umgebung der Siedlungen am Pecos zu erreichen. Die Apachen machten ziemlich viel Zeit beim Durchqueren der Ebene vor den Eagle Springs gut und schienen sich von ihrem Schrecken nicht zu erholen, bis sie in den Diablo Mountains waren. Hier töteten sie ein Pferd und kochten das Fleisch und schmolzen mit heißen Steinen Schnee, um Wasser zu bekommen.

Die Spur führte nordwärts am Chili Peak vorüber, einer bekannten Landmarke, die von der Eagle Station aus zu sehen war. Hier verließen die Ranger die Fährte und ritten in die Diablo Mountains, um an den Apache Becken zu biwakieren, wo General Grierson im vergangenen Sommer Victorio von den Guadalupe Mountains abgeschnitten hatte. Am nächsten Morgen folgte Captain Baylor der Fährte nach Norden und lagerte auf einigen felsigen Hügeln, von wo er Rattlesnake Springs überblickte. Die Spur führte nun an den Rand der Sierra Diablo, wo die Indianer gelagert und das erste Mal geschlafen hatten, seit sie die Eagle Mountains hinter sich gelassen hatten. Sie waren immer noch wachsam, da sie sich an einem schrecklich aussehenden Canyon aufhielten, in den hinab sie verschwinden konnten, sollte der Suchtrupp sie überraschen.

Ihr nächstes Lager war etwa zehn Meilen weiter und Captain Baylor sah, dass sie jetzt beim Lagern sorgloser wurden. Am achtundzwanzigsten Januar fand er wieder ein Pferd und ein Feuer, wo die Apachen etwas Fleisch gegessen hatten. Die Beine des Pferdes waren noch nicht leichenstarr und Blut tropfte heraus, wenn man es anhob. Die Jagd wurde aufregend und Captain Baylor und seine Männer fühlten, dass die Gelegenheit zur Vergeltung der vielen Gräueltaten, die diese Bande begangen hatte, zum Greifen nah war.

Die Spur entfernte sich nach Norden, als ob die Rothäute zu den Cornudas in New Mexico wollten, drehte dann jedoch nach Osten ab, in die Sierra Diablo Mountains. In einer engen Schlucht hatten die Indianer ihr Mittagessen gehabt und zum Durst löschen den Schnee verwendet, doch ihre Pferde waren ohne Wasser. Von dieser Lagerstelle aus waren die Apachen zu den Felsklippen an der Nordostflanke der Devil Mountains aufgebrochen. Die Ranger waren sich nun sicher, dass die Indianer nicht weit weg waren, auch weil die fast alle zu Fuß gingen. Die Gefahr des Entdecktwerdens, wenn sie über die Hügel bei Tag gingen, war so offenkundig, dass die Ranger beschlossen zu biwakieren und erst am folgenden Morgen vor der Dämmerung die Bergrücken zu überqueren. Alle Spuren waren für eine Überraschung gut; die Fährte war nicht älter als zwei Stunden und ein Taubenschwarm, der über die Köpfe in die Richtung der Fährte flog, zeigte Wasser in der Nähe an.

Am Morgen des neunundzwanzigsten Januar wurden die Ranger vom Wachtposten geweckt und überquerten den Bergkamm vor Tagesanbruch. Es gab einige Schwierigkeiten, die Fährte aufzunehmen, obwohl Captain Baylor, Lieutenant Nevill und die Pueblos am Vorabend die Gegend erkundet hatten. Erst indem sie ihre Gesichter knapp über die Erde hielten, hatten die Pueblos die Fährte wieder. Sie führte nordwärts entlang der Berggipfel. Bald flüsterten die Führer:

„*Hay estan los Indios*“,

und Captain Baylor erkannte ihre Lagerfeuer, nicht weiter als eine halbe Meile entfernt.

Er ließ fünf Mann als Wache bei den Pferden und die anderen Ranger rückten leise zu Fuß vor. Vom Berggipfel gedeckt, krochen sie bis auf zweihundert Yards an das Lager heran, davon ausgehend, dass die Indianer am westlichen Abhang des Hügels kampierten. Die Apachen jedoch, waren vorsichtig genug gewesen, ein Tipi auf dem Osthang aufzustellen, von wo sie das Tal überblicken und ausmachen konnten, was sich von dort näherte. Captain Baylor befahl deswegen Sergeant Carruthers von Lieutenant Nevills Kompanie, mit sieben Mann einen

Umweg zur Linken Flanke zu machen und den Wigwam anzugreifen, während Lieutenant Nevill und er selbst mit siebzehn Mann gegen das westliche Lager vorgingen. Hinter ein paar großen Palmlilien in Deckung und in Indianerlinie formiert, gelangten die Angreifer hundert Yards an die Apachen heran, die offenbar gerade aus ihren Betten aufgestanden waren, weil jetzt Sonnenaufgang war. Halt, und die Männer verteilten sich nach rechts und links und im Knien feuerten sie auf die erstaunten Indianer eine wohlgezielte Salve. Bei der zweiten Salve rannten sie auseinander und flüchteten, die Ranger mit dem Texasschrei ihnen nach.

Sergeant Carruthers führte seine Befehle in kühner Weise aus. Die Apachen auf seiner Seite, alarmiert und überrascht durch die Schüsse von Captain Baylors Truppe, drängten sich zusammen und drei wurden, nicht weiter als zwanzig Yards von ihrem Lagerfeuer entfernt, getötet. Die Rothäute leisteten keinen Widerstand, sondern rannten wie die Hasen, jeder für sich. Als sie flohen wurden sie dick von den Rangern eingedeckt und alle bis auf zwei oder drei von sechzehn, hinterließen Blutflecken auf ihrer Spur.

Ein Indianer, dem Carruthers' Ranger wegen seiner enormen Spurgröße den Namen Großfuß gaben, rannte voll in Sicht vierhundert Yards den Berg hinauf; obwohl sie nicht weniger als zweihundert Schuss auf ihn abgaben, schaffte er es über den Hügel. Sergeant Carruthers und mehrere Männer verfolgten ihn eine und eine halbe Meile weit und fanden auf der ganzen Strecke Blutspuren. Ein anderer Krieger war niedergeschlagen worden und lag da eine Weile wie tot, kam aber schließlich wieder auf die Beine und verschwand über die Berge nebst der beschleunigenden Begleitung aus Springfield- und Winchestergeschossen. Ein Krieger hielt mannhaft die Stellung und wurde gleich zu Anfang in den Kopf geschossen.

Die Frauen, selbstverständlich, waren die eigentlichen Leidtragenden. Da es ein frostig kalter Morgen war und deshalb alle in Decken gewickelt davonstürzten, war es für die Ranger schwierig, Krieger von Squaws zu unterscheiden und im Getümmel der Schlacht wurden zwei Frauen getötet und eine tödlich verwundet. Zwei Kinder wurden getötet und ein anderes wurde durch den Fuß geschossen. Eine Frau mit drei Treffern in der Hand und zwei Kinder wurden gefangengenommen. Sieben Maultiere und neun Pferde, zwei Winchestergewehre, ein Remingtonkarabiner, ein Revolver der United States Kavallerie und sechs Sättel der United States Kavallerie, die von den Soldaten stammten, die bei Ojo Caliente gefallen waren, neben Kleidung und anderen Dingen fielen in die Hände der Sieger. Die gesamte Lagerausstattung der Indianer wurde verbrannt.

Die siegreichen Ranger frühstückten auf dem Schlachtfeld, da sie seit dem Mittagessen am Vortag nichts gegessen hatten. Einige der Männer fanden Geschmack an Pferdefleisch, während sich andere an Wildpret und gerösteten Mescalblättern gütlich taten. Die Sieger konnten in diesem Indianerlager nicht lange bleiben, weil Wasser sehr knapp war. Sie hatten für vierzig Tiere zu sorgen und die Indianer, in ihrer kopflosen Flucht, waren durch das größte Wasserloch gerannt und hatten es freigiebig mit ihrem Blut versetzt. Die Ranger fanden genug Wasser für sich selbst, doch die Pferde mussten warten, bis die Truppe die Apache Becken erreichte, dreißig Meilen entfernt. Aber zum Ausgleich für die Wasserknappheit, konnte Captain Baylor drei oder vier zusätzliche Skalps seiner Trophäensammlung hinzufügen.

Der Rückmarsch wurde begonnen und bei Eagle Station trennten sich Lieutenant Nevill und Captain Baylor. Die gefangene Frau und die zwei Kinder wurden nach Fort Davis geschickt und dem Kommandeur des Postens zur medizinischen Versorgung übergeben, weil die Ranger weder einen Feldchirurgen, noch eine Krankenstation hatten.

Auf dem Rückweg von der Schlacht bei den Diablos, hielten Captain Baylors Pueblo Indianer eine Meile vor Ysleta plötzlich an, nahmen Sättel und Zaumzeuge von ihren müden, kleinen Ponys und gingen zu Fuß ins Lager. So war das ihr Brauch nach einer erfolgreichen Kampagne gegen ihre Apachenfeinde. So konnten ihre Freunde ihnen entgegenkommen und ihre heimkehrenden Helden in Ehren empfangen. Der gesamte Pueblostamm von Ysleta feierte drei Tage und Nächte lang ein Skalptanzfest. Sie schmausten, tranken Wein und bedienten ihre heimgekehrten Krieger und luden die Ranger zu den Festivitäten ein. Das war die letzte Skalptanzfeier der Puebloindianer für immer, weil die Vernichtung der Apachen in den Diablos die wilden Indianer auslöschte und zum Skalpieren keine mehr übriggeblieben waren.

-o-

Ein internationales Zwischenspiel

Die amerikanischen Einwohner von Socorro, New Mexico, begingen in der Weihnachtswoche 1881 ein Kirchenfest und Mr. A. M. Conklin, Herausgeber der *Socorro Sun*, leitete die Feierlichkeiten. Zwei Mexikaner, Abran und Enofre Baca, erschienen in der Kirche und standen unter dem Einfluss von Schnaps. Ihr Reden und Verhalten störten die Vorstellung so, dass Mr. Conklin zu ihnen ging und von ihnen verlangte, ruhiger zu sein, sagte allerdings auch, sie seien in der Kirche sehr herzlich willkommen, müssten sich aber benehmen. Die Brüder, tief beleidigt, forderten Mr. Conklin zum Kampf heraus, doch er lehnte ab und versicherte ihnen nochmals, dass sie willkommen seien, müssten sich aber wie Gentlemen verhalten. Abran und Enofre verließen sofort die Kirche.

Nachdem die Feier geendet hatte, trat Mr. Conklin aus dem Kirchenportal mit seiner Frau an seiner Seite, als Abran Baca Mrs. Conklin am Arm schnappte und von ihrem Mann wegriss. Im selben Moment schoss Enofre und tötete den Herausgeber der *Socorro Sun* auf den Stufen der Kirchentreppe.

Dieser heimtückische Mord verursachte enormen Aufruhr in der kleinen Stadt Socorro und in alle Richtungen wurden Possen geschickt, um die Mörder zu suchen. Allerdings schafften es die zwei Bacas ihren Verfolgern zu entwischen und nach Mexiko zu entkommen. Der Gouverneur von New Mexico veröffentlichte sofort einen Steckbrief und setzte 500 Dollar für ihre Ergreifung aus, während die Bürger von Socorro ebenso viel boten - für tot oder lebendig. Der Steckbrief mit einer genauen Beschreibung der zwei Bacas wurde per Telegraph im Land verteilt und selbstverständlich erhielten die Ranger in Ysleta mehrere der umlaufenden Exemplare.

Zu dieser Zeit war der Richter des El Paso Countys Jose Baca, ein Onkel der Mörder. Er war auch Kaufmann in Ysleta, damals der Verwaltungssitz des Countys. Captain Baylors Rangerkompanie hatte ihr Adobequartier am westlichen Ende von Ysleta, etwa eine halbe Meile vom Hauptplatz des Ortes entfernt. Sobald ich den Steckbrief des Gouverneurs in Händen hielt, ließ ich Haus und Laden Richter Bacas überwachen, fast einen Monat lang, doch erfolglos. Wir waren dann schließlich der Auffassung, dass die Bacajungs nicht in unsere Gegend gekommen waren und strichen den Fall aus unseren Gedanken.

Eines Morgens in der letzten Märzhälfte jedoch, kam Jim Fitch, einer unserer vertrauenswürdigsten Ranger, eilig aus Ysleta zurück ins Camp und informierte mich darüber, dass er zwei gut gekleidete, ihm fremde Mexikaner gesehen habe, die auf der Veranda vor Richter Bacas Haus saßen. Mit einer Abteilung aus vier Mann nahm ich mir sofort das Bacahaus vor und verhaftete die beiden Fremden. Da ich sie für die Bacabrüder hielt, brach ich mit meinen Gefangenen nach New Mexico auf.

Bevor wir nach El Paso kamen wurden wir von Richter Baca eingeholt, der einen Dolmetscher mitgebracht hatte. Er wollte, dass ich anhielt und wünschte mit den Gefangenen zu sprechen. Nach einer kurzen Unterredung mit den Jungs, fragte mich der Richter, wie hoch die Belohnung für die Ergreifung von Abran Baca sei. Ich erwiderte:

„Fünfhundert Dollar."

„Wenn Sie ihn im Uferwald des Rio Grande entkommen lassen", sagte Richter Baca schließlich zögernd, „werde ich ihnen 700 Dollar geben."

Danach erhöhte er die Bestechungssumme auf 1000 Dollar, doch ich machte ihn darauf aufmerksam, dass es im ganzen El Paso County nicht genug Geld gäbe, um mich zu kaufen. Also kehrte er nach Ysleta zurück, ich setzte meinen Weg nach New Mexico fort und fühlte mich darin bestätigt, dass ich wenigstens einen der Conklinmörder festgenommen hatte.

Als ich in Socorro eintraf stellte sich heraus, dass ich tatsächlich Abran hatte, mein zweiter Gefangener allerdings Massias Baca war, ein Cousin der Mörder, der mit dem Verbrechen nichts zu tun hatte.

Ich wurde von den Bürgern und Beamten von Socorro königlich behandelt. Sie waren hocherfreut, dass einer der Mörder verhaftet war und zahlten mir umgehend 250 Dollar aus, den Anteil an der Belohnung, den sie für dessen Ergreifung ausgesetzt hatten. Colonel Eaton, der Deputy Sheriff des Countys, schrieb mir eine Bestätigung aus, dass ich Abran Baca im Gefängnis des Socorro Countys, New Mexico, abgeliefert hatte. Diese Bestätigung, dem Gouverneur des Territoriums vorgelegt, brachte mir umgehend eine Zahlungsanweisung über 250 Dollar ein und einen Dankesbrief seiner Exzellenz.

*

Ungefähr einen Monat nach der Festnahme von Abran Baca, erfuhr ich von Santiago Cooper, einem Freund der in Ysleta wohnte, dass er einen Mann in Saragosa, Mexiko, einem Ort nicht weit von Ysleta gesehen habe und er glaube, von der Beschreibung her könnte das Enofre Baca sein. Ich sagte Cooper, ich würde ihm 25 Dollar geben, wenn er wieder nach Saragosa ginge und sich vergewissere, ob es sich bei dem Mann, den er in Saragosa gesehen hatte, um Enofre Baca handelte. Eine Woche später kam er zu mir und bestätigte, dass der Mann in Saragosa Baca war und dass der Mörder im einzigen großen Kaufladen der Stadt arbeiten würde. Dieser Laden war ein langes Adobegebäude, das an einem Hügel lehnte. Wegen des abschüssigen Baugeländes hatte man vor dessen Fassade Terrassen anfügen müssen und zwar so, dass jemand, der die Ladenfront entlang ritt, den Saum seines Reitmantels fast auf eine Ebene mit dem Gebäude bringen konnte. Enofore war rotgesichtig mit dunkelrotem Haar, was es leicht machte, ihn zu identifizieren.

Ich behielt dieses Wissen über den Mörder fast eine Woche lang für mich, während ich mir über die Sache Gedanken machte. Ich wollte Baca haben, aber ich wusste aus früheren Erfahrungen nur zu gut, dass wenn ich dafür sorgte, dass er in Mexiko verhaftet würde, setzten ihn die dortigen Autoritäten wieder auf freien Fuß, besonders dann, wenn der Einfluss reicher Verwandter zum Tragen kam. Wissend, Captain Baylor würde das Gesetz buchstabengetreu befolgen, konnte ich ihn nicht ins Vertrauen ziehen.

Saragosa, ein Städtchen mit vielleicht fünfhundert Einwohnern liegt nur etwa vier Meilen südwestlich von Ysleta und für eine Krähe nur eine Meile weit vom Rio Grande. Alle anderen konnten wegen der vielen Farmen und tiefen Bewässerungsgräben in die Stadt nur hinein- oder wieder herauskommen, indem sie die Straße zwischen Ysleta und Saragosa benutzten. Für Mexikaner der Grenze war es stets ein Spaß hinter einer Adobemauer zu stehen oder auf einem Adobehaus zu liegen und jeden verhassten Gringo, der zu seinem Unglück auf der mexikanischen Seite des Rio Grande ertappt wurde, in Streifen zu schießen. Ich wusste aus eigenen Erfahrungen nur zu gut, dass ich unmöglich nach Saragosa gehen und dort versuchen durfte, einen Mexikaner zu verhaften und mich dann dort länger als fünf Minuten aufzuhalten, außer ich war tot. Dennoch beschloss ich, das Gesetz in die eigene Hand zu nehmen und den Versuch zu wagen.

Ich zog nur einen Mann ins Vertrauen, George Lloyd. Wenn es je ein Ass im Rangerdienst gab, er war eins. Als ich ihm meine Pläne erörterte, sagte er:

„Sergeant, das ist ein übel gefährliches und riskantes Geschäft und ich will haben, dass ich ein wenig Zeit habe, in der ich darüber nachdenke.“

Am nächsten Tag kam er zu mir und sagte:

„Sergeant ich werde mit dir überall hin auf der Welt gehen."

Doch obwohl er mich begleiten wollte, konnte ich sehen, dass er uns nicht zutraute, das Unternehmen auszuführen.

Ich plante, Baca am nächsten Morgen festzunehmen und schickte Cooper wieder nach Saragosa, um sich noch ein Mal einen Überblick über die Lage zu verschaffen. Er informierte mich nach seiner Rückkehr, dass Baca immer noch im Laden arbeitete. Ich wies Lloyd an, unsere Pferde da zu behalten, wenn die Tiere am nächsten Morgen hinaus auf die Weide gebracht würden. Das erforderte keine besondere Erklärung, weil die Männer regelmäßig ihre Pferde behielten um in die Stadt zu reiten.

Sobald wir den Rio Grande nach Mexiko überschritten haben würden, beabsichtigte ich, die Straße zu verlassen, durch den Uferwald zu reiten, Saragosa westlich zu umgehen und schnell zum Kaufladen zu reiten, in dem unser Mann arbeitete. Lloyd sollte die Pferde halten, während ich absaß, in den Laden ging und die Verhaftung durchführte. Dann, wenn möglich, musste ich Baca hinter Lloyd aufs Pferd setzten und danach ab durch die Mitte.

Unsere Pläne wurden fast buchstabengetreu ausgeführt. Wir kamen sicher nach Saragosa und während Lloyd vor dem Laden mein Pferd hielt, trat ich ein und entdeckte Baca, wie er für eine alte Mexikanerin ein paar Waren abzählte. Ich ging zu ihm, nahm ihn beim Kragen und mit gezogenem Revolver hieß ich ihn mitkommen. Die Kundin fiel prompt ohnmächtig zu Boden. Zwei andere Leute rannten aus dem Gebäude und kreischten aus Leibeskräften. Baca zögerte, mit mir zu kommen und fragte in gebrochenem Englisch, wohin er gebracht werden solle. Ich erklärte ihm Paso del Norte und mit dem Revolver an seinem Kopf befahl ich ihm, sich schnell vorwärts zu bewegen. Als wir unsere Pferde erreichten, zwang ich ihn, hinter Lloyd aufzusteigen. Dann sprang ich in meinen Sattel und, den Revolver über meinem Kopf schwingend, preschten wir hinaus aus Saragosa. Unser überraschendes Erscheinen in der Stadt und unser noch überraschenderes Verschwinden, verwirrten die Leute einige Minuten lang. Jedoch fanden sie sich schnell in die Situation und fingen an, die Glocke der alten Kirche heftig zu Läuten und das brachte die gesamte Bevölkerung auf die Beine.

Beim Verlassen von Saragosa sah ich Männer ihre Pferde holen und wusste, dass in wenigen Minuten eine Posse hinter uns her sein würde. Nach zwei Meilen im gestreckten Galopp, bemerkte ich, dass Lloyds Pferd nachließ und wir büßten etwas Zeit ein, Baca hinter mir aufsitzen zu lassen. Wir hatten immer noch zwei Meilen vor uns, das meiste der Strecke durch tiefen

Sand. Ich konnte eine Staubwolke hinter uns ausmachen und kurz darauf war der dazugehörige Haufen Reiter in Sicht. Es war ein kritischer Moment. Lloyd glaubte, es sei mit uns vorbei, doch hatten wir immer noch einen beträchtlichen Vorsprung und unsere Pferde waren locker und schnell unterwegs. Als unsere Verfolger eine Straßenkurve nahmen, zählten wir neun Männer. Dann waren sie auf sechshundert Yards heran und fingen an, auf uns zu schießen. Das war über lange Distanz und richtete keinen Schaden an. Tatsächlich glaube ich, sie wollten uns eher einschüchtern als verwunden, weil sie ebenso gut Baca wie uns hätten treffen können. Endlich erreichten wir den Rio Grande und bei einer Breite von fast hundert Yards, war die Furt flach und seicht. Wir preschten ins Wasser und als ich ans Ufer aus guter, alter Texaserde stieg, fühlte ich mich, als hätte ich einen Home Run in einem World Series Baseballspiel hingelegt. Unsere Verfolger machten am Fluss Halt, so zog ich meinen Hut, winkte ihnen und entschwand die Straße hinauf.

Wir verloren keine Zeit und ritten ins Camp. Unser Auftritt mit einem Gefangenen und zwei niedergerittenen Pferden brachte alle Jungs aus den Quartieren. Captain Baylor bemerkte die Versammlung und eilte herüber ins Lager:

„Sergeant, wer ist der Gefangene, den Sie da haben?“ fragte er, während er auf mich zu ging.

Ich erwiderte, es sei Enofre Baca, der Mann, der Mr. Conklin ermordet hatte. Der Captain betrachtete die abgekämpften, schweißtriefenden Pferde und fragte mich, wo ich ihn aufgegriffen hätte.

„Unten am Fluss“, versuchte ich mich herauszuwinden.

„So wie Ihre Pferde aussehen, würde ich denken, dass Sie geradewegs einem Kampf entronnen sind. Wo unten am Fluss haben sie diesen Mann gefangengenommen?”

Ich sah ein, dass er mich in die Enge trieb und da dachte ich, ich könnte ebenso gut „gestehen”. Ich erklärte, dass ich Baca in Saragosa verhaftet und ihn aus Mexiko entführt hätte. Sofort quollen Captain Baylors Augen zu doppelter Normalgröße auf.

„Sergeant, das ist die allerunüberlegteste Tat, die Sie je in Ihrem Leben begangen haben! Wissen Sie denn nicht, dass das eine flagrante Gesetzesübertretung ist und mit Sicherheit ein Bruch internationaler Gepflogenheiten, der den Gouverneur von Texas veranlassen könnte, die gesamte Kompanie A aufzulösen? Und nicht nur das, außerdem war es ein halsbrecherisches Unternehmen und es ist für mich ein Wunder, dass die Mexikaner Sie und Lloyd nicht zu Putzlappen zerschossen haben.“

Captain Baylor war wegen mir außer sich.

„Gillett, Sie haben weniger Gespür als ich dachte", erklärte er hitzig. „Wenn Sie irgendeine Erklärung haben sollten, würde ich sie gerne hören."

Ich erinnerte ihn an das tragische Schicksal von Morgan und Brown und wie die Verantwortlichen in Guadalupe die Mörder, Esquibel und Molina, freigelassen hatten. Ich behauptete, wenn ich Baca in Mexiko hätte inhaftieren lassen, wäre er durch die Hilfe und den Einfluss seiner reichen Freunde dort ungeschoren davongekommen. Baylor entgegnete, dass zwei falsche Dinge kein richtiges ergäben und sagte, ich hätte ihn konsultieren müssen. Ich erklärte schließlich rundheraus, dass ich sechs Jahre im Rangerdienst sei, in denen ich vom Rang eines Private zum Orderly Sergeant mit einem Sold von 50 Dollar aufgestiegen sei. Ich führte aus, dass dies der höchste Posten sei, den ich mir ohne Offizierspatent hatte erhoffen dürfen und während mir zwar eines versprochen worden war, sobald die erste Planstelle frei würde, bräuchte ich mir trotzdem nicht den Schimmer einer Hoffnung darauf zu machen, weil jeder Captain im Bataillon an seinem Posten klebe. Diese Bemerkung schien Captain Baylor zu erheitern und besänftigte etwas seinen Zorn. Ich fuhr fort und sagte, dass es mir nicht nur um die 500 Dollar ginge, die auf Baca ausgesetzt wären, sondern ich wollte auch Anerkennung dafür, wenn ich den Mörder aus Mexiko entführen könnte, ohne dabei getötet zu werden, weil ich glaubte, das würde mir etwas besseres einbringen, als den Rang eines Ranger Sergeant.

„Sergeant, Sie können mit Ihrem Mann gehen", sagte Captain Baylor schließlich, „aber es ist gegen meine tiefste Überzeugung. Ich sollte ihn über den Rio Grande eskortieren lassen und ihn freilassen."

Ich verlor keine Zeit und schickte einen Ranger zur Poststation in Ysleta mit dem Auftrag, zwei Fahrscheine nach Mesilla, New Mexico, zu kaufen und einen nach El Paso. Weil die Postkutsche so gegen zwölf Uhr an unserem Quartier vorbeifuhr, brauchte ich nicht lange zu warten. Ich nahm Lloyd als Wache bis El Paso mit und schickte ihn dann zurück. Den Rest der Reise nach Socorro machte ich mit dem Häftling allein. Nach einem ziemlich aufregenden Tag, traf ich in der alten Stadt Mesilla, New Mexico, bei Einbruch der Dunkelheit ein.

Ich wollte Baca nicht im örtlichen Gefängnis einliefern, weil ich weder Haftbefehl noch Auslieferungspapiere hatte, aufgrund derer er festgehalten werden durfte und fürchtete daher, dass die Gefängnisverantwortlichen ihn mir am nächsten Morgen nicht wieder herausgeben würden. Die Postkutsche von Mesilla nach

Rincon fuhr nachts nicht, deshalb mietete ich ein Zimmer im Hotel, kettete Baca an mich und so schliefen wir gemeinsam.

Am nächsten Tag erreichten wir Rincon, dann die Endstation der Santa Fe Eisenbahn. Ich hatte den Beamten von Socorro von El Paso aus telegraphiert, dass ich Baca verhaftet hatte und mit ihm auf dem Weg nach New Mexico war.

Bacas Freunde waren über seine Festnahme ebenfalls im Bilde und hatten es eilig, vom Gouverneur von New Mexico zu verlangen, ich solle den Häftling nach Santa Fe bringen, weil sie Gewalttätigkeiten des Mobs in Socorro befürchteten. Als ich in San Martial eintraf, wurde mir ein Telegramm des Gouverneurs ausgehändigt, mit der Order, Baca nach Santa Fe zu bringen und unter keinen Umständen mit ihm in Socorro zu halten.

Der Zustand des Gleises führte zu Verzögerungen und so traf ich mit dem Zug in Socorro erst spät nachts ein. In der selben Minute, in der er hielt, stiegen fünfundzwanzig oder dreißig bewaffnete Männer zu, angeführt von Deputy Sheriff Eaton. Ich wies Eaton das Telegramm des Gouverneurs vor, doch er erklärte, Baca würde in Socorro gesucht und das wär genau der Ort, wohin er auch gehen würde. Ich widersprach ihm und sagte, dass ich mit dem Häftling nach Santa Fe weiterfahren würde. Mittlerweile hatte sich ein Dutzend bewaffneter Männer um mich versammelt, die behaupteten:

„Du wirst ihn nicht sehr weit nach Santa Fe bringen."

Ich war wütend, doch stand ich praktisch unter Arrest und war machtlos, mir selbst zu helfen. Baca und ich wurden aus dem Zug zu einem großen, wartenden Pferdebus gebracht. Der Gefängnisleiter stieg zuerst ein, dann wurde Baca neben ihn gesetzt und ich saß an der Tür mit meiner Winchester in der Hand. Der Fahrer musste uns zum Gefängnis bringen.

Es war eine helle Mondnacht und wir waren noch nicht weit gekommen, als ich aus dem Bus sah und mindestens hundert bewaffnete Männer auf der Straße erblickte. Sie kamen aus allen Richtungen. Die Kerle schwärmten um das Fahrzeug und drei oder vier griffen sich die Pferde bei den Fahrleinen, während andere versuchten, die Türen aufzubrechen. Ich fragte den Gefängnisleiter, ob ich auf ihn zählen könnte, wenn ich den Mob zurückhalten würde, aber er erwiderte, dass dies keinen Sinn hätte. Jetzt war ich so wütend wie nie zuvor und das Erste Mal in meinem Leben ließ ich einen Fluch los:

„Gott verdamme sie, ich halte sie zurück."

Als sie an den Türen rissen, hielt ich meine Winchester hinaus und befahl dem Mob zurückzubleiben oder ich würde schießen. Die Männer schenkten meinem Gewehr nicht mehr Beachtung, als wäre es ein Besenstiel. Ein Mann, der neben der Tür stand, griff sich die Mündung und mit einem schnellen Seitwärtsruck flog mir die Waffe aus der Hand und landete im Dreck. Ein anderer packte mich am Kragen und wollte mich aus dem Bus ziehen. Ich spreizte die Beine und versuchte mich abzustützen, doch ein harter und rascher Hauruck und ich lag draußen auf der Straße, wo einer der Männer nach mir trat. Jetzt hatte ich genug und machte keinen Versuch, meinen Revolver zu ziehen. Einer aus der Menge sagte zu mir:

„Was in der Hölle glaubst du? Wir wollen dir nicht weh tun, aber wir werden diesen verdammten Mexikaner ganz genau jetzt hängen!“

Ich klärte den Mob über die besonderen Umstände von Bacas Festnahme auf und sagte den Männern, das Hängen des Gefangenen würde mich in eine prekäre Lage bringen. Dazu käme, dass Bedingung für die Auszahlung der Belohnung, die das Territorium New Mexico ausgesetzt hatte, die Ablieferung des Mörders hinter die Türen des Gefängnisses des Socorro Countys wäre. Die Anführer der Menge beratschlagten einige Minuten und beschlossen dann, dass ich recht hätte. Sie schickten mich zurück in den Bus, gaben mir meine Winchester und wir alle machten uns zum Gefängnis auf. Sobald Baca im Gefängnis untergebracht war, setzte sich Deputy Sheriff Eaton hin und schrieb eine Empfangsbestätigung für die Ablieferung Bacas hinter die Gefängnistüren. Inzwischen brach der Tag an und ich versuchte dem Lynchmord durch weiteres Reden zu begegnen. Der Mob zeigte für meine Motive Verständnis und lud mich in den Bürgersaal, einen Häuserblock weiter ein, wo wir uns unterhalten könnten. Ich ging mit ihnen, aber wir waren erst hundert Yards weit gekommen, als der gesamte Mob zum Gefängnis zurückkehrte. Ich wollte mit ihnen gehen, doch zwei Männer hielten mich zurück und sagten:

„Es ist zwecklos, sie hängen ihn auf.“

Die Männer brachten Baca zu einem Corral in der Nähe und hängten ihn an einen großen Querbalken des Pferchtores.

Am nächsten Morgen kamen Bacas Verwandte zu mir ins Hotel mit den Hüten in den Händen und baten mich um die Schlüssel, damit sie dem Toten die Fußfesseln abnehmen konnten. Als ich sie ihnen aushändigte, fühlte ich mich gedemütigt und beschämt. Eine Abordnung der Bürger von Socorro wartete auf mich am Zug, mit dem ich heimfahren wollte, zahlte mir 250 Dollar als ihren Anteil an der Belohnung aus und dankte mir für die Ergreifung der beiden Mörder. Sie versicherten mir, sie ständen bei Fuß, mir zu helfen, finanziell oder falls ich Schwierigkeiten mit der Bundesregierung wegen der Gefangennahme und Entführung Bacas bekäme.

Ich nahm an, die Verwandten jung Bacas berichteten die Umstände seiner Entführung unserer Regierung, weil wenige Wochen nach seiner Verhaftung Mr. Blaine, Staatsminister, einen langen Brief an Gouverneur Roberts schrieb, in dem er das Verletzen internationaler Gepflogenheiten betrachtete. Gouverneur Roberts verlangte von Captain Baylor eine umfassende, schriftliche Darlegung des Falles. Captain Baylor – während er niemals falsches Verhalten in seiner Kompanie duldete – stand immer zu seinen Männern, wenn sie Schwierigkeiten hatten. Er konnte sich schriftlich sehr gut ausdrücken und kein Texaner wusste mehr als er über die vielen üblen und unfassbaren Mordtaten, die am Rio Grande begangen worden waren und wie die Täter der Verhaftung und Bestrafung entgingen, indem sie einfach die Flussgrenze nach Mexiko überquerten. Baylor schrieb so gut und so treffend, dass in diesem Fall nichts weiter nachfolgte. Jedoch erhielt er den Befehl, niemals wieder seinen Männern zu erlauben, Flüchtigen nach Mexiko zu folgen.

Bald danach schrieb der Sicherheitsausschuss von Socorro an Captain Baylor:

„Wir haben von vertrauenswürdiger Seite erfahren, dass Jose Baca aus Ysleta, Texas, einen Mexikaner angeheuert hat, der Sergant Gillett töten soll. Es wurden Schritte unternommen, dies zu verhindern. Allerdings raten wir ihm, trotzdem auf der Hut sein.“

Baylor ging mit diesem Brief sofort zu Richter Baca, aber der Jurist bestritt inbrünstig, irgendetwas über die Sache zu wissen. Dennoch war sowohl in Ysleta als auch in El Paso das Gerücht in Umlauf, dass für meine Auslieferung an die mexikanischen Behörden in El Paso del Norte 1.500 Dollar ausgesetzt waren. Meine Nachforschungen brachten zwar zu Tage, dass es keine Belohnung für mich gab, doch sicherheitshalber ging ich für mehrere Jahre nicht mehr nach Mexiko.

-o-

Letzte Patrouillen

Während des Sommers 1881 ritt Captain Baylors Kompanie mehrere Patrouillen in die Sacramento und Guadalupe Mountains. Diese wurden dem Generaladjutanten als Unternehmungen gegen Indianer gemeldet, aber es gab in Texas keine Rothäute mehr, weil die Ranger ihre Arbeit gründlich erledigt hatten. Deswegen hatten diese Expeditionen für die Jungs eher den Charakter von Ausflügen. Es war ein Vergnügen, aus dem Lager im heißen Tal des Rio Grande heraus zu kommen und durch diese hohen Berge mit ihren Wäldern aus langstämmigen Kiefern zu streifen, die vor Wild wie Bären, Hirsch und wilden Truthühnern wimmelten. Die Ebenen zwischen den Guadalupe Mountains und Ysleta beherbergten hunderte von Antilopen, die den Rangern dennoch größtes jagdliches Können abverlangten.

Auf einem dieser Jagdausflüge nahm George Lloyd teil, der schon Ranger unter Lieutenant Tays war, als dessen Kompanie im El Paso County aufgestellt wurde. Wir lagerten in den Las Cornudas, wo Lloyd einmal einen Kampf gegen Indianer gehabt hatte. Er ging über das Gelände und gab uns interessante Einblicke in das Gefecht. Er sagte, sie seien zwölf Mann in der Patrouille gewesen, einschließlich Lieutenant Tays. Während sie von Crow Springs nach Las Cornudas, etwa dreißig Meilen marschiert waren, ritten sechs der Ranger den anderen etwa eine Meile voraus und als sie den Las Cornudas näherkamen, schlugen sie die Richtung zu einigen *tinaja*s (Wasserlöchern) in den Bergen ein. Sie umritten eine Felsengruppe und sahen sich Angesicht zu Angesicht zehn oder zwölf Indianern gegenüber, die von den Wasserlöchern kamen. Indianer und Ranger waren sich schon vierzig Fuß nahe, bevor sie einander bemerkten und Bleichgesichter und Rothäute stürzten buchstäblich von den Pferden – die Indianer suchten Deckung in den Felsen über dem Pfad, während fünf der Ranger Hals über Kopf in eine freundliche Bodenrinne hechteten.

Ein Ranger, angeblich russischer Adliger und Nihilist, wurde gleich zu Beginn des Kampfes getötet und an der Stelle, wo er gefallen war, später begraben. Er bekam eine hölzerne Tafel, um das Grab zu markieren, aber die Indianer hatten sie bald aufgearbeitet, indem sie jedes Mal, wenn sie an der Stelle vorbeikamen, mit ihren Messern daran herumhackten. Obwohl sich ihm ausgezeichnete Deckung geboten hatte, stand er so senkrecht wie es sich für britische Offiziere im Transvaal gehörte und wurde durch das Gehirn geschossen.

Lloyd sprang vom Pferd und hielt es dabei an einem dreißig Fuß langen Anbindestrick, der um den Hals des Tieres geschlungen war. Die anderen vier der Vorausabteilung krochen wie die Schlangen die Bodenrinne abwärts und verschwanden. Wie Lloyd seine leergeschossene Winchester nachladen wollte, schob er unglücklicherweise eine .45er Colt Revolverpatrone in das Magazin seiner .44er Winchester und beim Versuch, eine weitere Patrone nachzuschieben, verklemmte sich die .45er im Gewehr und das brachte ihn in ernsthafte Schwierigkeiten. Jedoch nahm der furchtlose Ranger sein Taschenmesser heraus entfernte kaltblütig die Schraube, die die Seitenplatten des Systemkastens seiner Winchester zusammenhielt, nahm die Platten ab und die falsche Patrone heraus, brachte die Platten wieder an, zog die Schraube fest, lud sein Gewehr und fing wieder an zu schießen. Es braucht einen Mann mit eisernen Nerven, so etwas fertig zu bringen und du triffst so einen höchstens ein Mal im Leben. Als ich einen Mann suchte, der mit mir nach Mexiko ging, um Baca zu kidnappen, wählte ich mir aus den zwanzig Männern des Camps natürlich Lloyd aus.

Als er sah, dass der Russe tot war und seine Kameraden verschwunden, kroch Lloyd die Rinne hinab und zog sein Pferd oben auf dem Rand hinter sich her, bis er außer Gefahr war. Die fünf Pferde der anderen Ranger wussten wo das Wasser der *tinajas* zu finden war, trabten direkt hinauf zwischen die Felsen, wo sie mit Sätteln, Zaumzeug und allem von den Indianern eingefangen wurden.

Sobald Lloyd weg war, kamen die Rothäute aus ihrer Deckung, nahmen die Winchester und den Revolver des Russen und zogen ab. Lloyd war von den sechsen der einzige Mann, der sein Pferd gerettet hatte, weil die Indianer hoch in den Felsen mit ihren Zündnadelgewehren Lieutenant Tays und den Rest seiner Truppe daran gehindert hatten einzugreifen.

*

Im Spätsommer 1881 verlegte Captain Baylor seine Rangerkompanie von Ysleta in eine Gegend drei Meilen flussabwärts El Paso. Dort im Lager wurde der Captain vom Sheriff von Tombstone, Arizona, gewarnt, er solle auf San Simon Valley Viehdiebe achtgeben, von denen man annahm, sie seien Teil von Curley Bills Bande. Die Namen der Räuber wurden mit Charley und Frank Baker und Billy Morgan angegeben und der vierte war vermutlich Curley Bill selbst. Diese Outlaws hatten sechzehn große Arbeitsmulis und vier Pferde aus einem Holzfällerlager, etwa zwölf Meilen außerhalb Tombstones gestohlen. Außerdem hatten sie einen Laden ausgeraubt und den Eigentümer mit Revolvern angegriffen und ihn für tot liegengelassen. Eine Belohnung von 500 Dollar war für die Ergreifung der Banditen und die Wiederbeschaffung der Tiere ausgesetzt worden. Die Fährte der Räuber führte hinunter nach New Mexico und man vermutete, Curley Bill und seine Bande wollten nach Westtexas, wo sie in der Umgebung von El Paso versuchen würden, Mulis und Pferde in einigen der Eisenbahnbau-Camps zu verkaufen.

Captain Baylor befahl mir sofort, sieben Mann mitzunehmen, fünf Tagesrationen zu fassen und den Rio Grande hinauf zur Eisenbahnstrecke nach New Mexico zu reiten und nach der Fährte der Banditen zu suchen und, falls ich sie fände, ihr zu folgen. Ich arbeitete mich flussaufwärts, fand aber keine Fährte. Auch konnte ich nichts über fremde Männer in Erfahrung bringen, die eine Maultier- und Pferdeherde durch das Land trieben. Meine Zeit war beinahe um und ich beschloss, durch ein Tal der Franklin Mountains, dreißig oder vierzig Meilen nördlich El Paso zum Lager zurück zu reiten. Wir verließen den Rio Grande spät am Abend, passierten das Tal und lagerten ohne Wasser in der Nähe in der Ebene östlich der Berge.

Früh am folgenden Morgen ritten wir zu einer Wasserstelle, die als Monday's Springs bekannt ist und hielten, um zu frühstücken. Hier entdeckten die Jungs einige Pferde- und Maultierspuren. Zuerst dachten wir uns nichts dabei und nahmen an, die Hufabdrücke stammten von freilebenden Tieren, die hier am Wasser gegrast hatten. Von Monday's Springs aus führte eine kaum ausgefahrene Straße entlang der Ostflanke der Berge nach El Paso und wir nahmen diese Route heimwärts. Noch bevor wir sehr weit gekommen waren, fiel uns auf, dass einige der Mulis und Pferde die selbe Straße benutzten und auch dann hatte ich immer noch nicht den Verdacht, dass diese Spuren die Fährte der Banditen sein könnte, nach denen wir suchten. Schließlich kamen wir zu Fußabdrücken, wie sie Männer hinterließen, die ihre Sättel zurecht rückten oder ihre Gepäckgurte festzurrten. Hier dämmerte es mir, dass die Spuren von der Bande stammen könnten, die wir suchten.

Ich folgte daraufhin der Fährte vorsichtig und sie führte mich durch die Gegend, die heute das schönste Wohnviertel El Pasos ist und dann in den Hofplatz eines großen Camps, wo heute das 500.000 Dollar Unionsgebäude und das Postamt stehen.

Bei der Beschreibung der gestohlenen Tiere, wurde uns gesagt, dass eins der Maultiere eine kleine schweizer Viehglocke trug. Als ich mich dem Wagenstellplatz näherte, hörte ich das Bimmeln dieses Glöckchens und war sicher, die Fährte unseres Wildes endete hier. Wir stiegen ab und mit durchgeladenen

Winchestern und aktionsbereit schlüpfte unsere kleine Rangergruppe rasch durch das große Corraltor und nach zehn Schritt trafen wir auf drei schwerbewaffnete Männer, die sich über ein Feuer beugten und ihr Frühstück kochten. Ihre Gewehre lehnten an der Adobeeinfriedung in Reichweite, so war die Überraschung vollständig.

Die Outlaws richteten sich auf und versuchten ihre Gewehre zu greifen, aber meine Männer hielten ihnen die gespannten Winchesterkarabiner an die Brust. Ich erklärte ihnen, dass wir Ranger seien, die den Befehl hatten, sie zu verhaften und forderte, dass sie sich ergaben. Die Räuber waren unentschlossen, was sie tun sollten; sie hätten gerne ihre Revolver gezogen oder sich ihre Gewehre geschnappt, jedenfalls weigerten sie sich, ihre Hände hoch zu nehmen. Schließlich wendete sich mir einer der Bakerbrüder langsam zu und sagte:

„So oder so. Es ist uns lieber, ihr erschießt uns jetzt. Wenn wir uns ergeben, ist das genau so unser Tod."

Ich antwortete darauf:

„Uns liegt nichts daran, euch zu verletzen. Aber die kleinste Bewegung, um den Revolver zu ziehen und ihr seid sofort tot, sofort und ihr alle. Und jetzt: Hände hoch!"

Sie gehorchten langsam. Ich ging zu ihnen, öffnete ihnen die Revolvergürtel und nahm ihnen die Waffen ab.

Ich blickte über ihr Lager und das verriet mir, dass da vier Sättel und Winchester waren, ich aber nur drei Männer festgenommen hatte. Ich erwähnte diese Tatsache gegenüber den Gefangenen und die lachten und sagten, einer von ihnen sei runter in die Stadt gegangen, um ein Päckchen Kaffee zu kaufen und habe wohl unsere Anwesenheit bemerkt und sei Stiften gegangen. Die festgesetzten Männer waren die zwei Bakerjungs und Billy Morgan und ich fragte, ob der fehlende Mann Curley Bill sei. Sie verneinten das, weigerten sich aber zu sagen, um wen es sich stattdessen handelte. Da wir keine Beschreibung von ihm besaßen und er sich zu Fuß in einer Stadt voller waffentragender Männer aufhielt, hatten wir keine Möglichkeit, ihn zu identifizieren und er wurde nie gefasst.

Von den gefangenen Räubern erfuhren wir, nachdem ihnen der Proviant ausgegangen war, waren sie früh aufgestanden und nach El Paso zum Frühstücken gegangen. Sie behaupteten, dass wir froh sein könnten, dass sie ihr Feuer so nah am Corraltor gemacht hätten. Ihr Lager nur dreißig Fuß weiter weg und sie hätten uns einen Kampf geliefert, an den wir uns noch lange erinnern würden. Ich entgegnete, dass die acht von uns das schon durchgestanden hätten, völlig egal wo ihr Lager gewesen wäre.

*

Diese Räuber behielten wir zehn Tage oder länger im Camp, bis die Auslieferungspapiere vom State Capitol in Austin eintrafen, weil sie es ablehnten, ohne korrekte Bevollmächtigung, zurück nach Arizona gebracht zu werden. Sie besaßen Pferde, die sie Rechtsanwälten in El Paso gaben, damit die verhinderten, dass sie zurück an den Ort ihrer Verbrechen gebracht würden. Wir stellten die gestohlenen Tiere sicher – sechzehn Mulis und vier Pferde. Die Eigentümer kamen und erhoben ihre Ansprüche und zahlten den Rangern 200 Dollar und der Arizona Sheriff zahlte die selbe Summe für die Ergreifung der Viehdiebe.

Unsere Ranger und diese Diebe lernten sich gut kennen, während sie in unserem Camp Gefangene waren. Sie gaben zu, dass ihre Namen angenommen waren und sagten, sie seien Texaner, weigerten sich aber anzugeben, aus welchem Teil des Staates sie stammten. Die drei wurden zurück nach Arizona gebracht, wegen versuchten Mordes und Pferdediebstahls in Tombstone vor Gericht gestellt und für fünfundzwanzig Jahre ins Gefängnis nach Yuma gesteckt. Sie schrieben von dort unseren Jungs regelmäßig und schienen keinen Groll gegen uns zu hegen, weil wir sie festgenommen hatten. Die Patrouille, um diese Männer zu fassen, war die letzte von Bedeutung, an der ich teilgenommen habe.

*

Ende 1881 erhielt Captain Baylor von Israel King aus Cambray, New Mexico, die Nachricht, dass ihm eine Diebesbande eine Viehherde gestohlen hatte und nach letzten Meldungen, mit ihr Richtung El Paso unterwegs war. Mit einer Abteilung aus vier Mann erhielt ich den Befehl, den Fluss stromauf und weiter ins Buschland zu patrouillieren, um die Viehdiebe abzufangen. Nach etwa zehn Meilen den Rio Grande hinauf, überquerten wir den Fluss nach New Mexico um auf ebeneres Gelände zu gelangen. Ungefähr achtzehn Meilen oberhalb El Paso fanden wir die Fährte des gestohlenen Viehs und folgten ihr über den Rio Grande zurück nach Texas.

Als wir uns auf der Spur durch fast undurchdringliches Auwaldgestrüpp arbeiteten, kamen wir auf eine kleine Lichtung und trafen auf die gestohlenen Tiere, die friedlich weideten. Auf der anderen Seite der Herde stand ein Mexikaner mit einer Winchester wache, nicht weit von ihm sein grasendes Pferd. Der Posten schoss auf uns, als er zu seinem Pferd rannte und wir mussten um die Herde herumreiten, um zu dem Dieb zu kommen. Im Reiten feuerten wir und dieser plötzliche Krach erschreckte das freilaufende Pony derart, dass der Flüchtige nicht aufsteigen konnte. Er war deshalb gezwungen, zu Fuß im Gestrüpp unterzutauchen. Wir wussten, dass wir zu Pferd durch das hinderliche Dickicht nicht schnell vorankommen würden, also stiegen wir ab und nahmen es zu Fuß an. Der flüchtende Mexikaner versuchte, durch einen matschigen Tümpel zu laufen, den der Rio Grande mit seinen Stauwassern gebildet hatte. Hier blieb er stecken und als er sich befreit hatte, nahm er den selben Weg zurück, auf dem er in den Morast geraten war und fand Sicherheit im freundlichen Unterholz. Wir rannten dort hin, wo wir ihn zuletzt gesehen hatten und entdeckten sein Gewehr, das er im Schlamm liegengelassen hatte. Zwanzig oder dreißig Schüsse hatten wir auf ihn abgegeben, doch da wir keine Anzeichen für Treffer fanden, nahmen wir seine Winchester, sein Pony und sechsunddreißig Stück gestohlenes Vieh und wir hatten ihm einen Schrecken eingejagt, den er sein Leben lang nicht vergessen würde. Die Rinder wurden Mr. King zurückgegeben, der uns für ihre Wiederbeschaffung eine Belohnung von 200 Dollar präsentierte.

Wir erfuhren später, dass Frank Stevenson, ein berüchtigter Viehdieb, dessen Versteck in diesem Dickicht war, diese Rinder gestohlen hatte und den Mexikaner als Aufpasser zurückließ, während er nach El Paso ritt, um deren Verkauf klar zu machen. Wie in einem vorherigen Kapitel beschrieben, erwischte ich Stevenson schließlich und er kam für fünfzehn Jahre wegen Pferdediebstahls ins Zuchthaus. Seine Verhaftung und der Gefängnisaufenthalt zerschlugen die Canutillo Bande.

*

Heute ist das obere Rio Grande Tal mit seinen lieblichen Apfel- und Pfirsichgärten, mit den Alfalfa-Äckern, großen Milchkuhherden und eleganten Häusern fast ein Garten Eden. Es ist einer dieser wundervollen Flecken im Umland der heute schönen Stadt El Paso. Die Santa Fe Eisenbahn geht durch das Tal und manchmal befahre ich die Strecke mit dem Zug. Wenn ich es mir in einem Sitz des Pullman-Wagons bequem mache und aus dem Fenster über das Land schaue, denke ich immer an die Vergangenheit und frage mich, wie viele der heutigen Einwohner wissen, welche Wildnis dies einmal war und was für Halsabschneider, Viehdiebe und Mörder sich hier ihr Stelldichein gegeben haben.

Als die Ranger Ende 1881 noch bei El Paso im Camp lagen, traf ich Captain Thatcher, damals Superintendent der Santa-Fe-Eisenbahn. Er teilte mir mit, dass die Wells-Fargo-Expressgesellschaften wegen der Postkutschen- und Zugüberfälle in New Mexico und Arizona fürchteten, ihre Züge könnten in der Umgebung von El Paso ausgeraubt werden. Sie hatten daher beschlossen, einen bewaffneten Begleitschutz aus drei Mann auf der Santa-Fe-Hauptstrecke zwischen Deming und Las Vegas, New Mexico, mitfahren zu lassen und eine ähnliche Wache auf dem Abzweig von El Paso, Texas, nach Rincon, New Mexico. Captain Thatcher kannte mich als Ranger und meine Entführung Enofre Bacas aus Mexiko hatte mir zu nicht wenig Bekanntheit verholfen, also bot er mir den Posten als Captain der Wachmannschaft in der Eisenbahngesellschaft an, mit einem Monatsgehalt von 150 Dollar. Ich würde mir meine Wachmänner selbst aussuchen dürfen und wäre für ihr Verhalten verantwortlich.

Ich bat um Zeit, um über das Angebot nachzudenken. Während der Posten als Captain der Eisenbahnwache wohl nicht von Dauer war – vielleicht für nicht länger als sechs Monate – war das Gehalt genau drei Mal so hoch, wie das, was ich als Sergeant der Ranger bekam. Ich beredete Thatchers Angebot mit Captain Baylor, der nicht davon überzeugt war, doch ich entschied mich gegen ihn und bat ihn schließlich um meine Entlassung.

Am 26. Dezember 1881, nachdem ich sechs Jahre und sieben Monate lang als Ranger gedient hatte, legte ich mit der befriedigenden Gewissheit, stets meine Pflicht erfüllt zu haben, meine Winchester nieder. Meine Dienstzeit war einer meiner glücklichsten Lebensabschnitte und wenn ich an meine Tage als Ranger zurückdenke, gehört das zu meinen allerschönsten Erinnerungen.

Das Personal von Captain Baylors Kompanie wechselte so rasch, dass zur Zeit meiner Quittierung des Dienstes kaum ein Mann der Kompanie angehörte, der länger als sechs Monate dabei war. Deswegen gab es keine festen Freundschaftsbande zu strapazieren oder gar zu zerreißen, als ich das Kommando verließ, mit Ausnahme bei der Trennung von Captain Baylor. Ihn zurückzulassen, machte mich tatsächlich traurig. Mein Lebewohlsagen und die Abreise waren schlicht und nicht beeindruckend. Ich saß mit meinen Kameraden bei einem letzten Rangeressen aus Bohnen, Schinkenspeck, Brot und schwarzem Kaffee. Nach der Mahlzeit stand ich vom Tisch auf, schüttelte

Captain Baylor und den Jungs die Hände, bestieg mein Pferd und ritt aus dem Rangerlager für immer.

-o-

Die Früchte des Rangerdienstes

Anfang des Frühlings 1881 erwachte die alte Stadt El Paso aus ihrem Rip Van Winkle Schlaf [Figur einer Kurzgeschichte, die den Zeitenwandel verschlafen hat] und bemerkte, dass vier Grand Trunk Eisenbahnstrecken rasch in ihre Richtung gebaut wurden, die gewiss am Ende des Jahres in die Stadt vordringen würden. So wie sie dort lag, viele hundert Meilen von jeder anderen Stadt entfernt, fiel die Vorhersage leicht, dass El Paso das Zeug zu einer großen City hatte und ein lohnender Platz für Investoren war. Banker, Händler, Kapitalisten, Immobilienmakler, Rinderleute, Bergleute, Eisenbahnmenschen, Spieler, Saloonbesitzer und anständige Leute beiderlei Geschlechts sammelten sich in der Stadt. Sie kamen in Buggies, leichten Kutschen und Fuhrwerken, zu Pferd und sogar zu Fuß. Hotelzimmer waren absolute Mangelware, also schliefen und aßen die Leute wo und so gut sie eben konnten. El Paso Street, die einzige Geschäfts- und Durchgangsstraße war überlaufen.

Abends war nicht genügend Platz für die Leute auf den Bürgersteigen und sie füllten die Straßen. An beinahe jeder Ecke der Stadt eröffnete ein Saloon und viele dazwischen. Jeder Ausschank hatte eine angegliederte Spielhalle, wo sich die Menge dem Roulette, Pharo, Monte, Chuck-a-Luck, Stud Poker und jedem anderen Glücksspiel des Planeten hingab. Wenn jemand einen Sitzplatz an den Spieltischen wünschte, musste er abends früh dran sein oder er kam ihnen nicht näher als dreißig Fuß. Zwei Varieté-Theater, das Coliseum – das größte im Südwesten – geführt von den Manning Brüdern, und Jack Doyles waren schnell eröffnet.

Wahlen wurden in El Paso abgehalten und die City wurde ordnungsgemäß ins Leben gerufen und ein Bürgermeister und ein Stadtrat eingesetzt. George Campbell wurde zum City

Marshal gewählt und erhielt einen Assistenten, Bill Johnson. Der neue Marshal war aus dem Young County, Texas, wo er Deputy Sheriff gewesen war, nach El Paso gekommen. Er hatte einige gute Aufklärungsarbeit geleistet und war ein guter und tüchtiger Beamter, sein Assistent jedoch, war mehr als unter dem Durchschnitt.

Der Marshal stellte bald fest, dass mit nur einem Mann Unterstützung, die größte Sorte von Aufgabe auf seinen Schultern lastete, bei der es in jeder der vierundzwanzig Stunden des Tages etwas zu tun gab. Campbell beschloss, dass er für die Arbeit nicht gut genug bezahlt wurde und verlangte eine Gehaltserhöhung, aber der Stadtrat lehnte ab. Der Marshal trat sofort zurück und überließ es Bill Johnson, die Stadt in Ordnung zu halten.

Campbell stand mit dem Unternehmertum in El Paso auf gutem Fuß, speziell mit den Manning Brüdern, die zwei Saloons und das große Varieté-Theater führten. Campbell und seine Freunde entschieden, strategisch vorzugehen, um den Stadtrat zu einer Gehaltserhöhung zu nötigen. Sie planten, in der Stadt herumzuballern und dachten, das würde die Stadtväter dazu veranlassen, Campbell wieder als Marshal einzustellen, mit einer spürbaren Anhebung seiner Bezahlung. Um zwei Uhr eines Nachts ging in der Stadt die Knallerei los. Drei- oder vierhundert Schüsse wurden abgefeuert, ungezielt und ohne Versuch, jemanden festzunehmen.

Den folgenden Morgen schickte Bürgermeister McGoffin einen Eilruf an Captain Baylor in Ysleta und bat um eine Abordnung von Rangern zur Unterstützung der Polizeiarbeit in der Stadt. Zu dieser Zeit hatte ich meine Verbindungen zu den Rangern noch nicht gekappt und so wurde mir befohlen, fünf Mann zu bestimmen, ihnen fünfzehn Tagesrationen auszugeben und sie sofort nach El Paso zu schicken, wo sie sich beim Bürgermeister zu melden hatten.

Die friedliebenden Einwohner der Stadt hießen die Ranger willkommen, reservierten ihnen gute Unterkünfte und versorgten sie mit einem Herd, auf dem sie ihr Essen kochen konnten. Sie hatten ihre Polizeiarbeit etwa eine Woche verrichtet, als in der Stadt der berühmte Dallas Stoudenmire aus New Mexico erschien. Der Neuankömmling maß sechs Fuß, zwei Inches und wog hundertfünfundachtzig Pfund. Er besaß eine einnehmende Persönlichkeit und hatte als Soldat bei den Konföderierten unter General Joe Johnston bei Greensborough, North Carolina, gedient. Er bewarb sich um die Stelle als City Marshal und da er gute Referenzen hatte, wurde er ordnungsgemäß bestellt. George Campbell sah nun seine

Chancen, als Beamter in El Paso wiedereingestellt zu werden, dahinschwinden.

Marshal Stoudenmire verlangte von Bill Johnson die Schlüssel des Stadtgefängnisses, aber der verweigerte die Herausgabe. Daraufhin schnappte sich Stoudenmire den renitenten Assistenten, schüttelte ihn durch, nahm ihm die Schlüssel aus der Jackentasche und schuf sich damit den ersten Feind in El Paso.

Ungefähr zehn Tage, nachdem der neue Marshal im Dienst war, wurde in El Paso gemeldet, dass zwei mexikanische Cowboys zehn Meilen außerhalb der Stadt am Rio Grande ermordet aufgefunden worden waren. Die Ranger, die in der City stationiert waren, ritten zu der Ranch hinaus, um Nachforschungen anzustellen. Die Leichen wurden nach El Paso gebracht und der Coroner [amtlicher Leichenbeschauer] nahm seine Untersuchungen in einem Raum in der El Paso Street vor. Johnnie Hale, der Leiter von Mannings kleiner Ranch, musste vor dem Coroner erscheinen und man glaubte, dass Hale und ein ex-Ranger namens Len Peterson den Doppelmord begangen hatten.

Da die Befragung an einem solchen öffentlichen Ort stattfand, zog sie eine Menge Zuschauer an, darunter viele Mexikaner. Neben den Rangern waren Marshal Stoudenmire, ex-Marshal Campbell und Bill Johnson anwesend. Gus Krimpkau, ein ex-Ranger, der mit Captain Baylor von San Antonio ins El Paso County gekommen war und fließend Spanisch sprach, fungierte als Dolmetscher. Das Verfahren zog sich bis in die Mittagsstunde hin und wurde zum Mittagessen unterbrochen. Die Ranger begaben sich sofort in ihr Quartier, um sich ihre Mahlzeit zu kochen, obwohl sich immer noch eine Menschenmenge am Ort der Befragung aufhielt. Krimpkau verließ den Raum und wurde von John Hale angepflaumt, der sich von Krimpkau, so wie der den Vorfall übersetzt hatte, angegriffen fühlte. Nach ein paar heißen Worten zog Hale den Revolver und schoss Krimpkau durch den Kopf; er war sofort tot. Marshal Stoudenmire rannte hinzu und schoss auf Hale, doch ihn verfehlend, tötete er einen mexikanischen Schaulustigen. Mit dem zweiten Revolverschuss des Marshals fiel Hale jedoch tot zu Boden. George Campbell hatte seinen Revolver gezogen und wollte quer über die Straße verschwinden, als sich Stoudenmire plötzlich umdrehte und ihn niederschoss. So wurden vier Männer fast binnen eines Wimpernschlages getötet [Four Dead in Five Seconds Gunfight].

Stoudenmire wurde durch den Einfluss der vornehmeren Bürger vor einer Anklage wegen der Rolle, die er in dem Vorfall gespielt hatte bewahrt, doch gewisse Geschäftsleute - zumeist Freunde Campbells - waren über ihn sehr erbost, weil er

Campbell getötet hatte und behaupteten, letzterer sei ermordet worden. Die Manning Brüder hegten gegen den Marshal einen besonderen Groll, weil er den Vormann ihrer Ranch, Hale, getötet hatte und ihren Freund Campbell. Die Freunde des letztgenannten trachteten Stoudenmire nach dem Leben und benutzten dazu Bill Johnson als ihr Werkzeug, einen Mann von schlichtem Verstand. Sie versorgten ihn mit viel kostenfreiem Whisky und als sie ihn betrunken gemacht hatten, erklärten sie, Stoudenmire hätte kein Recht gehabt, ihn beim Kragen zu packen und wie einen Hund durchzuschütteln. Johnson war schließlich einverstanden, den Marshal zu töten. Eines Nachts, bewaffnet mit einer doppelläufigen Schrotflinte, postierte er sich hinter einer aus Ziegelsteinen gemauerten Säule in der San Antonio Straße am Stadteingang El Pasos und lauerte auf sein auserkorenes Opfer.

Stoudenmire war zu dieser Zeit unten in Neal Nulands Acme Saloon und es war allgemein bekannt, dass er bald seine Runde die Straße hoch machen würde. Kurz nachdem Bill Johnson ihn kommen sah und als er noch fünfundzwanzig Fuß von der Ziegelsäule entfernt war, stand Johnson auf und feuerte beide Läufe seiner Schrotflinte ab. Weil er im Rausch schwankte, gingen seine Schrotgarben über den Kopf des Marshals hinweg und verletzten ihn nicht. Der Marshal zog seinen Revolver und schnell wie der Blitz hatte er Johnson durchlöchert. Im selben Moment eröffneten von der anderen Straßenseite Campbells Freunde das Feuer auf Stoudenmire und verwundeten ihn leicht am Fuß, aber er attackierte seine Angreifer und schlug sie allein in die Flucht.

Seit diesem Tag fraßen die harten Kerle El Pasos Marshal Stoudenmire aus der Hand. Es war nicht länger nötig, dass ihm die Ranger in der Stadt bei der Polizeiarbeit halfen und deshalb wurden sie abgezogen. Stoudenmires Präsenz in den Straßen war Garantie für Ordnung und gute Stadtverwaltung. Er war gut für die Klasse von Leuten, mit denen er zu tun hatte, doch wusste er, dass er in El Paso auch erbitterte Feinde hatte, die stets auf die Gelegenheit warteten, ihm das Leben zu nehmen. Deshalb trank er und wenn er unter Alkoholeinfluss stand, wurde er gemein und überheblich zu einigen seiner glühendsten Unterstützer, so dass er im Frühling 1882 zum Rücktritt aufgefordert wurde. In einer dramatischen und feurigen Rede, verkündete Stoudenmire seinen Abschied und erklärte, dass er vom Stadtrat nicht fair behandelt worden sei und dass er sie alle in die Tasche stecken könne.

*

Sofort nachdem ich die Ranger verlassen hatte, nahm ich die Stelle als Captain der Wachmannschaft der Santa Fe Railroad unter meinem Freund, Captain Thatcher an. Ich blieb nicht lange in den Diensten der Eisenbahn, sondern kündigte nach einigen Monaten um Assistent City Marshal unter Mr. Stoudenmire zu werden. Nach seinem Rücktritt als Marshal, wurde ich zu seinem Nachfolger ernannt. Bei meiner Ernennung kam er zu mir, nahm meine Hand und sagte:

„Junger Mann, ich gratuliere Ihnen zu Ihrer Wahl zum City Marshal und gleichzeitig möchte ich Sie warnen, weil Sie sich einen mehr als übermenschlich großen Job aufgebürdet haben."

Stoudenmire erhielt sofort die Ernennung zum United States Deputy Marshal des westlichen Distriktes von Texas, mit Hauptquartier El Paso. Er schenkte mir immer größte Beachtung und Höflichkeit und bereitete mir nur bei einer Gelegenheit Probleme. Ich gebe hier einen Ausschnitt aus einer Zeitung aus dem El Paso von damals wieder:

„Letzten Donnerstag kam es in der Nacht zu einer Schießerei im Acme Saloon, in der ex-Marshal Stoudenmire und ex-Deputy Page die Hauptrolle spielten. Es scheint, dass es früh am Abend zwischen Page und Billy Bell zu Missverständnissen kam. Stoudenmire trat in der Sache als Streitschlichter auf. Dabei brachte er Page in Doyles Konzerthalle, wo die beiden eine Stunde oder so blieben und mehr oder weniger dem Alkohol zusprachen. Etwa um Mitternacht kehrten sie in den Acme Saloon zurück und gerieten aneinander. Stoudenmire zog seinen Revolver und feuerte auf Page; der letztgenannte schlug jedoch die Waffe hoch und die Kugel ging in die Decke. Page entwand dann Stoudenmire die Waffe und letzterer zog einen zweiten Revolver und die beiden Kombattanten waren drauf und dran, sich gegenseitig zu perforieren, als Marshal Gillet mit einer Zwillingsschrotflinte im Lokal erschien und beide einbuchtete. Sie wurden am folgenden Morgen vor Gericht gestellt und zu je 25 Dollar Geldstrafe verurteilt. Stoudenmire erhielt darüber hinaus die Auflage, Frieden zu halten, widrigenfalls er 250 Dollar zu zahlen hat."

Meine Wahl zum Marshal schreibe ich allein meiner Ausbildung zum Ranger zu und meiner Berühmtheit, zu der mir die Entführung Bacas aus Mexiko verholfen hat. Die Stelle als Marshal von El Paso war also unmittelbar Frucht meines Dienstes als Ranger.

*

In El Paso war ich für mehrere Jahre Gesetzeshüter. Bald nachdem ich die Stelle übernommen hatte, trat Captain C. L. Nevill, mit dem ich in Lieutenant Reynolds' Kompanie gedient hatte, von seinem Rangerkommando zurück und wurde Sheriff und Steuereintreiber des Presidio Countys, Texas. Die Gegend um seine Hauptstadt Marfa wurde nun als vielversprechendes Rinderland angesehen und so wurden Captain Nevill und ich Partner und stiegen ins Viehgeschäft ein. Das vertrug sich durchaus mit unseren Pflichten als Sheriff, beziehungsweise Marshal und bald hatten wir uns eine nette kleine Rinderherde aufgebaut.

Im Frühjahr 1885 gründeten General Gano und Söhne von Dallas eine Gesellschaft, bekannt unter dem Namen *Estado Land and Cattle Company*. Der neue Konzern eröffnete eine große Ranch im Brewster County und General Gano schrieb an Captain Nevill und bat darum, der neuen Gesellschaft einen guten Rindermann als Ranchboss zu besorgen. Nevill schrieb mir sofort und riet mir, den Posten anzunehmen. In seinem Brief merkte er scherzend an:

„Jim, während du Ranger und Marshal warst, hat man einen viertel Eimer Kugeln auf dich geschossen und jetzt, da du die Chance hast zu kündigen und etwas weniger Halsbrecherisches zu bekommen, rate ich dir anzunehmen. Nebenbei bemerkt, wirst du in der Nähe unserer eigenen kleinen Ranch sein und kannst unsere eigenen Rinder von Zeit zu Zeit sehen."

Ich erwog den Vorschlag ernsthaft und am 1. April 1885 reichte ich meinen Abschied bei den Polizeikräften von El Paso ein und wurde wieder zum Cowboy. Indem ich den Marshalposten annahm, hatte ich die Früchte meines Rangerdienstes gepflückt; nun, indem ich meinen Abschied nahm, durchtrennte ich alle Verbindungen zur Rangertruppe und allem, was sie mir gebracht hatte. Fürderhin waren meine Rangertage und der Rangerdienst nurmehr Erinnerungen, obgleich die glücklichsten meines Lebens.

*

Ich leitete die Ranch der Estado Land and Cattle Kompanie beinahe sechs Jahre lang und während dieser Zeit wuchs die Herde von sechs- auf dreißigtausend Stück. Als ich die Leitung abgab, dann deswegen, weil ich mich um die Interessen meiner eigenen Ranch kümmern wollte, die ebenfalls gewachsen war. Und obwohl mir heute eine große und blühende Ranch im Marfa Land gehört und obwohl meine geschäftlichen Interessen viele und vielfältig sind, genieße ich die Erinnerung an meine Rangertage und bin nie zu beschäftigt, um einen alten Rangerkameraden zu treffen und mit ihm diese sechs abenteuerlichen, glücklichen und aufregenden Jahre, als ich zum Frontier Bataillon der Texas Ranger gehörte, nochmals zu durchleben.

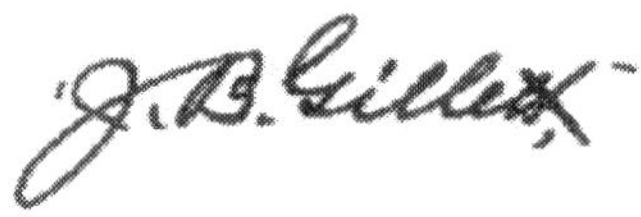

Leseempfehlungen

Sachbücher

Neun Jahre unter den Indianern... von Herman Lehmann, die Geschichte von Gefangenschaft und Leben eines Deutsch-Texaners unter den Apachen und Komantschen.

Das Leben des John Wesley Hardin… von John Wesley Hardin, Autobiographie des gefährlichsten Revolverhelden im Texas des Wilden Westens.

Kompanie H… von Samuel Rush Watkins, Erlebnisse eines Südstaatlers im Amerikanischen Bürgerkrieg.

Eothen… Im Osmanischen Reich von Alexander William Kinglake, Bericht über eine Reise im frühen 19. Jhdt. durch den vorderen Orient

Krieg ist ein dreckiges Geschäft von General Smedley Darlington Butler

In die Rocky Mountains und zurück (der Oregon Trail) von Francis Parkman Jr., Reisebericht, Anfang 19. Jahrhundert

Drei Jahre unter Comanchen von Nelson Lee, Texas Ranger, autobiografische Geschichten aus der Mitte des 19. Jahrhunderts

Romane von B. Rubenbauer:

Der Kelch des Bogenschützen – allein gegen das Empire

Der Genuese – eine venezianische Geschichte

$E = mc^2$ oder Petersilie ist relativ

WOLF! Er will doch nur spielen.

Printed in Poland
by Amazon Fulfillment
Poland Sp. z o.o., Wrocław

88875994R00122